百年佛缘

05

道场篇

星云大师 口述
佛光山书记室 记录

生活·讀書·新知 三联书店

Simplified Chinese Copyright © 2017 by SDX Joint Publishing Company
All Rights Reserved.
本作品中文简体字版权由生活・读书・新知三联书店所有。
未经许可,不得翻印。
台湾佛光山宗委会独家授权

图书在版编目(CIP)数据

百年佛缘/星云大师口述:佛光山书记室记录.—2版.—北京:生活・读书・新知三联书店,2017(2017.1 重印)
ISBN 978-7-108-05839-3

Ⅰ.①百…　Ⅱ.①星…②佛…　Ⅲ.①星云一传记　Ⅳ.
①B949.92

中国版本图书馆 CIP 数据核字(2016)第 265636 号

目录

百年佛缘 ❺ 道场篇

001　我建佛光山的因缘

071　佛陀纪念馆建立因缘

099　佛光人祖庭人觉寺

127　我与香港佛教的法缘

151　我与新马佛教的师友缘

177	我与菲律宾佛教的关系
201	我与日本佛教的友谊
229	我与韩国佛教的往来
253	美国佛教"大法西来"
301	我在南美洲佛教的起跑
331	我在多伦多临时起意
347	我想建立欧洲佛教中心
407	我在澳新开创佛教道场

439	我要让非洲从黑暗走向光明
461	我感念佛陀的祖国——印度
485	我和南传佛教往来

人間佛教 悲智願行

我建佛光山的因缘

车子停下来以后,我跟信徒说:
"我们可以走草丛,一起上去看看啊!"
虽然我有这个热心,但一开始,
信徒们可是没有这个信心的。
他们看看四周之后,接着有人就说了:
"这个地方连鬼都不会来,买来做什么?"
我听了以后,并没有和他们辩论,
我一路从现在的放生池走到女众学部,
再走到大悲殿后面,印象中那里有一棵树、一块石头,
于是我就在那里坐了一下,觉得通身凉快。
下山的途中,我心里想:
"你们说这地方连鬼都不来,
鬼不来有什么关系,佛来就好了!
将来我一定把佛请来这里!"

检查我的一生,我并没有很大的志愿,说要复兴佛教、福利天下,我不敢承担这许多慈心悲愿。但是,自我出家以后,念念于心的,确实就是"为了佛教"。

为了佛教,我应该本分地做好一个出家人;为了佛教,弘法上的辛苦,不觉得有什么了不起;为了佛教,我要注意己身的威仪,行立坐卧要庄严;为了佛教,我要自我充实,不可以让人轻视出家人;为了佛教,我讲话要诚恳,不能任意乱说;为了佛教,有人批评佛教,我要写文章护法;为了佛教,即使佛教里有一些不当的事情,我也要仗义执言;为了佛教,我要办教育、办文化、办慈善事业等等。

其实,这一点小小的事业,也谈不上自己对佛教有多大的贡献。不过总想,我在基层为大众服务,就要尽我的本分。虽然这一生,我没有多大的本领条件,也没有发

佛光山开山时设计的蓝图,由谢润德先生所绘(一九六七年)

大心、立大愿,但是在心灵深处,念兹在兹的一个根本念头就是"为了佛教"。

经常有人问我:"为什么要创建佛光山?"这当然是各种因缘的撮合;也经常有人问:"为什么佛光山后来展开了世界性的传播?"这也是因缘的推动。若要归纳来说,一切都是"为了佛教"。

虽然我知道"为了佛教",教育最为重要。但是,从小我就没有受过正规的社会教育,我生于抗战年间,跑空袭、躲兵灾,每天过着兵荒马乱的日子;加上家庭贫穷,父母哪有能力供我上学?就是到了十二岁出家,在丛林寺院里生活,每天也都是出坡作务、挑柴担水,少有老师上课。偶尔,听到上课的钟声响了,还会觉得很奇怪："为什么今天要打钟？"在这样的环境里成长，当然也就没能打好佛学的基础教育。

到了二十多岁，我随着"僧侣救护队"到了台湾，在动荡的日子里，也谈不上什么雄心万丈，或有什么前途未来。即使后来"僧侣救护队"解散了，也没有想过我能做什么，尤其是我的五音不全，音感不好，在佛门里生存，若要靠念经、梵呗弘法来过生活，几乎是不可能。很自然地，我心中生起一个念头：教书。我想，我可以做一名佛教的教师。

虽然我的佛学不是很好，不过我喜爱读书，尤其是读了很多文学类的书籍，从古代小说读到现代小说，从中国小说读到外国小说，不但阅读能力因此而加强，对于梁启超、胡适之等学者的文学、哲学作品，也多少有了些概念。为了训练自己，我经常以一对一的方式，把阅读到的好文章讲给道友听。时间久了，感到自己也有所进步而能讲一些课。

因此，二十五岁那一年，在新竹青草湖"台湾佛教讲习会"缺少师资的时候，我勇敢地接下教务主任一职。当然，这与我二十一岁时，在宜兴祖庭大觉寺附近担任一间小学的校长多少也有关系。我没有进过正式的学校，哪里能做校长呢？但是机缘来了，我直下承担，从"做中学"累积经验，不也一样做得有声有色？就这样，我在"台湾佛教讲习会"做了一年半的教务主任。

后来，到了宜兰弘法，信徒中有更多的青年，甚至更多的老师、中学教员等，我自忖要能讲经论道，要能和他们有所应对，自觉应该要走上佛教教育的舞台，因此，心里也准备好随时可以披挂上阵。但是机缘不好，原本屏东东山佛学院邀请我前去上课，也谈妥了日期，却在中途被炒了鱿鱼。尽管如此，我并不气馁，下定决心自己办佛学院。

购地建寺

不过,凡事都要因缘具足,如同佛陀讲经要"六成就",而我的因缘、我的六成就在哪里呢?在诸多条件不具备的时候,我的心愿并没有减半,先是在高雄寿山公园里建了一间寿山寺,虽然只有五层楼高,一百一十余坪大小,我还是这么办起寿山佛学院来了。

一九六四年开学,学生闻风而至;隔年第二期招生,人数更是超出名额;到了第三期,实在没有容纳师生的地方了,功德堂、纳骨堂也都用来作为教室。但是寿山寺毕竟不是维摩丈室,没有容天容地的能量,想到还要办第四期、第五期……如果把空间全都让给了学生使用,那么当初信徒护持建寺,用以拜佛修行的希望不就落空了?何况当初要办佛学院时,信徒们就已不太赞成,在他们的理想,只是想有个修持礼拜的地方而已,这么一做,不就更让他们难以接受了?

于是我商之于心平、慈庄、慈惠、慈容等青年,他们四人基于办文化的地方容易找,而办教育必须要有大片土地,就将一间价值不小、辗转从台北三重埔移到位于高雄市中山一路三十四号的"佛教文化服务处"房屋给卖了,以便将所得费用再买一块大一点的土地办教育。

我花了半年的时间,想找一块合适的地方,从左营的军区到达澄清湖的湖边,从圆山饭店到现在长庚医院的所在,高雄的土地就因为我这样每天找,市价上升,有人还因此告诉我不要帮忙抬高地价。后来想,决定就以圆山饭店这一块地作为佛教学院的院址。但是地主来寿山寺签约的时候,一位学生从楼上走下来,在楼梯口就告诉别人,我们的院长今天要买澄清湖的土地,以后蒋中正先生到澄清湖来,必然也会到我们的学院来参观了。

佛光山是什么样子？黄沙滚滚，东西南北都很难看得出地形环境。请高雄工专师来测量等高线（佛光山宗史馆提供，一九六七年）

我一听，心想：难道佛学院一定要沾澄清湖的光才能发展吗？心念一转，我立刻改变主意，决定要由自己创造因缘条件，让有缘的人自然来到这个地方。临时，签约的事情突然宣告停止。接着，我继续找地，看着看着，就找到佛光山现址来了。

当时，有一对越南华侨褚柏思夫妇，先生是佛学论著的作者，时常在杂志上发表文章，太太则是一位精明能干的女士，夫妻俩从现在的万寿园到男众部、朝山会馆到大悲殿的地方，总共买下了十一公顷土地，原本想要办一所海事专科学校，然而因为财务周转不灵，付不出工钱，不得不将目前万寿园所在地的工程停工。后来夫妻俩因为被债务所逼，走投无路而打算自杀。基于生命无价、救人要紧的理由，我想这么一个佛教居士，落难至此，便把办佛学院的钱先给了他们，他们也就把地当作是卖给我了。其实，当初地是什么样子

我建佛光山的因缘

佛光山建筑总工程师萧顶顺(右)回忆当年:"完全是迁就地形,走到那里,师父随地用竹枝在地上画一个简单的图,两个人比手画脚商量怎么推土填沟。"(一九六八年)

我全然不清楚,我的用意只不过是为了帮助他们不要走上绝路。

因缘到此,我们便买下褚居士夫妇的这块土地,总价是五十五万元,不算贵;我们在新兴区大圆环的房子值一百五十万,只要以三分之一的钱就能买下这十一公顷的土地,还可以用剩余的钱,再买其他土地盖房子。因为这个地方位在大树乡统岭坑,"坑"字不是那么好听,于是我就向学生们宣布:"我们要到'统领十方'的'统领'去办佛学院了!"年轻的学生们听到我这么一说,大家都很高兴。

那时,我也满怀欢喜地跟信徒说:"我们在大树乡麻竹园买了一块地!"之后还领着他们前来参观。不过,当时车子只能停在山门口弥勒佛的那个位置,就没有办法再上山;因为这里是一片荒地,即使是山下的路,也只不过是一条泥路,要一直行驶到砖子窑才有公路。

佛光山筹建。左起：慈惠法师、佛光山第四任住持心平和尚、本人、刘定国、林松年居士（一九六七年）

车子停下来以后，我跟信徒说："我们可以走草丛，一起上去看看啊！"虽然我有这个热心，但一开始，信徒们可是没有这个信心的。他们看看四周之后，接着有人就说了："这个地方连鬼都不会来，买来做什么？"我听了以后，并没有和他们辩论，只是说："各位不去看不要紧，我下去看一下。"就径自下车去了。

我一路从现在的放生池走到女众学部，再走到大悲殿后面，印象中那里有一棵树、一块石头，于是我就在那里坐了一下，觉得通身凉快。不过，想到众人还在车上等我，应该赶快下山，也没有多做停留。下山的途中，我心里想："你们说这地方连鬼都不来，鬼不来有什么关系，佛来就好了！将来我一定把佛请来这里！"

此后，每天下午，我们都从寿山寺坐车到佛光山，慈庄法师能讲台语，就站在现在放生池的路边，询问从山下路过的老百姓："有人要卖土地吗？我们要买土地……"其实，这许多土地并不是乡民私有的，而是政府放领之地。不过没有关系，他们可以把土地放领

佛光山安基典礼(一九六七年五月十六日)

权让给我们。这里的老百姓也都很讲信用,把土地放领权让给我们以后,再也不计较,也没有争执,后来我们的地越买越多,就开始建起房子来了。

找到佛学院建地

每一天,我都在万寿园那块地坐上好几个钟头,对着已开发的一点土地,想象着应该如何兴建佛学院,想着要如何建一座殿堂、一间教室,而又该从哪里开始建起?最后我打算从万寿园这块地开始启建。

最初我想,一个寺院的中心是佛殿,那就先建大雄宝殿好了。可是在季节转换之后,有一天,天气相当炎热,才坐下来就满身大汗,我就想:这个地方简直是个火炉,哪个人会愿意待在这么热的地方?最后就放弃了在万寿园这个地方建大雄宝殿的念头。

东方佛教学院

那么,究竟大雄宝殿要建在哪里好呢?我们转而开发男众学部这块地;当时这里还是一座小尖山,因此我就找来推土机推土,没想到,东山地势太狭长,还是建不了佛殿。于是我就再往另一边开发,开到不二门前面,有两座小山、三条水沟,我就把两座小山的土给推到三条水沟里去,成为现在不二门前面的平地。

但是看着这块平地,我又想,要把大雄宝殿建在这里吗?似乎是太低了,不好看。不过,开发工程还是持续进行。一直开到没有路、没有地为止,实在没有办法了,只好改变主意,从女众佛学院这个地方开始兴建起。

就在那时,看到香光亭往学院的方向,有一条小路。因为缺乏经验,当时觉得这条路应该没有什么用。但是后来推土的人看到这条路,就说:"我从这里推一条路上去,看看行不行?"于是他把路推到果乐斋、西来泉,而成就了现今的一条汽车路。

往后面继续再推土,柳暗花明,竟然看到大悲殿这一块平地,心想:真是太好了!东方佛教学院就建在这里吧!

兴建东方佛教学院之初,我们也准备兴建西方安养院。为什么要建西方安养院?因为很多信徒希望我们建的寺院与他们的生活各个阶段能有关联,将来可以有理由多来往。只是西方安养院要建在哪里?原想建在男众部这个地方,有人就说:"不行,你把'东方'建到西方去,把'西方'建到东方来了。"我只好说:"是的,不过以后再说吧,先把这里定下来,不管东方也好,西方也好,总之现在都是我们佛光山!"

兴建东方佛教学院

一九六七年,我们开始兴建东方佛教学院。记得那时第一届学生已经毕业,第二届学生每天都上山来出坡搬石头。心定和尚当时在高雄当兵,是"海军陆战队"队员,接受艰苦的军事、体能训练,也上山来做义工。许多人都不认识他,为何来帮忙也没什么人知道,只是常看到这个阿兵哥,不用人家招呼,看到有什么工作就会主动参与。他主要是来帮忙大家搬水泥,虽然个子不高,但一包水泥几十公斤,扛起来就走,丝毫不见难色,至今我都还记得他挑石子时满身大汗、步履坚定的样子。心定和尚从军中退伍后不久,也进入东方佛教学院就读,是第三届的毕业生。

佛学院里的怀恩堂,可以说是佛光山的第一座建筑;有了怀恩堂,就可以吃饭、办公,可以遮风、避雨,之后才又建设其他校舍。

由于没有钱,最初要建的怀恩堂,只想有个一层楼,地面五十坪,楼高九尺就好。但建到一半时,感谢一些信徒以及《觉世》旬

主持佛光山怀恩堂的首次剃度典礼（一九六八年九月十九日）

刊的读者，他们知道我在大树开山、兴学，小额捐款不断蜂拥而来。尤其是嘉义的吴大海居士，他个人捐助我十万元，给了我很大的信心。我立刻要求把建筑中九尺高的怀恩堂，再向上提升五尺，工人说："窗子已经都做好了，怎么建呢？"我说："那就在上面再加一层窗子吧！"所以，现在大家看到的怀恩堂有着二层的窗户，也就构成一栋奇特的历史建筑了。

佛光山开山时，我和心平每晚都住山上，白天就跟着推土机跑，那时台湾还没有多少部推土机，每部租一小时大概要几百元，索费非常昂贵，所以推土的时候，我们都要跟在旁边指挥："把这个推到这里、把那个推到那里，这个角度如何如何……"如此才不会浪费时间、金钱，又能加快进度。

不二门

在建设女众学部教室的时候，我想到，寺院应该要有一个山门，好让来山的人远远就可以看到。但是要建在哪里呢？看来看

佛学院的怀恩堂,可以作为吃饭、办公的场地(一九七〇年四月六日)

去,就把它建在现在不二门的位置了。

但是就在兴建时,高雄的信徒却来向我抗议:"你已经没有钱了,还建这个山门有什么用?把钱拿来多建几间宿舍,信徒来这里就可以住宿,对你也有帮助。"

那个时候信徒到寺庙来,都只想到住宿问题,不会想到寺院的建筑格局应该要庄严、摄众。我想,一座寺院的山门还是很重要的,也就坚持自己的想法,而没有接受他们的建议了。

另外也有一帮人抗议说:"你把学部的教室走廊建得那么宽大,太浪费钱财了,把它隔成房间,也可以睡很多人啊!"

我虽然不懂建筑,但是想到一个公共场所,不能没有廊道,不能没有大众活动空间,也就顾不得别人的意见,依旧择善固执地按照原本的计划进行了。

在开山过程中,一方面要增加土地,另一方面要建筑房屋,同

不二门前的地面,是用两座山丘的土石堆砌而成。图为不二门的早期工程,我左侧为慈庄法师

时又要办学,举办种种活动,开支实在浩巨,经常筹不出经费来。但是,心里总觉得,为了佛教,我要有使命感,我一定要去完成。

"大海之水"水塔

现在看来很简单的事情,事实上在开山初期是面临诸多困难的。当年,我们和学生一起上课,也一起出坡作务,尤其在如同一片荒漠的山丘上,几乎连遮阳的树都没有,大家就这么顶着大太阳,在日正当中垦土掘地。甚至于因为没有钱买石头建坡坎、做水土保持,大家只有在推土机推土的时候,跟在后头挑拣石头,把大块的石头收集下来堆砌坡坎。

早期,这个山区是没有水源的。没有水,树木花草不能存活,人又怎么能生存呢?好在当时位在佛光山西山的深沟里,有一道

位于佛光山东山的水塔,为嘉义吴大海居士捐献,名为"大海之水"

泉水,从石头缝里不断地流出,我们住在山上的茅草屋里,要用一点水,就走到山下,把水一桶一桶地接上来,如此上上下下,当然没有多久就精疲力尽了。后来有人建议从山外打深井,再用机械把水打到山上,这么一来就有水可用了。不过,打深井要有设备,要有水管,要建设水塔,这需要花很多的费用,在当时,我连住的地方都没有,哪里还有力量打这一口深井呢?

不可思议的是,正当山上一砖一瓦都没有的时候,有一位在嘉义开晋安药厂的吴大海居士,忽然开车上山来探访。我和他谈到要开山,这么大的一片土地要有水,但水从哪里来?他听了之后,就自告奋勇地说:"让我捐献做这个工程!"由于吴大海居士的因缘,佛光山于一九六八年十二月,在东山的大觉寺与男众学部之间建造了第一座水塔,我将它命名为"大海之水"。除了纪念吴大海居士的发心捐赠,也希望佛光山未来的弘法,能像"大海之水"一样流芳百世。

有了这座"大海之水",我就可以办第一届大专佛学夏令营了。记得一九六九年,几十位大专青年来山报到,深水马达忽然在这时候发生故障,没有水了。我心想,几百个人住在山上没有水,不能盥洗,一天、两天还能忍耐,但是没有水喝、没有水烧饭煮菜,该怎么办呢?于是我就找凤山水电行的工人来修理。从下午修到深夜凌晨三点多钟,水电工也疲倦了,他说要回去凤山拿零件,我想,他大概是想回去休息,不做了,于是我就说:"我跟你一起回去!"他一听到我要跟他回去,等我在看守他,面有难色,知道躲避不过我,只好再继续修理。大约做到四点多钟,马达终于修理好了。不久,佛学院传来打板声,学员们四点半起床做早课,有水可以供应大家洗脸了,我才终于放下心中的一块大石头。

现在说来似乎很容易,但是回想起来,当时过了午夜十一点,马达一直修理不好,我是这么发愿的:"就让我的血液化为水,供应给大家用吧!"终于皇天不负苦心人,诸佛菩萨被我们的愿力所感动了。

就这样,"大海之水"为佛光山供应水源三十年,一直到最近十多年来,我们才有自来水可以用。

说到水,佛光山的附近是高屏溪,溪水从佛光山旁一直向东流去,因此过去有人就说:"佛光山不讲风水,那个水是财富,都流出去了,好可惜啊!"可是我却不这么认为,我说:"真好,水是财富,水也是佛法,能够把我们的佛法流传出去,这真是求之不得的好事啊!"

佛光山多少年来,虽然经常有大雨来袭,但没有水患,只有水帮助我们发展。我们也愿意自己做大地,供人践踏;做流水,牺牲贡献自己,让大家成长!

头山门

第一届大专佛学夏令营结束之后,有六个学生主动留下来画极乐世界图,记得其中一位叫屠国威,另外一个学生叫作朱朝基,他说:"我要做一尊弥勒佛给佛光山,作为回报。"他们都是台湾艺专(今台湾艺术大学)的学生。

六个学生进行了几个月之后,我问:"你们画的图呢?"于是他们就交给了我两三张油印纸,只见纸上画了六个人,都是用铅笔绘成的草图,一个头、一个身体、两只脚、两只手,显然看不出是什么极乐世界示意图。

不过,朱朝基很了不起,他一个人每天在现在觉华园的位置工作,不久就把弥勒佛塑造出来了;虽然还是学生,但所塑的弥勒佛相貌很庄严。后来觉华园这个地方不能安奉弥勒佛,要改放到头山门,我们向港务局借来了一部二十吨的吊车,没想到却吊断了;再找来四十吨的吊车,也吊断了,这才晓得原来弥勒佛是这么的重。没有了四十吨的吊车,怎么办呢?四处访查之下,

参加佛光山大专佛学夏令营的朱朝基,发动艺专同学雕塑的弥勒菩萨

佛光山头山门

听说兵工厂有八十吨的吊车,我们才把弥勒佛请到现在山门口的位置安座,直到现在都不曾再移动。

"回头是岸"山门

当初为何要命本山名为"佛光山"呢?那时,我来台湾已经十多年,一直受到政治的迫害、社会的排挤。尤其因为蒋夫人宋美龄歧视佛教,大家都不敢讲"佛",哪个人要是说他信佛,政府就不录用他,当然也不能升官,更不能出访。所以,当信徒问我这里要取什么名字的时候,我心里想的是要向蒋夫人挑战,于是就慷慨激昂地回答:"我这里叫'佛光山'!"为什么?名正言顺,我就是要佛光普照,何必躲躲藏藏?我一个出家人不把佛摆在前面,要摆什么人在前面呢?世间上没有比佛光更可爱,没有比佛光照耀更美好的了。

当时,我一心一意就是要打起"佛光"的旗帜,跟基督教对抗,当然我们佛教不是对手,不过没有关系,反正我的山就是取名"佛光",这里叫"佛光山"!其实这个名字很好,后来也有很多寺院以佛为名,可以说"佛光山"是开风气之先。

从佛光山头山门往上走去会看到一座巨大的门楼,上面写着斗大的"佛光山"三个字,门楼背后写的是"回头是岸"四个字,那是本山的第二道山门。我在这座门楼的左右写了一副对联:"问一声汝今哪里去,望三思何日君再来。"意思是人要离开山门了,问一声你现在要往哪里去?想一想你什么时候再回来?这两句话,对每个人来说都具有启迪省思的作用。

我最近常写四个字"有您真好"。是的,有佛菩萨真好!所以说,名为"佛光山",注定我们是可以依靠佛了。山不在高,有佛就好,有佛光真好!

佛光山"回头是岸"山门

宝桥

佛光山的地形,就如同兰花瓣,又如张开的五根手指,以"五指山"作为别号,真是不为过了。这五座山丘,靠近东山接引大佛一带的,是佛光山男众修道区;中间朝山会馆一带是信徒的活动区域;走过宝桥,则属女众修道区域;再往西边走去,便是养老院、育幼院等社会福祉区域;最西边,也就是可以远眺大武山的普贤殿和普贤农场了。

从佛光山的地形就可以看出一些端倪,当初朝山会馆前方一带是一处深沟,至少填了几千辆卡车的泥土、沙石才成为平地。但是即使填了土,从对面的山要到这边来,还是很不方便,就如同太平洋两岸彼此相隔遥远。甚至要从前面的观音放生池到朝山会馆,也必须绕一大圈才能到达,于是我们就建造了一座桥贯通两边,让大家在行走上更为便利。

佛光山共有三座桥,把五座山头连接起来。一座就是上述面对朝山会馆的桥,但是现在它已经不是桥,而是路了。不过,路的下面还有涵洞、有流水。

面对朝山会馆的左边,因为水沟太深,填土不易,所以就造了一座长约五十公尺的桥,横跨在两山之间,翠谷之上,连接朝山会馆和大悲殿,取名为"宝桥"。为什么叫作"宝桥"呢?

过去,释迦牟尼佛经常在印度恒河一带说法传教。有一次,外道把桥梁破坏了,目犍连尊者看到佛陀无法通过,就显现神通,把自己的腰带解开,化作一座桥梁,让佛陀可以从这一条腰带化成的桥上慢慢走过去,这就是"宝桥渡佛"的典故。

来到佛光山的信徒、游客,大多会经过这座宝桥,前往大悲殿礼拜观世音菩萨。这座桥虽然不宽、不大,但是从过去到现在,经

宝桥是丛林学院女众学部、大悲殿与朝山会馆的通行管道。我的许多开示说法的腹稿都是在这一座宝桥上灵光乍现所产生的

由宝桥到大悲殿礼拜观世音菩萨的人,就不知道有多少万人。我们让大家从"宝桥"上走过去,等于是把大家当作佛祖,因为这是佛祖走过的桥;也在勉励大家,只要在佛道上精进不懈,让自己的心灵美化、升华,何处不是净土呢?

菩提路

在佛光山,许多道路、房屋、树木、花草,都是以佛法义理来命名的。像从头山门进入佛光山之后,往上走,会经过的菩提一路、菩提二路、菩提三路,乃至光明一路、光明二路、光明三路等等。将道路命名为"菩提路"还有一个原因,因为这一条道路上,种植了很多的菩提树。

佛光山开山之初,大量种植树木。记得蒋经国先生四度到佛光山,每次来都告诉我们要"种树、种树"。其实,建房子很容易,

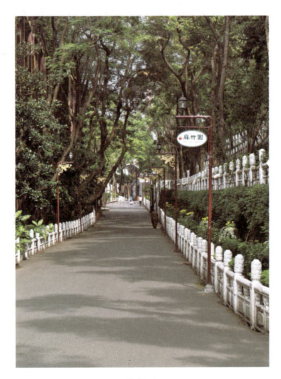

菩提路

只要一年、两年就完成了,但是种植树木,一年、两年也不一定看得出成果。不过,自开山以来,经过了四十多年,这许多树木倒是都已经长得高大粗壮。

菩提路上的树木有一个特色,它是仿造《阿弥陀经》的"七重行树"种植的,一路排列到东山的最上方。那里有一个篮球场,面对着高屏溪,风光明媚。

阿弥陀佛建设的极乐世界,是由七重行树、八功德水、金银琉璃使之庄严起来的,虽然现在我们的力量有限,还无法达到这个境界,不过我用树木花草来设计规划佛光山,也就是为了表现极乐净土的殊胜庄严。

佛光山的菩提路,是一九七一年开始整地铺路的。如果说,偶尔在这些道路上走一走,自心感受到这里如同极乐净土,那么佛国净土就已经在当下显现了。

大悲殿

自从大专佛学夏令营活动开办的消息传播出去之后,不断地就有游客上山来。但是,我们只有一所学院,并没有正式的佛殿,有的只是一间设在怀恩堂里的临时佛堂,不得办法让信徒拜佛。因此我又再想,还是要有佛殿才好,于是就选择现址建了万佛大悲殿。不过在当时实在没有多余的经费,佛殿建筑可是要花费巨资的,钱从哪里来呢?我也不晓得从哪里得来的灵感,就在《觉世》旬刊上刊登启事:欢迎大家捐献一尊观音,每尊五百元。

我想,名曰"万佛大悲殿",要是有万人来发心护持,我就有五百万元,那么,建设上的支出就没困难了。想不到,万佛殿的号召力非常大,连台北的计程车司机闻讯后,都寄钱来捐献。等到建成之后,蒋中正先生就派人通知我说,择日他要上山礼拜。但不多

主持万佛大悲殿落成暨万尊观音圣像开光典礼（一九七一年四月十一日）

时，他为了与日"断交"心情大受影响，兼程赶回台北处理政务。后来在上阳明山的路上发生车祸，终其一生，也没有上佛光山。而他的公子蒋经国先生，先后四度来访佛光山，大概也是因为大悲殿观音、大雄宝殿佛祖的关系吧！

龙亭

过去有人说，佛光山这座山的右面是"白虎"，左面是"青龙"，在这条长长的山上建一尊大佛，即所谓"龙抬头"。我个人并不讲究地理风水，不过既然有此一说，我们在龙头上也要有所建设，于是就在大佛的旁边立了一座亭子，取名为"龙亭"。

过去"龙亭"在这座山上一枝独秀，因为什么建设都没有的时候，就有了它。其实佛教讲"日日是好时，处处是好地"，哪里有什么地理风水呢？我们只是依着山势建设而已。

近年来龙亭又重新整修，算来也有四十年的历史了。回想最初建造龙亭时，我们从西山普门中学旧址的"西来泉"那里，用人

由东方佛教学院学生合建的龙亭,于一九七一年落成

力将水一桶一桶地运上来,作为搅拌水泥之用。

这座龙亭的屋顶斜度很大,用水泥浇灌上去,常常会再坍塌下来,但是水泥灌浆工作如果不连续地做完,恐怕以后会出现缝隙而有漏水之虞,因此工程必须一次完成,不能只做一半。

由于工程有相当的难度,加上到了天黑,下班时间,没有工人肯继续做下去,我们师生只好接手去做,用手将水泥推平;慢慢地,等到它干了,再倒上一层水泥。很多人不懂水泥对皮肤具有侵蚀性,不知不觉做到最后,手掌都出血了。

为了不让浇灌的工作停顿,我们披星戴月赶工。因为没有灯火,就找来几部摩托车轮流发电照明,有了灯光,才顺利地把龙亭屋顶的水泥浇灌工程完成。

过去,我们没有建筑的经验,也不知道亭子的基础打得稳不稳?屋顶能撑持得住吗?不过,后来我们又再做了柱子的补强工程,到目前为止,龙亭的建筑可以说是更为稳固安全了。

说到龙亭,在它的旁边,有一棵绿意盎然的菩提树,那是几十年前我救活的。那一年,台风吹倒了好多棵菩提树。其中有一棵小菩提树,它的树干就如我手里的拐棍一样瘦小,才种下去不久就被吹倒折断。徒众说它肯定不能活了,我心生怜惜,又把它种回到泥土里。知道它稚嫩脆弱、根枝细小,还找来一堆稻草覆盖保护。之后我经常为它浇水,让湿润的稻草可以涵养小树,大概一两个月后,它开始冒芽,终于又活了过来。经过了三十多年,这一棵菩提树到现在都还枝繁叶茂。

我建造这一座龙亭,表面看来虽然不是很宝贵,也没有富丽堂皇的外表,不过在我们心中,龙亭是用众人的血汗,一滴一滴完成的;那是在山上什么都没有的情况下,从很远的山下,一桶接一桶,把水提到山上建成的。就如无根的菩提树,在爱心的浇灌下生长起来,对于世间的一切人、事、物,我们又怎么能不珍惜因缘呢?

观音放生池

龙亭之外,同期兴建的工程还有观音放生池。观音放生池我开辟了约千余坪的建地,每当黄昏时刻,夕阳余晖映照着观音大士的圣像时,宛如大慈大悲救苦救难广大灵感的观世音菩萨驾临,救拔无量无边的众生。在享受这样优美的景致下,岂知当年凿池的艰辛?

观音放生池兴建之时,正值炎夏,工程屡遭豪雨洪水冲毁,但我与弟子们"濡血护池",拿棉被床单等覆土,并多次与本山护法陈冈市、潘孝锐、董荣芳等居士和洪水不屈不挠地奋战,才终于让水土保持工程如愿完工。

池中有一座小岛,取名"和爱岛",是纪念一位人称"爱姑",后

观音放生池

来剃度出家,法名"微和"的比丘尼,因为她的慈悲,热心赞助放生池工程,并于临终时嘱咐将全部遗产捐献放生池工程,这一工程才得以顺利建成。

朝山会馆

说到本山几个重要的建筑,其中,"朝山会馆"这栋建筑物,已经有将近四十年历史了。它是佛光山早期最现代化的一栋建筑,大家来到佛光山,可以在这里吃饭、住宿。

当初要建设朝山会馆时,台湾的五星级饭店还不是很流行,我想让佛教赶上时代潮流,就特别做了一些设计规划。这里虽然不能和五星级饭店相比,但是在那个年代,并没有被淘汰,朝山会馆的设施还是很现代化的。

一九七一年完成的朝山会馆

过去的寺院,信徒要来挂单,大多是让他们住在比较阴暗、简陋的地方,我认为不应该如此,寺院应该要像西方极乐世界,七重行树、七宝楼阁、黄金铺地、八功德水,有微风吹动,处处都是空气清新,冷暖合宜,因此要有空调设备。所以在我的规划里,是希望把朝山会馆的环境,建设成像极乐净土一样的方便,一样的庄严堂皇。

早期朝山会馆是佛光山对外的客堂,专供信徒来这里朝山吃住之用。信徒组织朝山团上山,经常一次就是数百人、数千人,从不二门前开始三步一拜,慢慢拜到大悲殿或是大雄宝殿。一直到现在,还是经常有很多朝山团,数百人、数千人地到佛光山来朝山。不但人来朝山,有时连神明也来朝山;当中有的神明甚至还要看时辰朝山,所以半夜两三点来的也有。不管怎么样,我们都是热情接待。

总之,由于朝山会馆的国际化、现代化,也就促成世界各地的信徒和本山结下了缘分。

佛光山所有的建设,都是以提供大家最好的服务为考量,尤其这许多十方宾客、善男信女,往往在我们热忱的食宿服务、说法开示后,心中怀有谢意,之后便不断地给我们许多帮助。也由于这样的因缘,佛光山开始有了一栋一栋的房子,一间一间的别分院,一处一处的建设,甚至还办了幼稚园、中小学、大学等各级学校。所以,朝山会馆对于佛光山的发展,贡献是很大的。

大雄宝殿

佛光山开山初期,为了买地,往来不下几十户人家,几经沟通,有的地主答应让售土地,但也不乏有人至今仍未给予承诺。

买下大雄宝殿的地以后,兴建过程,为了让大雄宝殿的屋檐伸展出来,我就用一根柱子顶着,再浇灌水泥。但是当时附近土地都还不属于我们,地主看了不高兴,就把柱子给推倒。他说:"你的柱子怎么撑在我的土地上?"我想,连暂借几个支点来撑一下都不可以吗?但他就是不肯,让你无计可施。

甚至原本大雄宝殿的建设是可以再往后拓宽一点的,也由于地主不肯出让现在如来殿的这块土地,最后只有就着现有土地兴建殿堂。当然,最初也想等到买下后方土地以后再行建设,但是想到一个寺庙没有大雄宝殿做中心,信徒不会热心参与共修活动,所以还是决定先建了。

另外就是蓝毗尼园这一块四分地,按照当时一分地一万元的价格,四分地四万元才合理,但地主却要价十二万。我心想:太贵了,不要买。过了一个礼拜,又深深以为不可,蓝毗尼园这块地的确有其必要,想想算了,十二万就十二万,买下吧!这时他却不卖了,为什么?他要价二十四万才肯卖。我说:"怎么才过几天,地价就涨这么多?"他竟然回说:"二十四万!你不买就算了。"

过了一两个礼拜,心想这块地还是非买不可,好吧!二十四万就二十四万!结果他又不卖了,而且这次开价四十八万。我就对地主说:"这样子涨价,分明是故意刁难啊!你叫'助成',应该要帮助我成功啊!你在这里工作,我不也给你很多帮助吗?"他却回

一九七二年启建的大雄宝殿,历时八年完成(慧延法师摄)

答我:"我在这里做工拿钱,没什么感情好谈的!"我说:"你叫'助成',其实是不助成。"不过这时候我已经懂得他的招数,即刻就把四十八万元现款交给了他。他无话可说,也就把地卖给我了。

这位"助成",其实是我请他来总本山做工的。有一次我托他替我到台中买荔枝(玉荷包)树苗,他买回来以后却径自种在他的土地上。甚至那时候山上备水很不容易,从山下拎一桶水上来,是何等费力的事情,但是自从佛光山有了水以后,他就把水管接到他的土地上。当我要向他买地的时候,他说:"我这块地是黄金地,不但种有果树,水也能通到这里,浇水很方便。"确实,他是得到了方便,但是这个方便是佛光山给的,"黄金"也是佛光山的。不过,我并没有跟他辩论这个道理,日后他替山上做工,我还是一样地供应他吃住。

类似这样的事情不胜枚举,不过凭着恒常心,在长久的等待中,我们还是逐一地把地一块一块买下来了。

觉华园、香光亭

当初我规划建设佛光山,并不是先从大雄宝殿建起,而是先建设"东方佛教学院"。因为我知道,未来的佛教要靠青年、靠知识

觉华园,佛光山信徒服务中心

分子来传扬。自从开办佛教学院以后,感谢全世界的护法善信,大家有钱出钱、有力出力,让我们在这四十多年来得以培育许多的佛教人才,如今他们都在世界各地服务奉献,也开展了"佛光普照三千界,法水长流五大洲"的成果。

对于这许多护法信徒,我知道他们最需要的是佛陀的加持、佛陀的慈悲,因此,在佛光山建设期间,所有的设施都是以广大在家信众作为考量而设立的。

就如觉华园,是佛光山的信徒服务中心。大家从头山门进来之后,可以先到觉华园休息、喝茶,或者看简报、聆听佛法,甚至里面有多位知客师,关于参观、用餐、挂单等问题,都可以得到他们最直接的服务。

觉华园不远处,有一间"香光亭",是佛光山开山后的第三年,我们举办第一届大专佛学夏令营的学员捐工建成,位于不二门广场南面。这座香光亭看似简单,却也有它启建的因缘。当初开山时,我们一无所有,便想到要建一个亭子在路口,让人走累了可以稍作休息。

"香",代表心香一瓣,供养十方,与大家结缘;"光",表示佛光普照,给人温暖、给人光明。所以建造这座亭子的用意,是希望每个人来到这里,都能感受到佛光人带给人的心香一瓣和温暖光明。

香光亭旁的右侧有一座"滴水坊",当你走累了、口渴了,就可以到那里喝杯茶、喝杯咖啡,饿了还可以吃碗饭、吃碗面。

香光亭,由第一届大专佛学夏令营学员捐建而成

我倡导的"人间佛教",以人的需求为重,因此,从佛学院、觉华园信徒服务中心,到香光亭、果乐斋、滴水坊等设施,都是我开山建设的优先考量。

沿着香光亭旁的道路向前走去,过了一条小桥,就是普门中学旧校地,现今已变更为"福慧家园",作为信众修持、活动的场所。再往上走,有大慈育幼院、佛光精舍(养老院),这是佛光山办理社会福利及社会教育事业的区域。虽然这许多单位的建地都不大,不过十方大众也都乐于共同成就我们对慈善福利与社会教化的理念。

麻竹园

佛光山开山十年后,信徒迅速增加,于是我就开始设法找一个可以让他们培训讲习、接受佛法教育的地方。这个地方不仅要有上课、会议的场地,还要兼具住宿、吃饭的设备。于是继朝山会馆之后,我在麻竹园设立了"佛光山信徒讲习会"。

其实早在佛光山还没开山的时候,整座山头都叫作"麻竹园"。不过,建了佛光山之后,我

麻竹园,开山十年后建造

们对外都使用"佛光山"这个名称,地方人士也就认为我们是舍弃"麻竹园"这个名称不用。为了尊重他们的想法,以民意为依归,我们就将"佛光山信徒讲习会"这栋大楼改称作"麻竹园",这样的做法,也让山下的民众心生欢喜。

现在我们看到"麻竹园"这栋大楼,绝对无法想象四十多年前的情况。因为这里原本是一条深邃的大水沟,是我们从高屏溪运送了五千辆卡车的沙土回来,才将水沟填满,之后再建设楼房。

麻竹园集吃饭、住宿、开会、活动的功能于一处,目前所有从海内外回山的信徒,若不是住宿在麻竹园,也一定会经过麻竹园;因为无论是到大雄宝殿拜佛、到如来殿参观,还是到云居楼斋堂、传灯楼客堂、美术馆,都会经过此处。

从麻竹园面向着山门口望去,左前方有男众学部,右边一段距离有女众学部,大雄宝殿则在它后方不远,可见得这里是佛光山重要建设的汇集中心。

开山初期,我经常都在这里会客、办事,那时候人潮进进出出,真可谓是"车水马龙",盛极一时,就是到了今天,麻竹园依然是令很多人怀念的一个地方。

檀信楼

面向朝山会馆左边的建筑物,名为"信徒服务中心",早年是为了避免信徒来到山上,分不清东南西北方向,能有个询问的地方而设立的,这里也备有简单的茶水服务。

后来到佛光山的人越来越多,我认为有必要为信徒建造一个更大的房子,以便提供更多的服务,可是当初佛光山已经没有多余的土地可供建筑,因为西山有一条水沟,于是我就在水沟上填土建

我建佛光山的因缘

檀信楼,信徒活动的场所,一九九一年九月建

了一栋房子,如同宝桥横跨两座山丘,这栋房子也是跨越了此岸和彼岸。建好之后,我就将这栋房子命名为"檀信楼"。

"檀",就是信徒,过去佛教称信徒为"檀家"、"施主"、"檀那"。佛光山的"檀信楼",顾名思义,就是一座专门提供信徒使用的大楼,里面有千人的集会堂,可容纳五百人的斋堂,地下室有十几间教室,可作为小型座谈、会议、谈法论道、禅坐之用,举凡信徒来到山上,都可以使用这些设施。

檀信楼发挥了很大的度众功能。尤其佛光山开山之后,海内外信徒经常都是集体上山参加活动,我们在户外没有太多的座位可以让他们休憩,再加上天气有时阴晴不定,有了这么一个地方之后,也就有一个室内集众的地方了。

说到信徒聚会,早期,因为年轻、体力好,只要有团体愿意听闻佛法,我都会满足大家的需要,几乎是来者不拒。对方是工程师,我就和他讲建设;是文学家,我就和他讲中国文学;是音乐家,我就

035

和他讲佛教的梵呗音乐;是雕塑家,我就和他讲佛像的雕塑。不管是什么样的人来,我都愿意为他们介绍佛经里有关士农工商的道理,大部分的人听了,也都是欢喜而归。

当然,为了常常要给人欢喜,我就必须想出很多的方法,把佛法推展出去。所以,我很感谢海内外的信徒们,他们都是我的老师,是他们助长了我的进步,增加了我的人缘。我生长在贫穷的家庭里,没有读过书,但是仰仗佛陀的光明,也能有因缘和这些优秀的人在一起谈论佛法;因此,我的愿望就是让佛法普及于世界各个角落,让大家都能打开心门,增加信心,丰富人生。

现在檀信楼除了接待信徒以外,机关团体来山,也可以借用场地播放影片、表演、举行游艺聚会等等。我觉得,佛光山虽不是极乐世界,但是大家确实都很努力地做到给人信心、给人欢喜、给人希望、给人方便。

如来殿

大雄宝殿的后方就是如来殿。如来殿四楼大会堂外的墙上贴满了陶砖,每一块陶砖上都刻有名字,这是美浓窑朱邦雄先生的作品。当初如来殿这栋大楼,是由好几万名信徒发心创建的,为了感谢每一位乐捐者的发心助成,而将他们的名字都一一刻在陶壁上。

常有人问:"佛光山有没有账簿?"我想,大会堂的这一片陶壁,就是我们的账簿;也可以说,佛光山的账簿就挂在如来殿大会堂的墙壁上。

如来殿大会堂是一个讲经传教的地方,尤其灯光、桌椅、空调设备完善,相信所有来山信众在这么美妙的环境中听闻佛法,必然可以得到心灵的充实。

如来殿,一九九四年建成

佛光山开山纪念碑

佛光山开山三十年的时候,我想,应该对协助建设佛光山的功德主有所回报,并留下一些纪念,所以除了先前在接引大佛前树立的开山纪念碑外,我们在如来殿广场前又建了一座"佛光山开山纪念碑"。凡是对佛光山的建设有贡献的功德主,我们都将他们的名字刻在纪念碑上,让他们与佛光山永远长存。

开山纪念碑上,除了列出功德主的名字外,我们也把佛光山开山三十年的大事记、重要行事,例如大雄宝殿开光落成,编印《佛光大藏经》、接引大佛塑像完成、蒋经国先生到这里一游、成立佛光会、成立电视台、办大学、创办《人间福报》等各种建设的时间,都一一记载下来。

在中国古代,要建设一所寺庙,都得花费数十年甚至上百年的

佛光山开山三十周年，兴建碑墙纪念

时间才能完成。过去有很多的丛林寺院，本身没有力量可以建设，都是由帝王、太后、太子下旨敕建完成的。那么在当今台湾，有没有政府指定建设的寺院呢？有的。五十年前，蒋中正先生为了报答母亲的恩德，就在台湾日月潭慈恩塔下，建了一座"慈恩寺"。但佛光山开山并不是政府敕建的，全是由海内外的信徒、老百姓协助建设完成的；为了把这一段历史留在人间，所以就建立了这一座"佛光山开山纪念碑"。

当然，佛光山的发展不只有这三十年，往后还会有好几个三十年。希望后代的子孙，要记住开山创业的艰难、开山的历史、宗风及集体创作的精神。

云居楼

进入佛光山山门，从菩提路一直走到"选佛场"，右边的大楼

可容纳四千人用餐的云居楼斋堂

就是佛光山最高的建筑物,这里经常有空中的白云飘进来,或者贵宾、客人从各方云集而来,所以我就将这栋大楼命名为"云居楼"。

最初这栋大楼的所在地杂草丛生,是山坡的边缘,后来慢慢开发成一片平地,才得以兴建云居楼。

云居楼共有八层,建筑的时候,我特别注意到一般的楼房都是在室内设立电梯、楼梯,把大楼的完整性给破坏了,因此,我就把电梯、楼梯建在食宿空间之外,让所有在这里吃住、活动的人,不会受到进出的干扰。

此外,有鉴于过去建筑物里的柱子会挡住彼此的视线,我特别请工程力学专家设计,让一楼和二楼整个楼层,成为没有柱子的宽敞空间,以便让它的使用功能更加灵活多样。

云居楼建成后,目前已成为佛光山人众集散的中心,尤其是成为佛光山的景点之一,世界各地有很多的工程师、建筑师都带着好奇心前来参观。

云居楼一楼是"五观堂",也就是吃饭的地方,又称作"斋堂",面积有一万坪,可以同时容纳三四千人过堂吃饭。过去佛教的建

退居后跟随大众一同于云居楼过堂用餐,实践佛陀所说"我是'众中之一'"(二〇〇三年六月一日)

筑黯淡、老旧,但是云居楼的设备很具现代化,三楼以上还可以容纳约两三千人住宿。另外,地下有二层楼可以作为停车场之用。

总说云居楼的兴建,希望信徒大众都能在佛法的洗礼之下,如云一般地潇洒、自在,拥有一个泰然的人生。

佛法僧建佛光山

如果有人问起:佛光山这块土地是谁买的?我会告诉他:是玉琳国师。一定有人会怀疑,玉琳国师是三百多年前,中国大清王朝开国君主顺治皇帝的老师,他怎么会买下佛光山这块地呢?

五十多年前,我写了一本佛教的小说,名为《玉琳国师》。这本书出版后,由于反应热烈,之后又再版印刷好几十次,甚至还拍成电视剧、电影,也曾在电视、广播电台播出。后来我就用《玉琳国

佛光山的土地、大悲殿、大雄宝殿,是靠这三本书所购得、兴建而成

《师》的稿酬买了佛光山这块土地,所以说,佛光山的土地是玉琳国师买的。

佛光山的大悲殿,则是观世音菩萨建的。观世音菩萨怎么会去建大悲殿呢?这也是五十多年前,我正在学日文,看到一位日本学者森下大圆先生所写的一本《观世音菩萨普门品》,感到作者阐述的佛法内容非常生活化,便将这本书翻译出版,书名为《观世音菩萨普门品讲话》。虽不敢说"洛阳纸贵",但也是轰动一时。有了这笔稿费收入,我就建了大悲殿。

另外,佛光山大雄宝殿可以说是释迦牟尼佛自己建的。为什么呢?因为我在一九五五年写了一本《释迦牟尼佛传》,后来这本书再版不下五十次以上,发行量遍及海内外,那么我就将这些版税作为建筑的费用。

所以,佛光山可以说是佛法僧三宝所成,我只是其中一粒小沙石的因缘而已。

功德主的成就

有人问:"佛光山究竟是怎么建成的?"真正讲起来,是佛光山海内外几百万的信徒们,大家点滴汇聚而成的。而这许多护法信徒,平时对佛教服务奉献、出钱出力,所以我们都称呼他们为"功德主"。

佛光山有上百万个功德主,有的人贡献智慧,有的人贡献树木花草,有的人贡献寺院生活所需,有的人集资捐献建设等等。总之,短短数十年来,因为这些护法功德主们的支持,让佛光山的发展到了"佛光普照三千界,法水长流五大洲"的局面。

为了感谢功德主的发心护持,佛光山定期召开功德主会,邀请他们回来看一看寺院的成长。每当功德主们回山时,我经常都用闽南语对大家说:"各位'头家'(即各位老板、各位董事),欢迎你们回来!"总觉得应该将成就归于大众。

其实,功德主不一定都是大施主。在佛光山的功德主当中,有的人做资源回收,将可用的资源做分类,并以变卖所得的款项,捐助佛光山各项弘法事业;也有的人平日省吃俭用,一块钱、十块钱……慢慢累积,累积到一个金额之后,再拿出来捐献。可以说,佛光山是靠着全球数百万信徒的发心,才有今日的成就。所以,我们要让发心的功德主们知道,当我们看到电灯亮起时,就想到全世界有你们在放光;当我们接受一杯茶水时,就想到你们在全世界,供养茶水、饭食、居所给十方的有缘人。

开山之初的几件灵感

开山之初,每隔四五天,高雄市区就会有一个人送报纸和几支蜡烛来给我们。那时开山寮在现在朝山会馆的位置,用茅草简单搭建而成。

我们在一九六七年五月十六日开山,到了八月、九月,晚上还是很热。有一次,大概晚上十一二点,我点了蜡烛要看报纸。当年

率领寿山寺信徒,于大悲殿前朝山念佛(佛光山宗史馆提供,一九七四年三月十七日)

对我来说,看报是获得知识很重要的管道。忽然听到鼓声,"咚、咚、咚咚!"心想:奇怪,怎么会有鼓声?现在是半夜,这里是山上啊!记得那时送报纸来的居士坐在我正对面,鼓声再次响起,我立刻问:"你有听到鼓声吗?"他说没有,我只好说自己太敏感了。

又过了一会儿,"咚、咚、咚咚!"我说:"你听!鼓声!"这一回,他也听到了。奇怪,怎么会有人敲鼓呢?而且鼓声悦耳。不过我们没有就此再谈下去,我仍旧继续看我的报纸。这时,我突然心生一念:钟鼓之地,必定与佛有缘!可以说,这个深夜的鼓声,增加了我的肯定,强化了我的信心。

还有一次刚吃过午饭,便听到男众学部的钟声响个不停。那时有一位从缅甸来访的恒越法师,据闻过去他在战争中被子弹射中大腿,用筷子把子弹压挤出来,很是勇敢。虽然老人家已经八十多岁,但我知道他生性调皮,就猜想或许是他在乱敲钟,但是在山上四处寻找都找不到他人,这钟声仿佛是发自天上,来自虚空。

另外，在我的记忆里，大悲殿即将落成时，有一天晚上八九点，我到大悲殿去巡视佛像及布置的情况，一进入大殿，就听到课诵声，那时山上还没有音响设备，课诵声音如此优美、庄严，是从哪里传来的呢？但是看到心定和尚等人都在忙着书写功德芳名、擦拭佛像，也就没有询问他们是否听到。

从大悲殿一路走下来，进了观照堂办公室，看到慈庄法师等人一样忙碌着，原本想就不说了，但还是忍不住地告诉大家："我刚才在大悲殿听到课诵的声音，不晓得是从哪里传来的，你们要不要一起去听听？"他们说好，我也陪同他们一起上去，但是却发现不只他们听不到，连我也没听到了。

那时我心想：哎呀！刚才不要说就好了，现在大家都听不到课诵声，会以为我说谎吗？不过再想想，大家都是我多年的弟子，必然会知道我的性格和为人。

第二天，我又到大悲殿看他们布置，课诵的声音又再响起，我赶快叫人下去把职事们叫上来听。果然，这回他们都听到了。这时，心定和尚从旁边走过来，问道："你们在做什么？"我说："你没有听到吗？有课诵声啊！"我很清楚记得当时心定和尚回答："这个声音啊，我在这里天天都听到。"听到他的回答，我才放下心中的疑虑。

《普门品》有云："应以佛身得度者，即现佛身而为说法。"佛光山开山至今，不断地有人说："是观世音菩萨找我来的！"甚至神明说："观世音菩萨叫我们来大悲殿。"关于观世音菩萨的灵感，现在说来，自己都觉得殊胜。

早期佛学院的同学们都知道，有一天晚上九点，做晚课之前，学生们在走廊上排班，忽然有人看到观世音菩萨示现在大悲殿旁竹林的上空，他们立刻一个一个地跪下来，朝竹林的方向膜拜："我看到活菩萨了！"初入佛道的学生怎么可能相信？但当时大家确实是感受到观世音菩萨的慈悲示现,而情不自禁地跪地礼拜。

关于大悲殿的灵感还有很多,但我并不特别提倡。我觉得佛菩萨的威德力,不是人力所能及的,所谓佛法无边、佛力广大,是我们赞叹都赞叹不完的!

不肯去地藏菩萨

还有一件很奇妙的事。过去佛光山上地藏殿里供奉的地藏菩萨像,原本听说是旗山一间寺院请人塑造的,但是完成后,运送的途中,车子行经佛光山山门口弥勒佛那个位置时,地藏菩萨突然从卡车上滚了下来,再也不肯上车。于是负责运送的人只有跟地藏菩萨说:"算了,既然你愿意留在佛光山,那就让你留在这里吧。"从此这尊地藏菩萨成为总本山的"不肯去地藏王"。

俗话说:"心诚则灵。"信徒之间都说地藏菩萨非常灵感,到地

地藏殿

藏殿祈愿,所求顺遂如意的感应很多。所以我想,虽然地藏殿位处偏僻、不起眼的山头,但是不必担心前来礼拜的人会少了。

接引大佛出外化缘

接引大佛的灵感也很多。例如兴建大佛的时候,有一位基隆信徒陈仁辅来山朝拜,开立了一张六十万元的支票给常住。六十万元在当时是很大的一笔数目,知客法师就说:"我带你到朝山会馆和我们的当家见面,让我们来招待你吧!"他说:"不必!我也不是很有钱,只是大佛叫我送来六十万,你把捐助收据在这里烧化了,让我对大佛有个交代就好了。"

开山十年后,东山放光,启建接引大佛纪念

以上所述是佛光山开山的因缘,而在数十年的弘法过程中,也经常有人问我是如何将佛法传播到世界各地?设立各地别分院的因缘是什么?就在这里一并叙述。首先就说第一个别分院彰化福山寺吧!

彰化福山寺

佛光山开山四十五年来,在世界各地设立别分院,分担总本山弘法教化、照顾信徒的责任。佛光山最初的发展,分别在宜兰和高雄两地,一个位在北部的东海岸,我称为"福如东海";一个是在南部的高雄寿山寺,我名之"寿比南山"。那时候的交通不似现在方便,从寿比南山到福如东海,也就是从高雄到宜兰,没有飞机航线,只能搭乘火车或汽车,而且单程一趟就要花上一天的时间。遇到两地的法务需要相互支援时,都要起个大早,在天蒙蒙亮的时候出门,一直到傍晚才能抵达目的地。

一年又一年南北往返,除了交通之外,最困难的,就是中途需要解决吃饭的问题。当时,素食并不普遍,要找一家素食店,实在不容易。好在后来在彰化发现了一间小面摊,一碗面只要一块半,便宜又好吃,我就经常率领大家前往光顾,排队吃那一碗一块半的面。

佛光山开山之后,我开始举办"朝山团"朝山活动。那时候,往来都是行走国道一号高速公路,台北的信徒一早出发,经过六七个小时车程,经常要到黄昏才能抵达,中途必须停下来吃中饭。不得已,便想与哪一家寺院商议,希望以长期订约的方式,让南来北往的朝山团能得以前去用餐,并且给予最大的布施供养。但是,竟然没有一家寺院愿意承担。

这期间,我曾经看中位于大甲铁砧山旁的妙法寺,除了信徒的午餐有着落外,还可以顺道一游铁砧山。但它的缺点是不在南北交通的中途,而是比较靠近北部,只在南下路程的三分之一。后来,妙法寺交给佛光山管理,原因之一也是基于过去曾建立的因缘,另一方面则是它位在台湾西部海岸线,佛光山当时设立别分院的地点,以山线居多,感到西海岸线也需要前往弘法,因此欣然接受并且调派徒众驻锡。

就这样,几经考量,加上徒众的建议,于是决心在位于台湾铁路、公路和山线、海线的中心点建立一座道场,这就是彰化福山寺的由来了。

所以常常有人问我,为什么要建立福山寺?我都笑着说:"为了要吃饭。"这确实是真的。最早建立的别分院,说得好听是为了弘法利生,实际上吃饭也是重要的问题;取名福山寺,则是因为这块土地位在彰化市福山里。

决定要建福山寺了,我想应该要有执照,于是就去向民政局登记"福山寺"。负责的人告知:"你还没有寺院,没有房子,怎么好登记呢?你应该要去找建设局先申请建寺庙啊!"这话听来也没错,于是我就到建设局申请登记去了。没想到,建设局的人却说:"你没有建筑执照怎么建设寺庙呢?"就这样,两边推来推去,来回多次,真叫我们莫衷一是,最后只好拜托建筑师想办法。建筑师也就替我先画了图。

我不明白那时候彰化县政府以什么理由,让我历经十年都无法办理寺庙登记。后来,虽然取得了有建筑执照的房子,民政局依旧不准许我合法登记,并且一再拖延时间。为了弘法,我们无法顾及法令,寺里的法务也只有照做了。一直到十多年后,省政府修改寺庙登记条例,并且发文给各县市,彰化县政府才让我们完成办理登记。

彰化福山寺

记得登记的那一天,负责承办的人员还要我们参与的徒众、信徒代表唱"三民主义"。佛光山年轻的法师们,每一个人都是以音乐、歌声来入道的,当"三民主义"一唱出,雄壮有力,他大吃一惊,这许多出家人怎么会有这样的合唱水准?自从唱过以后,福山寺各项的设施申请,就一直很顺利了。

经过一段周折,福山寺总算顺利开工。我想,要建设福山寺,光是靠总本山补助是非常困难的,因为当时佛光山也正在发展中。因此,彰化当地的信徒就自动发心,以资源回收的方式筹募建寺基金,经过十几年慢慢累积筹建,终于完工。所以当竣工落成时,我一度想把它称作"环保寺"或是"资源回收寺",因为这是佛光人做环保回收而建成的。但福山寺这个名称已经叫出去,大家早已习惯,只有以此为名了。

说来，佛光山在台湾应该受到政府的表扬，为什么？因为在重视环保和资源回收的现代，能够用环保回收来建设寺院，净化人心，这不是应该值得肯定的吗？

只是福山寺完成启用后，却发现了一个严重的问题：原来那一块地过去是个垃圾场，上面虽然有土，但地下却是空的，禁不起压力、地震、水灾等。所以初期建好的福山寺，没有多久就开始倾斜，墙壁土地都出现了裂缝。这一次宝贵的经验，也让我了解到探勘地质是建筑前重要的环扣。

不过，福山寺并没有辜负我当初成立的愿心，建筑完成后，果然让南北来往的徒众、信徒，中途都可以停留吃饭。接着，又设立了福山佛学院，甚至佛光山编藏处编辑部也迁移到福山寺，《佛光大辞典》就是当时慈怡法师等人在那里编辑完成的。那段时间，福山寺俨然成为佛光山的文化中心。

然而世间许多事真的难以预料，原本以为建一座福山寺解决了吃饭的问题，谁知一九七八年中山高速公路正式通行后，南北往来只需四个小时，早晨出发到台北吃中饭，中午吃过饭后出发，回到佛光山吃晚饭，时间还绰绰有余，就不需要在中途用餐了。但是，在福山寺的徒众就经常提出要求，你们南来北往怎么都不到福山寺用餐呢？为了安慰徒众，不得已，有一两次也特意下高速公路去看他们一下。

当初为了方便吃饭建寺，现在前往福山寺一趟，上下高速公路来回也需要两小时以上，反而成为麻烦。只能说，世间事就是这个样子，总有许多错综复杂的因缘。

嘉义圆福寺

除了福山寺以外，佛光山在嘉义有一间圆福寺，最初我并没有想要在那里建设寺院。并不是说我不喜欢这个地方,相反的,我非常欢喜"嘉义",因为佛经里有云:"若是经典所在之处,即为有佛。"嘉义,意思就是有"仁义"的地方,这是多么美好啊!

尤其,我初到台湾时,第一次讲经的地方就是嘉义;后来"中国佛教会"也经常叫我去那里讲经、主持法会;甚至嘉义的寺院也有人想邀我去担任住持。但是纵然有这许多因缘,我都不曾想过要在嘉义建设道场。

一直到了一九七九年,不知道什么原因,圆福寺积欠了税捐处税金四百余万元,税捐处要拍卖它来偿还债务。当时圆福里的老里长想,一座百年的寺庙就这样没了,实在心有不甘,却又不得办法,心里非常着急。有一天,他在圆福寺旁的一棵大树下打瞌睡,梦中听到有人喊:"大树!大树!"醒来以后,他看看身边的大树,就问大树:"你能卖钱赎回寺院吗?"

这时候,有一位林慈超老菩萨得知这件事,就跟他说:"你梦中的'大树',应该是指高雄县大树乡的佛光山,你去找佛光山才会有办法。"

老里长真的特地到佛光山来提出他的诉求,希望我帮圆福寺渡过这个难关。那时候,台币四五百万的价值,就等于现在的四五亿元,一时之间,我到哪里筹措四五百万元来偿还这笔债呢?而且限期只到明天了。

面对这样一个难题,我心想,或许可以先找嘉义税捐处陶处长,请他通融一下,延后拍卖的期限吧。好在佛菩萨保佑,到了税捐处,得知处长是慈惠法师过去在宜兰税捐处的长官,他一听到我们有意接办圆福寺,立刻答应延期。最后佛光山在万般困难下,凑足款项,终于为圆福寺还了这笔债务。

圆福寺旁近二百年树龄的芒果树

虽然接收了圆福寺,但是等待解决的问题还有很多。当时寺里有好几间工厂,必须拿钱请他们搬迁;原本住在寺里的一位老尼师,她在家时的儿女也同住在一起,也要另外给他们一个住处。等到这些事情处理圆满,前后大约也花了数千万元以上。

接着就是画图重建,其中经历的困难,也难去述说。不过,圆福寺重建完成也很好,因为佛光山开山工程进行期间,佛学院的学生不断增加,房舍来不及建设,于是我们就在圆福寺设立分部,取名圆福佛学院。

重建后的圆福寺,佛光山派遣依严法师前往担任住持。华严

于圆福寺华严宝殿主持法会

宝殿的气势雄伟庄严,可以说诸佛菩萨都来帮忙度众。看到信徒人数日益增多,也令人稍感宽慰了。

由于依严喜爱动物,寺里放生池的锦鱼就有一尺长,而饲养的九官鸟也会学人讲话,不少人闻风前来观赏。每次去圆福寺巡视,我都告诫依严:"你要把圆福寺做成道场,可不能把它做成动物园啊!"

后来,一只九官鸟去世,寺里为它立了牌位,在一场三时系念法会中同时超荐。想不到,在佛前的蜡烛火焰,竟然现出这只九官鸟的姿态,惊动了所有与会大众,大家奔相走告,口耳传诵。那时,还有人拍下照片为证,发表在佛光出版社出版的《佛光山灵异录》一书上。

总之,一个道场的兴盛、发展,还是要靠住众的发心服务,在佛菩萨的加被下,一切众生,甚至鸟类也都会前来护持。

台北普门寺

佛光山位在南部高雄,初期建设的时候,大部分的资源可以说都是来自台北。尤其朝山团,每个周末都是几十部车子,浩浩荡荡从台北南下到佛光山朝山,可以说,北部信众的护持,对佛光山的发展是一个重要的因缘。

台北是台湾人文荟萃的黄金地方,佛光山创建不久,我就在台北市罗斯福路、溪州街一带,买了一间国民住宅作为南北联络处。佛光山朝山团的起源,就是从那个联络站开始的。直到一九七八年,因为人数日益增多,才迁移到台北松江路一栋大楼上,定名为"佛光山台北别院",慈庄、慈容法师先后都担任过住持。

后来,因为停车问题和空间不敷使用,只得另谋发展。在辗转找到民权东路一块土地后,我就发愿要建一座普施方便法门的道场,取名为普门寺。不过,因为经费困难,只得与人合建,为此,佛光山至今对于普门寺那一整栋大楼的产权,都还不能完整取得,甚为可惜。

虽说如此,普门寺作为佛光山在台北弘法的据点,拥有六七层的楼层,许多佛教事业都是从这里延伸出来的。这里是国际佛光会中华总会的最初设址地,也曾开办台北女子佛学院,甚至后来北区各地别分院的成立,如内湖禅净中心、三重禅净中心、永和学舍、新庄择善寺、北海道场、三峡金光明寺,乃至基隆极乐寺等,也可以说都是从普门寺延伸出去的。

过去,台北市的寺院平时都不开门,只有在每月的初一、十五才开放让信徒到寺院礼佛。我想,后来台湾佛教的发展,慢慢地从过去的山林佛教走向社会佛教,从寺庙的佛教走到家庭的佛教,从关门的佛教到开门的佛教,从僧众的佛教到信众的佛教;这一段过

与台北女子佛教学院第一届毕业生合影于台北普门寺(慈容法师提供)

程,一方面可以说是与早期宜兰青年学佛以后,参与了兴学、弘法、布教,甚至发心出家都有因缘关系。

另一方面,在日本学习社会福祉的慈容法师,在学成回来接任台北别院住持后,觉得佛教应该为信徒谋福利,因此开办了生命线、观音线、妇女法座会、友爱服务队等,每个月定期的课程、活动多达六十余种。甚至,每年在台北"国父纪念馆"的弘法布教,三十年来连续不断,每年这三天布教就好像过年一样,信徒闻法欢喜、热络不已。加上普门寺举办的佛七修持、供佛斋天、盂兰盆报恩法会等等,真是带动了整个佛教,让佛教的弘法如火如荼地展开了。

所以,普门寺名曰"普门",真的是"普门大开"了。也因为台北别院的关系,台北其他的寺院,从此都一一开启大门接引信众了。说起来,慈容法师对于台北佛教的发展是有很大贡献的,除了担任佛光会秘书长努力发展佛光会外,也光大了佛光事业;后来台北的信徒想要推举慈容法师担任台北市佛教会理事长,这不是没有理由的。

会有普门寺,当初也是为了解决吃饭问题。初来台湾时,我经常不得饭吃,因此发愿有一天自己创建道场,一定要"普门大开",供人吃饭。有了普门寺之后,我立下每天多准备两桌饭菜的规矩,主要是让来访者有饭可吃。一直到今天,普门寺都还维持着这样的传统。

佛光山在台北以普门寺为基础,后来又有了台北道场,本着"以粥代茶"的理念,只要来访的客人,都会以一碗平安粥代替一杯茶供养。台北道场的弘法功能更为扩大,许多事业一一展开,如报纸、百万人兴学、电视台、美术馆、社区大学以及各种社教活动等,在道场启用之后,一直弦歌不断。佛教的弘法如此热络,让我颇感欣慰。期勉僧信二众要更加努力服务大众!

宜兰雷音寺

佛光山的别分院中,东北部的宜兰雷音寺和南部的高雄寿山寺,是我最早期在南部及北部弘法的道场据点,对我一生的弘法事业至关重要。

雷音寺,原名为宜兰念佛会,早期是隶属台湾斋教龙华派的一间小庙。平时,只有一位妙专老尼师住在那里,没有其他的出家人驻锡弘法,不过偶尔也让行脚游方的僧人暂时挂单。一九五三年,我应兰阳士绅李决和、张辉水、林松年、林长青等居士的邀请到雷音寺讲经,而开始与宜兰结缘。后来因为宜兰信徒们求法的虔诚,让我决定留在当地弘法。

雷音寺因应弘法的需求及台风的侵袭破坏,几次拆除重建,至今已成为一座十七层大楼的道场,并且更名为兰阳别院,是宜兰地区最高的建筑物。目前,由于经常举办各种文教活动,聚众频繁,例如每逢佛七、法会,都有数千人参加,同时也提供社会各界作为

我建佛光山的因缘

下为雷音寺初貌,中为改建,上为现在外观,更名为佛光山兰阳别院(此为电脑合成图)

集会、办活动的场地。所以,与六十年前比起来,兰阳别院现在的规模是很相当的。可以说,它的弘法功能,从早期到现在一以贯之,法务相当兴隆。

犹记得我初到宜兰的头一二年间,陆续成立青年歌咏队、学生会、儿童班、补习班,到电台广播、学校讲演等,带动民众学佛风气,光是举办佛诞节花车游行,就有数万人与会。当时宜兰市的行政单位有四十八个里,每一里都有一班宜兰念佛会的学员,我将他们分别取名为光明班、清净班、菩提班、慈悲班等,共四十八个班。那时候,信众们闻法相当热切,且积极参与各种弘法活动,在道心不断增长之下,后来甚至还因为虔诚打佛七,感应雷音寺的佛像开眼,成为整个宜兰地区津津乐道的盛事。

一九五〇年代的台湾,还没有电视机,吸引一般民众注意的活动并不多见。每次我带着青年到乡村弘法布教,透过幻灯机、录音机弘法讲座,再配上他们美妙的歌声,每每都受到乡民们的热烈欢迎,也度了不少青年加入弘法利生的行列。

我在佛光山建立僧团后,早期跟随我到世界弘法的年轻人中,大部分都出自于宜兰。例如宜兰有名的三剑客:慈庄(毕业于日本佛教大学)、慈惠(毕业于日本大谷大学)、慈容(毕业于日本佛教大学),以及慈嘉(毕业于日本佛教大学)、依空(毕业于日本东京大学)、萧碧霞师姑(毕业于台湾政治大学),还有男众心平、慧龙、慧传等多人,他们都是优秀的佛教人才。

四十几年前,他们刚留学回来后,有的提起一个小布袋,就走遍世界成立道场;有的为佛光跑天下,穿梭各大城市成立佛光会,大家真的是跟着我上山下海,南征北讨,到全球各地播撒佛教的种子。后来,各地的佛教青年纷纷向这许多人看齐,投入僧团,参与佛教事业,为社会大众服务。像近二十年来出家的青年,大部分都是留学欧洲、美洲、大陆,并且留在当地,投入弘法行列。

现在听来,似乎都是理所当然而平常的事情,但是,在当初佛教受到排挤,普遍学佛风气相当低迷的时代,这数十年来,社会大众对佛教、出家人观感的改变,可以说是非常不容易的。

高雄寿山寺

宜兰雷音寺,是我在一九五三年新春过后,开始前往弘法的道场;一直到了一九六三年,我才在高雄着手兴建寿山寺,在这十年

我建佛光山的因缘

高雄寿山寺（佛光山宗史馆提供，一九六九年）

之间，因为我与高雄佛教堂有一些弘法因缘，因此南北往来结缘。

之所以兴建寿山寺，是由于高雄佛教堂的信众之间起了纷争。当时有一批人离开高雄佛教堂，另觅靠近寿山公园的一块地兴建了寿山寺，并且要我前去住持。起初，我并不想驻锡道场，因为我的理念只想弘法，从事文教事业，为此，我还捐了二万元给他们作购地基金，成为发起建寺者之一。

想不到寿山寺建起来后，信徒口口声声都说这是为我而建，非得要我前去不可。但我实在不愿意主管寺院，就像我在宜兰弘法至今近六十年，没有担任过宜兰雷音寺住持一样，后来是不得已才做了宜兰念佛会的会长。

为了不拂逆信徒的好意，我请了美浓朝元寺慧定、善定法师前去寿山寺担任当家。他们两位是我在新竹青草湖"台湾佛教讲习会"教书时的学生，后来前往日本留学；但是他们有自己的寺庙，经常要忙碌，无暇兼顾，也就很少到寿山寺来。我自己也由于来来去

于寿山寺落成典礼中致辞(一九六四年十一月二十九日)

去,感到交通相当不便,而很少南下高雄,一直到一九六四年,我要筹办佛教学院了,才真正为寿山寺展开佛教的弘扬。

寿山寺虽然是初成立的一间小庙,但是因为办有佛学院,就有因缘承担一九七五年在台湾召开的第一届"世界华僧大会"贵宾参访高雄的接待工作。当时,本省人、外省人还是有所差距,"中国佛教会"的权力集中,但是,现在临到要欢迎来自世界各地的华僧,他们就叫我负责接待。

我是不主张送往迎来的,但到了这个时候,要怎么接待呢?想到这是一件大事,一定会引起社会的轰动,尤其人到了高雄火车站,必定要造成盛况。因此,我有了"一不做、二不休"的决心。

其时,正值十月十日,政府为了庆祝"双十节",街上到处贴有红色标语,刚好给了我一个灵感。

于是,我前去市政府拜访市长,说:"'双十节'过去了,现在世界华僧到高雄来,可不可以把牌楼借给我,我找人油漆,写上'欢迎世界华僧到高雄',不用花政府的钱,还替高雄做个面子。"市长听到不用花钱,马上回答:"可以,可以。"之后,我只花了二千块钱,找油漆匠把字改一改,就成了欢迎华僧大会的招牌了。

另外,我用油印的方式在宣传单上提供了几个欢迎的办法:

一、每个寺庙派五十个人到火车站列队迎接;

二、每人手上拿一支小教旗;

三、每间寺院在红色旗帜上写下自己寺院的宝号;

四、当天信众穿什么衣服,可以自行决定。

我一家一家地拜访寺庙,最初大家都冷冷淡淡的,不大愿意响应。不得办法,我只有听天由命。哪里知道活动当天,来了数万人,全部集中在高雄火车站前;各处的乐队,也都想各自表现一番。我真是吓了一大跳,声势之浩大,可谓盛况空前。世界华僧抵达高雄,看到这么大的欢迎标志、这么多的欢迎队伍、这么拥挤的人潮,一个个受宠若惊。我实不知竟然会如此轰动。

世界华僧们从高雄火车站绕行到凤山市,之后再回到高雄,走了几个钟点,除了各寺院热烈欢迎以外,民众夹道争相目睹,场面热闹不已,大家走得也很高兴。可是,当队伍走回高雄市区时,不敢走到中间的大马路上,只是顺着路旁的人行道走。眼看庞大的队伍实在不能这样挤在人行道上,我便自告奋勇高喊一声:"跟我走!"

我随即拿起教旗在前头阔步领队,把大家引导到马路中间行走,只见一路上所有红灯都变成绿灯,整个队伍如入无人之地,浩浩荡荡地通过街衢大道,震动了整个高雄市。最后就留下了华僧们搭着红祖衣,我穿着长衫领队,走在大马路前面的历史画面。

接待世界华僧以后,寿山寺在大高雄一举成名,大家有了信心。第二年,我举办佛诞节花车游行,几百部的车子共同参与,写下"高雄有花车游行,台北有'双十'游行"的创举。尤其南部的佛诞花车游行是属于民间的活动,这种场面要再重现,恐怕是不容易了。

现在回想起来,宜兰念佛会助长了寿山寺的发展,寿山寺的发展助长了佛光山的开山建寺,用一句流传的话说,宜兰真是"福如东海",寿山真是"寿比南山",在我看,因为"福如东海,寿比南山",所以现在才能够"佛光普照,法水长流"了。

因为寿山寺到佛光山的因缘,接着,大高雄左近的别分院,如普贤寺、南屏别院、旗山禅净中心、凤山讲堂、小港讲堂、右昌宝华寺、冈山禅净中心、屏东讲堂等等,也都如雨后春笋般——成立,俨然已成为当地的文教活动场所及民众重要的心灵加油站。

过去的佛教,总是提倡念佛、拜佛,未来就可以往生阿弥陀佛的极乐净土;但我倒觉得,不一定要将来才往生到西方极乐世界,应该现在当下就可以往生到佛光山来。因此,我在建设佛光山时,心中就有一个理想:以一个人的人生为蓝图,希望把佛光山建设成一个"人间佛国"。

甚至我又想到,过去想要礼拜代表"悲、智、愿、行"大乘佛教精神的观世音菩萨、文殊菩萨、地藏菩萨、普贤菩萨这四大菩萨,都要分别前往浙江普陀山、山西五台山、安徽九华山、四川峨嵋山等地。因此,我就把中国四大名山综合起来,建在佛光山里,让佛光山成为一个实践菩萨道的大乘佛国净土。

经常有人问我:"为什么要在这块荒瘠的麻竹园土地上建立佛光山?你凭着什么理念开创佛光山?"事实上,在筹建开山的时候,我就常常告诉来山的信众,我是本着四个理念而建:一是以退为进;二是以众为我;三是以无为有;四是以空为乐。这也可以说是佛光山的人生观了。

甚至于兴建完成后,我更立下佛光山的四大宗旨:"以文化弘

我建佛光山的因缘

本山首次召开信徒会员大会,二千余人参加,首创佛教界信徒教育、讲习制度(一九七四年九月七日)

扬佛法,以教育培养人才,以慈善福利社会,以共修净化人心。"其中,共修,不单只是指法会的修持,凡集会、法会、讲座、组织等等,都是共修的内容。唯有人家常常以法聚会,身心才会慢慢得到净化。就好像基督教讲洗礼一样,把污秽罪业洗净,可以去除无明烦恼,心灵可以扩大升华。所以,"共修"就是净化身心的意思。

我的信念是,佛光人在为信徒服务时,要抱持着"光荣归于佛陀,成就归于大众,利益归于常住,功德归于信徒"的精神。所谓"光荣归于佛陀",指的是虽然佛光山大众人多共事,但个人不可争功、不可执着,一切重要的人事,要依民主方式选举,将有能者推举出来后,不论年龄、地位,全山大众都要护持。

在佛光山做事,凡事都要随喜随众,没有个人,所有一切的光

063

荣都是集体创作、仗佛光明而得。因此,光荣是佛陀的、是佛教的,不是个人的,在佛光山的僧信四众弟子只是为佛陀效劳,所谓"色身交给常住,性命付予龙天",把自己奉献给三宝,只为佛教,没有自己。

"成就归于大众"指的是,佛光山创办的许多社会事业,如大学、中学、小学、幼稚园、电台、报纸、杂志社、出版社、书局等,乃至提供大众修行的禅堂、念佛堂、抄经堂,文教之用的美术馆、教室、图书室、会议室等,这些都不是我们个人能做到的,一切的成就都是十方大众共成的。

再者,所谓"利益归于常住",在佛光山一切都依佛陀建立"六和僧团"的理念而行事。"六和"是指和乐的相处(身和同住)、语言的亲切(口和无诤)、心意的开展(意和同悦)、法制的平等(戒和同遵)、思想的统一(见和同解)、经济的均衡(利和同均)。以时代的发展来看,可以说,佛光山是一个符合社会主义的僧团,可见佛陀当初"六和主义"的思想,比世界上的一切主义还要早、还要进步。所以在佛光山服务,虽没有发财的人,但也没有人为生活忧心,无论衣、食、住、行、生病、旅行等,一切都由常住照顾,真是无忧无虑的佛国乐土。

而"功德归于信徒",信徒在这里发心、修持、奉献,一切的缘分、功德都应该属于他们所有。记得台湾大学副校长汤明哲教授曾问过我一个问题:"我们在家人每个月拿薪水,每周休二日,还是觉得不够,而佛光山的出家众,既没有拿薪水,又没有放假,大家不停地做事,即使到了晚上,也还在做,这究竟是什么力量?"我回答他:"在家人'拥有',有,当然越多越好;出家人'以无为有',人到无求品自高。"

为了让佛光山的徒众有所依据,我在初创佛光山时就订定《佛

光山组织章程》,并且制定了《怎样做个佛光人》及佛光山十二条门规,让两序弟子能有所依循。今列如下:

怎样做个佛光人

第一讲

一、佛光人是常住第一,自己第二。

二、佛光人是大众第一,自己第二。

三、佛光人是事业第一,自己第二。

四、佛光人是佛教第一,自己第二。

第二讲

一、佛光人要先入世后出世。

二、佛光人要先度生后度死。

三、佛光人要先生活后生死。

四、佛光人要先缩小后扩大。

第三讲

一、佛光人不私收徒弟。

二、佛光人不私蓄金钱。

三、佛光人不私建道场。

四、佛光人不私交信者。

第四讲

一、佛光人不私自募缘。

二、佛光人不私自请托。

三、佛光人不私置产业。

四、佛光人不私造饮食。

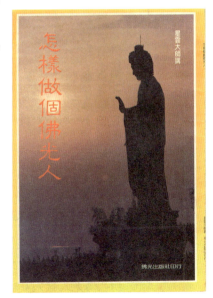

《怎样做个佛光人》

第五讲

一、佛光人要有宗教情操。

二、佛光人要有因果观念。

三、佛光人要有惭耻美德。

四、佛光人要有容人雅量。

第六讲

一、佛光人要有为教的忧患意识。

二、佛光人要有为道的笃实心态。

三、佛光人要有对事的敏锐觉知。

四、佛光人要有为众的慈心悲愿。

第七讲

一、佛光人以佛法为重,以世法为轻。

二、佛光人以道情为重,以俗情为轻。

三、佛光人以实践为重,以空谈为轻。

四、佛光人以是非为重,以利害为轻。

第八讲

一、佛光人不以经忏为职业。

二、佛光人不以游方为逍遥。

三、佛光人不以自了为修行。

四、佛光人不以无求为清高。

第九讲

一、佛光人身语行为要有社会性。

二、佛光人弘法利生要有使命感。

三、佛光人五欲六尘要有自制力。

四、佛光人做人处事要有公德心。

第十讲
一、佛光人生活要佛法化。
二、佛光人信仰要理智化。
三、佛光人处事要平和化。
四、佛光人修持要落实化。

第十一讲
一、佛光人将光荣归于佛陀。
二、佛光人将成就归于大众。
三、佛光人将利益归于常住。
四、佛光人将功德归于檀那。

第十二讲
一、佛光人要给人信心。
二、佛光人要给人欢喜。
三、佛光人要给人希望。
四、佛光人要给人方便。

第十三讲
一、佛光人要能不忘初心。
二、佛光人要做不请之友。
三、佛光人要肯不念旧恶。
四、佛光人要懂不变随缘。

第十四讲
一、佛光人要有以众为我的认知。
二、佛光人要有以无为有的思想。
三、佛光人要有以退为进的雅量。
四、佛光人要有以空为乐的观念。

第十五讲

一、佛光人要发挥集体创作的成就。

二、佛光人要坚守非佛不作的信念。

三、佛光人要认同制度领导的精神。

四、佛光人要遵从唯法所依的准则。

第十六讲

一、佛光人在生活上要随遇而安。

二、佛光人在修行上要随心增上。

三、佛光人在社会上要随缘不变。

四、佛光人在处事上要随喜结缘。

第十七讲

一、佛光人要像千年老松,经得起岁月寒暑的迁流。

二、佛光人要像严冬腊梅,受得了冰天雪地的考验。

三、佛光人要像空谷幽兰,耐得住清冷寂寞的凄凉。

四、佛光人要像秋天黄菊,熬得过寒霜雨露的摧残。

第十八讲

一、佛光人要自我观照,反求诸己。

二、佛光人要自我实践,不假外求。

三、佛光人要自我更新,不断净化。

四、佛光人要自我离相,不计胜负。

佛光人十二条门规

一、不违期剃染;

二、不私建道场;

三、不夜宿俗家;

四、不私交信者;

远眺佛光山(陈碧云摄)

五、不共财往来;

六、不私自募缘;

七、不染污僧伦;

八、不私自请托;

九、不私收徒众;

十、不私置产业;

十一、不私蓄金钱;

十二、不私造饮食。

我把佛光山开山以及北、中、南别分院的兴建经过,简单地口述下来,虽然都是过往之事,却是大家向未来看望的依据。开山不易,要打开心的觉悟之门更难,只有知道并体会了开山的历史和精神,让自己的心力如同开山那一代人那样的发心立愿,直下承担,才能永远沐浴在佛光里。

佛陀纪念馆建立因缘

其实,
佛陀并不需要人们礼拜供养,
但是众生需要借由礼拜圣贤、
启发善念、净化心灵,
这也是我建设佛陀纪念馆的本意。
供奉佛陀的真身舍利,
并不是要强调舍利的神妙,
而是希望让大家借由礼拜,
将自己的心化为佛心。
祈愿所有来到佛馆的有缘人,
都能体会此间众多的因缘成就,
感受到世间的善缘美好。

在我一生当中,我亲自主持的建筑,比较重要的有:高雄佛光山、宜兰佛光大学、嘉义南华大学、美国西来寺、休斯敦中美寺、奥斯汀香云寺、巴西如来寺、巴黎法华寺、澳大利亚卧龙冈南天寺、布里斯班中天寺、新西兰佛光山、江苏宜兴大觉寺等。但是这些建筑所花费的金钱、人力以及心力,都没有佛陀纪念馆来得多、来得大。我们在佛馆的碑墙上镌刻了布施者的功德芳名,所谓"千家寺院,百万人士",捐赠者不但有全球各地信众,还包括各友寺道场,甚至跨宗教的护持者,这座建筑正是集合十方各界人士所共同完成的一个杰作。

我总共花了十多年的时间筹备,经过三年多的建设,大体完成。佛陀纪念馆从二〇一一年落成开放迄今,据统计,在一年之中已有千万人来此参拜了。

这几年来，经常有人问我："盖这座佛陀纪念馆，总共花了多少钱？"

如果我照实说，别人会议论纷纷，认为花了那么多的钱，好可惜！如果把它拿去盖医院、做慈善就好了。

如果我说的数字不大，但事实上，所有的建设又昭然在目。就以土地来说，佛光山加上佛陀纪念馆占地约一百多公顷，佛光山左

佛陀舍利塔，舍利子是慈悲智慧的象征

近的地价，目前已经到达五万元一坪。一公顷约三千多坪，假如用一坪五万元的数字来计算，这是一笔多么可观的数目！

再者，建设期间的工程、人力、物资等，需要不少的费用；当中也有一些工程人员、信徒的发心，他们都不计较，如果把这许多的不计较都计算在里面，那些数字也就不算什么了。

那么究竟是花了多少钱呢？其实，从以前到现在，还有一些厂商都还没有来收费，所以真的很难计算出来，不如就不说了吧！

回想当初我建设宜兰佛光大学、嘉义南华大学，大约各花了五六十亿元，这些经费大多是由"百万人兴学"运动，大家共

在佛陀纪念馆的碑墙上,镌刻"千家寺院·百万人士"建馆者的功德芳名

同完成的。现在,这座由"千家寺院,百万人士"共同成就的佛陀纪念馆,我也应该把它的来龙去脉、前因后果向大众作个交待。

我与佛陀舍利的因缘

先要说到这颗佛陀舍利的缘由。

大约是一九八五年六月,"中华汉藏文化协会"于政治大学公企中心大礼堂成立。隔年,在佛光山举办"世界显密佛教学术会议",邀请全世界密教四大教派的法王、仁波切及各国学者专家来佛光山参加会议。在此期间,我已经和不少藏传佛教的人士结了善缘。

说得近一点的因缘,有感南传比丘尼戒法失传已久,为了恢复南传尼众教团,一九九八年二月,我们特地到印度菩提伽耶传授"国际三坛大戒"。那一次传戒会当中,聚集了来自全世界的佛教领袖,如斯里兰卡的达摩难陀长老、古那拉达长老、达摩罗卡长老、柬埔寨僧王德旺长老、蒙古的堪巴喇嘛,以及西藏的许多法王等大德,都来共襄盛举。

这是中国汉传佛教首次跨越国家、种族及法脉传承,第一次到印度传戒,顺利传授了出家的沙弥、沙弥尼、比丘、比丘尼戒,连同发心求受五戒、菩萨戒的信众人士,超过了二千五百多人。

有了善因,就有善缘,在那个同时,成就了佛教界的另一桩盛事,那就是佛陀舍利来台的因缘。

记得有一天,时任"中华汉藏文化协会"理事长、为人正派的田璧双喇嘛告诉我,一位贡噶多杰仁波切表示要赠送一颗佛陀舍利给我,希望我请回台湾建馆供奉,让正法永存,舍利重光。他说感于自己年事已高,知道没有办法妥善供奉这颗佛陀舍利,只有委托我们来辛苦一下。

说起佛陀舍利,据经典里记载,是佛陀涅槃后遗体火化而成,现存世的非常稀有。其中这颗佛陀舍利原本供奉在印度的那烂陀寺,但在十三世纪时,伊斯兰教徒大举入侵印度,佛陀舍利从此下落不明,不知去向。

后来,这颗佛陀舍利被贡噶多杰仁波切获得。他为了守护这颗舍利,冒险横越喜马拉雅山,经过长途跋涉,历经艰辛,最后把它护送回佛陀故乡。经过萨迦廷勤法王、顶果钦哲法王、觉吉体钦仁波切等高僧的认证,他们一致劝他兴建佛塔供奉,让众生都有福报能瞻仰佛陀的真身舍利。为了等待合适的机缘,佛陀舍利一直密藏在他随身的"迦护"宝盒当中,长达三十年之久。由于他感到年事渐高,自知无力再兴建佛陀舍利塔供养,一直希望为它找到可以托付的人。

后来他了解到佛光山在世界佛教交流、促进宗派融和等方面作了许多努力,肯定佛光山是弘扬人间佛教的正派道场,并且相信我有能力护持佛陀舍利,于是透过田璧双喇嘛的介绍,在我前往印度传戒期间,当面向我表达赠送的心愿。

十二位仁波切，出具佛陀舍利证明文书

起初，我还会意不过来，也不敢相信自己有这样的福报，贡噶多杰仁波切诚恳地告诉我，这颗佛陀舍利是经过多位法王认证，并由十二位仁波切联名捐赠，希望我能接受。经过一番了解后，我想到台湾民众如果真有这样的福报，应当尽力促成。他也提醒我，为了避免印度政府从中阻挠，迎请舍利回台湾必须绕境，从印度经尼泊尔加德满都机场到曼谷，再从泰国迎回台湾。我也同意他的考量，说："千万不能声张，声张了以后，这颗佛陀舍利能不能到台湾都还成问题。不如轻车简从，绕到尼泊尔再到泰国，我们请专机到

佛陀舍利初到台湾时暂供奉台北道场,供市民礼拜。左为田璧双喇嘛,中为贡噶多杰仁波切(蔡美安摄,一九九八年四月九日)

泰国去迎接。"

等到戒会圆满回台,我才向大众宣布这个消息,马上得到佛教徒的热烈支持,社会各界也乐观其成。事情大致确定之后,我就联合佛教界与社会贤达,组成"佛陀舍利恭迎团",搭乘专机前往泰国迎请舍利到台湾。

四月七日上午,由国际佛光会中华总会会长吴伯雄担任团长,慈容法师为执行长,护持委员心定和尚、慈庄法师、慈惠法师、王金平、陈履安、吴敦义、丁守中、潘维刚、赵丽云等百余人组成的"佛陀舍利恭迎团"一行,搭乘华航CI-695专机前往泰国曼谷迎接佛陀舍利。

贡噶多杰仁波切原本预定六日启程到泰国,我担心期间会有变数,所以要他提早一天,没想到他们抵达泰国的隔天,尼泊尔当

佛陀舍利恭迎团(一九九八年四月八日)

地就因政变而关闭机场。消息传来,大家都感到十分庆幸,似乎在冥冥之中,佛陀也成就舍利到台湾的盛事。

四月八日一早,贡噶多杰仁波切礼拜过佛陀舍利后,亲手将它交给田璧双喇嘛,并且在"佛陀舍利恭迎团"一行的护送下,来到世界佛教徒友谊会的会场。泰国副僧王颂德帕菩陀詹长老、世界佛教徒友谊会会长恰洛·威沙门中将等人,早已等候在大门口,代表世界佛教徒友谊会及泰国佛教界恭迎舍利。

祈安法会中,特别以藏文、泰语、汉语诵经,象征显密佛教融和、南北传佛教融和。随后,在副僧王颂德帕菩陀詹长老的见证下,由贡噶多杰仁波切捐赠、密教四大教派十二位德行兼备的仁波切联名签署,并经萨迦派的廷勤法王、宁玛派的顶果钦哲法王等高僧认证的佛陀舍利,交由我代表接受,隔日再搭乘华航专机迎请回台湾。

由于当天适逢佛诞节,佛陀舍利在法会结束后,又被迎请到世界佛教徒友谊会所在地皇后公园,供全民瞻仰礼拜。在那期间,泰国的僧王颂德帕雅纳桑瓦喇曾语重心长地跟我说:"佛陀舍利很小,不过它需要的地方很大。"他的一番话,更坚定了我要建设佛陀纪念馆的决心。

四月九日下午二点三十分,佛陀舍利顺利抵达台北桃园机场。佛光山住持心定和尚早已率领二万名信众在机场等候迎接。为了表达最虔诚的心意,现场有两百位优婆夷遵循古礼,以香花铺地、布发接足礼,同时有两百位显教法师持幢幡、手炉,以及密教喇嘛吹法螺迎接。还有"国防部"示范乐队及各界代表现场奏乐、台湾佛教界代表沿途恭迎,场面隆重庄严,气氛祥和肃穆。

当天在机场参加恭迎法会的贵宾,有"行政院长"萧万长、"考试院长"许水德、"立法院长"王金平、"内政部长"黄主文等人参加。会中,我代表大众向佛陀舍利祝祷祈愿,并感谢贡噶多杰仁波切的无私捐赠,以及田璧双喇嘛的居中促成。

法会圆满后,大众启程护送佛陀舍利回台北。一路上,警车在前面开道,高速公路北上车道净空,一路畅行无阻。快到台北时,忽然下起倾盆大雨,坐在车里的我不禁担心起来,在台北等候的大众怎么办?所幸恭迎车队下了圆山交流道,大雨霎时停止,仿佛刚才的一场雨,是特地为坛场洒净而下。

到达台北之后,一些灵感的事陆续传出,在此就不多叙述。其中最不可思议的,就是佛陀舍利将抵达松山火车站前的临时坛场时,已是黄昏,突然从天空射出一道金光,把松隆路照得像黄金铺

佛陀纪念馆夜景(蔡荣丰摄,二〇一二年十二月二十五日)

地一般。

当时多家电视台争相转播,在人间卫视主持现场直播的名作家赵宁博士,看了频频称奇,禁不住兴奋地惊呼:"这真是佛光大道啊!"

这个画面,经过数家电视台联合实况转播下,传送到世界各地,许多在电视机前观赏的民众,无不被这殊胜景象摄受,同感蒙受佛光的加被。现场的信众看到这个瑞相,更是欢喜感动,叹为稀有。到今天,这部纪录影片还存放在佛光山珍藏。

经过祈福法会仪式后,佛陀舍利暂时供奉在台北道场的大雄宝殿。短短八个月当中,前往瞻仰礼拜的佛教徒及各界人士、团体,高达数十万人,主动加入服务行列的义工,也超过万人以上。

在此期间,"行政院长"萧万长先生希望我们能举办一个祈福法会,于是我们在四月十一日,于中正纪念堂前的广场举行"恭迎佛陀舍利显密护国祈安法会",承蒙连战先生出席上香,与"行政院"萧万长先生、海基会董事长辜振甫先生及现场数万人共同宣誓

左起吴伯雄、辜振甫、萧万长、连战等于台北中正纪念堂参加恭迎佛陀舍利显密护国祈安法会

奉行"身做好事、口说好话、心存好念"的三好运动。

八个月后（十二月十二日），佛陀舍利恭迎团一行，从台北道场搭乘铁路局专车南下，沿途停靠彰化、嘉义、台南、高雄等站，每站停留九十分钟，让当地的信众瞻仰礼拜。当天晚上，于高雄中正文化中心举行"恭迎佛陀舍利南来献灯法会"，由心定和尚主法，现场一万多名信众同声称念佛陀圣号，献灯祈福，接着迎奉到佛光山普贤寺。

隔天上午，佛陀舍利由普贤寺出发，行经凤山、大树巡境后回到佛光山。此时，山上早已聚集万名以上的信众列队恭迎，看到佛陀舍利回山，每个人的脸上无不流露出欢喜、感动的神情。

在安奉祈愿仪式中，我有感而发地说："佛陀舍利比黄金、钻石还要珍贵，因为人们瞻仰佛陀舍利后，不但会恭敬合掌，还会生起欢喜心、道德心，希望大家借由礼拜佛陀舍利，学习佛陀的慈悲、智慧。"

　　以上,就是佛陀舍利来台湾的因缘始末。我认为能将佛陀舍利迎请回台湾供奉,不但是台湾佛教界的一大盛事,也能让社会大众借由礼拜佛陀舍利,人人"心中有佛",提升人格道德,进而带来社会祥和、世界和平。所以在我接受贡噶多杰仁波切捐赠的当下,就已经决意在台湾觅地建塔供奉,期盼让全世界的有缘人,都有机会前来礼拜、瞻仰。

建设佛陀纪念馆

　　佛陀舍利在台北供奉期间,"行政院长"萧万长有心想在台湾找一块吉地,建设一座供奉佛陀舍利的纪念馆。他提供了几块土地,但不是位在台北县的山区,就是邻近海边,后来我去看了滨海公路八十二公里处的一块土地,原本以为这里背山面海,应该很适合,可是台湾电力公司的总工程师高呈毅先生却有不同的意见。高居士是佛光山的信徒,他对我直言说不可行,因为那个地方面向海洋,强风直接吹来,再加上空气中的湿度大、盐分高,恐怕会腐蚀建筑物,不适宜兴建永久的纪念馆,所以就放弃了那个地点。

　　为了找地方建设供奉佛陀舍利的纪念馆,几经周折,后来看中在佛光山隔壁的擎天神公司用地。

　　擎天神公司的这一块地,原先是由德国与奥地利人和台湾省政府合股集资开炸药公司。数年前,他们分股想要搬迁回国,就有许多人想来购买,但德国人和奥地利人他们觉得这块地应该要卖给佛光山,就要我来买。但是在那个时候,我哪里有那么大的能力购买这一大块土地?寺院的净财来源,都是靠十方捐助,点点滴滴累积,才能买地建设起来的。他们说没有关系,我们会等你们

佛陀纪念馆举办安基典礼(二〇〇三年一月)

来买。

后来,经由信徒张姚宏影、曹仲植、潘孝锐等人极力地推荐,并且一同赞助出资;也因为佛陀舍利的因缘,很多信徒都发心出面帮忙,同时也觉得,佛陀纪念馆建在佛光山的旁边比较好照顾。到最后,靠着大家的力量,以一千万一公顷,共计六亿多元,成功买下佛光山隔壁擎天神公司六十公顷的厂房,作为佛陀纪念馆的建筑用地。因缘真是不可思议,就这样,这块地就属佛陀舍利所有了。

本来我还认为,如果当时"行政院长"萧万长代表政府提供土地,我们也就可以省下购地的费用了,可惜没有这样的因缘。

接着,我们在二〇〇三年元月举办安基典礼。当天有泰国代理僧王颂德帕布达勤那旺上座比丘、天主教单国玺枢机主教、国民党副主席吴伯雄先生、"立法院长"王金平、高雄县杨秋兴县长,以及各界人士约五万多人参与观礼。

土地底定之后,接下来就是有关工程建设的部分。

最初的工程,是委托中兴工程公司设计,用两三年的时间绘制草图,但全山的徒众都觉得设计的样式太过传统,希望能再创新一点。后来,又请大元建设公司的建筑师姚仁喜先生接办,花了一两年的时间,也是半途而废;我们佛光山青年才俊成立的建设小组,大家也知难而退,不敢承担这一个重责大任,最后又来询问我,希望我能给予意见、规划。

其实我不是设计师,也没有学过建筑,在不得已的情况下只好出面表示一点意见。就像早期建设佛光山,也没有请建筑师来设计,都是我用土法炼钢的方法,一点一滴慢慢完成,而有现在的规模。承蒙大家喜爱,多年来也获得不少国际人士的赞美。

关于佛陀纪念馆的建筑,起初我也想不出一个合适的样子,大家提供的意见不是太传统,就是太现代,莫衷一是。后来还是

我设计的佛陀纪念馆雏形(慧延法师摄,二〇〇七年十二月二十日)

佛光大佛与八塔

由我主持会议,就着现场的卫生纸盒、玻璃瓶及报纸等物品,把报纸摊开来,玻璃瓶排开,卫生纸盒为标示,指出哪里怎么建、哪里作什么用途,最后大众一致通过,就是现在佛陀纪念馆基本的样式了。

整个建馆的工程,从二〇〇三年开始,经过九年规划,三年建设,最后在二〇一一年底落成启用。在这段期间,光是外观设计图就画了一百多张,最后由大成公司和日本的熊谷组建设组员来承包工程,完成这一个圣地的建筑工程。

规划期中,我曾说:谁能主持佛陀纪念馆的建筑工程?不执着己见、"无我"的人就可以担任。后来是由佛光净土文教基金会执行长满舟法师、李光辉居士,以及佛光山文教基金会执行长如常法师共同负责。

那么,佛陀纪念馆整体的格局是怎么来的呢?

最初我想到佛陀在世的时候,在印度恒河边上传道,在灵山会上说法,所以就依现有的地形规划出"前有八塔,后有大佛,南有灵山,北有祇园"。期间,我又想到大家来佛陀纪念馆巡礼,需要一个可以喝茶、吃饭、休息、集合的地方,所以又建了"礼敬大厅",再加上雄伟的山门,并将佛光山通达佛陀纪念馆的一条山路拓宽,名为

菩提广场前十八罗汉,左一为莲花色比丘尼;佛世时代神通第一的比丘尼

"佛光大道",和佛光山连成一体。

沿着山门一路直行,穿越"礼敬大厅",两侧有风雨走廊,以及代表"八正道"的八座宝塔;通过二百四十公尺的"成佛大道",就是供奉佛陀舍利的本馆。如果驱车从正门进来,也有环馆道路,穿越"自在门"、"解脱门"即绕馆一周。

本馆的面积占地四千坪,里面除了供奉佛陀舍利的玉佛殿,还有供两千人集会的大觉堂及观音殿、金佛殿和八个展览馆。本馆的上方四周,有四座仿造印度菩提迦耶正觉塔形式建设的"四谛塔"。这四座宝塔分别供奉观音、普贤、文殊、地藏四大菩萨,象征中国的四大名山,佛法的四弘誓愿、四圣谛。

本馆前的菩提广场,设有十八罗汉、八宗祖师;为了合乎时代精神,我在十八罗汉当中,特别增加了三位女罗汉,这些人物即代表佛法僧三宝具足、行解并重、宗派融和、男女平等。

此外,我也考量到大家来到佛陀纪念馆,需要一个可以照相的

韩国通度寺赠送的佛陀金襕袈裟

地方,所以在菩提广场前方,我又设计了一个长五十公尺、宽三十五公尺,共三十七阶的"万人照相台"。三十七阶,是取意佛法的"三十七道品",为修学菩萨道的基础方向。为了方便老人及行动不便者都可以轻松地在阶梯上行走,我在建设之初,还亲自上去走过每一道阶梯。

　　本馆的面积共四千坪,地下设有地宫四十八座,计划用六年的时间,向全世界征集当代文物,此后每一百年开启一座,要四千八百年才能全部开完。当一百年后第一批文物出土,会再放入新的文物,以后的每一座地宫都是一样,这样就可以让文化传承永续不息。

收入地宫的文物不一定是价值很高,重要的是不容易坏。以目前来说,第一批各方捐赠的文物就有:台北震旦行陈永泰先生捐赠的法门寺地宫文物,韩国通度寺赠送的佛陀金襕袈裟,泰国僧王赠送的金佛,泰王赠送的佛陀十大弟子舍利等,还有各个朝代的钱币、工艺品、生活用品等等。想到这些文物经过百千年后,能提供未来的人研究这个时代的生活、文化,那就很有意义了。

在本馆的周边,还有祇园、滴水坊及亲子舞台,沿途设有石桌、石椅、卫生间等公共设施,不管是散步、休憩、亲子同乐、户外教学,都可以让人悠游其间。此后,还会有"生命的密码"、灵山禅窟等建设,让所有来到这里的人,都能学习佛陀的慈悲智慧,将平安与幸福带回家。

总之,佛陀纪念馆的每一个建设规划,都是以人的需要、教化的功能为主。例如,从山门进来,不管是车行环馆道路,还是经由礼敬大厅、成佛大道,亦或是循着风雨走廊、八塔到本馆,都是无障碍空间。尤其我在环馆道路上写了"向前有路"四个字,意思是只要向前,循着指示的方向,就会有路,也不容易迷路了。其实,如同我们待人接物,要积极进取,人我之间要能尊重包容,凡事清楚明白,必定人事平安,所到之处都能通行无阻。

佛陀纪念馆的人与事

说过了佛陀纪念馆的硬件建设,接下来要谈谈佛陀纪念馆的人与事。

前面提过,这是集合众人的心力共同成就的建设,除了"千家寺院,百万人士",期间还有很多特殊的人与事,也值得在此一说。如:

佛陀纪念馆,北为祇园、南为灵山,图为祇园一角(慈惠法师提供)

本馆后方的佛光大佛,重达三百八十吨,连同基座共一〇八公尺,是由台湾杨梅圣光雕塑公司庄隧附董事长、庄朝凯经理,以及负责大佛内部钢构设计的杰联国际工程顾问公司张敬礼董事领导的团队,日夜赶工如期完成的。

本馆的玉佛殿里,有福建泉州李庆国先生雕刻的东方琉璃世界、西方极乐世界彩色玉雕,厦门刘永生居士雕刻的香木宝塔,观音殿里则有杨惠姗女士雕塑的千手观音等,这些都将永久收藏在佛陀纪念馆中,供人瞻礼。

菩提广场上的十八罗汉,是雕刻家吴荣赐先生的作品。吴荣赐先生有"台湾神雕"之称,自我要求很高,为了雕刻这十八尊罗汉,他特别到泉州挑选适合于佛陀纪念馆的青斗石。在他的细心揣摩和熟练的刀法下,每尊罗汉的神韵、动作都栩栩如生。

风雨走廊两侧外墙上的浮雕,有《佛陀行化图》(施金辉绘)、

巡视佛馆工程,后排左三为承造商杨梅圣光公司庄隧附董事长

《禅画禅话》(高尔泰、蒲小雨绘)、《护生图》(丰子恺绘),以及"礼敬大厅"前的狮子、大象家族,都是出自水泥雕塑艺术家叶先鸣先生之手。叶先生对自己的作品也是坚持完美,尤其水泥雕塑的最困难之处,在于水泥干得快,无法事先描绘,必须在很短的时间内作出半浮雕的立体效果,由此也可以看出他的功力。

此外,《禅画禅话》、《护生图》的彩绘,是艺术家陈明启的作品,它与叶先鸣先生的浮雕相得益彰,让每个来参观的人看了都很喜欢。

还有全台湾最大的梵钟、大鼓,也是了不起的创作。梵钟,是由韩国圣钟社元光植社长督造,花费了十五个月的时间铸造完成的,高四.三四公尺、直径二.五八公尺、重二十五.五吨,钟面并刻有五千二百余字的《金刚经》;大鼓,是由台湾制鼓业首屈一指的响仁和钟鼓厂第二代制鼓师王锡坤先生,以一年多的时间打造而

杨惠姗女士所雕塑的千手观音菩萨,供奉于佛陀纪念馆观音殿(慧延法师摄)

《禅画禅话》长廊,收录百幅公案语录画作,由叶先鸣、陈明启老师带领团队,浮雕彩绘于佛陀纪念馆南北长廊外园,作为净化心灵、品味人生的最佳教材(原作:高尔泰、蒲小雨)

成的。鼓高九尺,鼓面采用特殊植物纤维,直径七尺,鼓桶选用花梨木,突破了传统用牛皮制鼓的习惯,可以说具备了环保与慈悲的精神。

佛陀纪念馆里的一些重要建设,也有不少来自世界各地的信众发心捐建,如:

佛陀纪念馆山门由罗李阿昭女士捐献;本馆大门由菲律宾陈永年先生奉献。

八正道塔则分别有:

一教塔:蔡其瑞、黄淑满捐建。

梵钟刻有五千二百余字《金刚经》

二众塔:白清栋、陈玲琴捐建。

三好塔:赖维正、李美秀捐建。

四给塔:谢其昀捐建。

五和塔:戴正吴、高美娥捐建。

六度塔:邰燦、邰凌云捐建。

七诫塔:温三郎、陈丽真捐建。

八道塔:廖万居、周粉捐建。

四圣谛塔分别有:

观音塔:陈捷中、蔡蝴蝶捐建。

佛光山与各宗教联合于佛光山佛陀纪念馆举行"爱与和平宗教祈福大会"(蔡荣丰摄)

佛陀纪念馆焰火

　　二〇一一年八月二十三日，国际佛光会举办"爱与和平宗教祈福大会"，邀请全台湾各宗教界，齐集佛光山佛陀纪念馆出席。大会由我和马英九先生、单国玺枢机主教共同点亮地球仪揭开序幕。并由与会的宗教团体：佛教、道教、伊斯兰教、天主教、一贯道、基督教、轩辕教、耶稣基督后期圣教徒教会、天帝教、天理教、天德教等代表，共同祝祷世界和平。最后，在施放璀璨的焰火中，大会圆满结束。

佛陀纪念馆建立因缘

以特殊植物纤维制作的大鼓,具备了环保与慈悲精神(慧延法师摄)

文殊塔:李忠义、杨玉瑛捐建。
普贤塔:叶清山、陈和顺、戚品淑、陈玉莲捐建。
地藏塔:陈振常、陈曾四欣捐建。
双阁楼:庄雅清等人捐建。

工程期间,承蒙台北国际联合建筑师事务所的张国章建筑师,太子建设开发股份有限公司庄南田董事长,大成工程股份有限公司张荣田董事长、陈长坤经理,翔联企业股份有限公司林富商董事长、张文政协理、高泉昆经理,大元联合建筑师事务所姚仁喜创始人,十月设计总监陈瑞宪先生,中兴工程顾问股份有限公司廖干荣经理,建铭营造股份有限公司刘俊弘经理、薛宪治顾问,镒赞不锈钢有限公司吴森宗先生等所领导的团队,顾问赵大深先生、戴玉琴女士、曾瑞莲女士、翁骏德先生,以及由如常法师带领的内装工务

佛光山全体僧众,从佛馆工程启建到落成启用,期间经常出坡整理环境、种花、植草,以及活动期间的交通指挥、车辆接驳、宾客接待等等

人员如展法师、张宇凯先生、林中文先生等,义工王修善、郭荣泉、李宗益、毛景超等人的齐心努力,让佛陀纪念馆能在预定的期限内顺利完成。尤其大成建设公司负责督察工程运作的傅再贤所长,每天在工地早到晚归,心甘情愿,无怨无悔,几乎以佛陀纪念馆为家。听徒众告诉我,他经常一早就到佛光山大雄宝殿和法师们一起上殿做早课,结束之后马上开始一天的工作。工程团队看到主管这么认真,自然也跟着尽心尽力了。

另外,还要感谢高雄县杨秋兴县长,他给予我们很多的助缘,让佛陀纪念馆在二〇〇三年元月举行安基典礼后,同年五月通过"非都市土地暨山坡地开发建筑审议",准予开发。不久,又陆续让我们通过"杂项并建筑执照"等建筑申请程序,因此得以从水土保持到主体地上结构体工程的开工,先后顺利完成各项工程。

二〇一〇年年底,高雄县市合并之后,也感谢高雄市长陈菊女士的帮忙,让我们在佛光山通往佛陀纪念馆之间的"佛光大道"得以顺利开通,方便来访的客人往来两地。

再有要感谢的,就是佛光山全体的僧信二众,从工程启建到落成启用,期间好几次动员大众,共同出坡整理环境、种花、植草,以及活动期间的交通指挥、车辆接驳、知宾接待等等。

在佛陀纪念馆即将落成之际,也承蒙天下远见出版社的高希均先生,带领诸多同仁,由潘煊小姐执笔,共同编撰出版《佛光山佛陀纪念馆纪事・人间佛国》,引领大家认识佛陀纪念馆,在此也一并感谢他们的发心与用心。

其实,从佛陀舍利迎回台湾,到佛陀纪念馆建成,前后历经十余年,此中有太多殊胜感人的因缘,由于篇幅的关系,就不一一叙述了。

佛光山为佛陀纪念馆培训"佛光小姐",透过培训实习,不仅仪态优雅、招呼亲切、笑容甜美,还具备专业的佛学知识,为海内外游客提供第一线导览服务

佛陀纪念馆的花海

佛陀纪念馆于二〇一一年十二月二十五日落成启用,如今已届满一年,不久前也突破千万人次来馆参访的纪录。

记得半年前,有人兴奋地告诉我:"前几个月,和朋友们的话题最多的是:'你到过佛陀纪念馆吗'?可是最近又不同了,大家改问:'佛陀纪念馆,你去过几次了?'"甚至来到佛陀纪念馆的人,不分男女老少,不分阶级贫富,不分种族地域,不分宗教信仰,尤其神明、宫庙,以及神父、修女等宗教人士,也都来参访礼拜,可见佛陀纪念馆确实已经发挥了它的威力。

其实,佛陀并不需要人们礼拜供养,但是众生需要借由礼拜圣贤,启发善念、净化心灵,这也是我建设佛陀纪念馆的本意。供奉佛陀的真身舍利,并不是要强调舍利的神妙,而是希望让大家借由礼拜,将自己的心化为佛心。

此外,我也常说,佛陀纪念馆是十方的,是大众的,只要有人需要它,谁都可以来亲近它。佛陀纪念馆是文化的、教育的,无论个人、家庭、学校、机关团体,谁都可以在这里聚会联谊,可以在这里游艺教学。

在此衷心祈愿,所有来到佛陀纪念馆的有缘人等,都能体会此间众多的因缘成就,感受到世间的善缘美好。台湾很小,但我们以佛陀纪念馆作为文化的窗口,希望让世界看到宝岛台湾!

滴水見情

佛光人祖庭大觉寺

我不知道祖庭长什么样子,
直到二十岁那一年,才有机会回去礼祖。
据资料显示,
大觉寺创建于南宋咸淳年间,属临济宗门下系统。
民国初年时期,由于军阀倥偬,
各地的寺庙在苛捐杂税、盗匪横行之下,
已经奄奄一息没有生气。
不用说,那个时候的白塔山大觉寺,
仅存前后两殿、几尊佛像、东西厢房外,
再加上前面两百多亩的农田,
及大小不一的池塘水洼,
已空无一物,不具规模了。

"木有根,水有源",每件事、每个人都有他的根头源流。好比有许多人会修写家谱,以此记载他们家族的传承。尽管我也会想了解过去家族的情况,但由于我的先人没有做过一官半职,也不是富贵之家,亲族人口并不繁茂,因此没有家谱,成为我相当遗憾的事。

提起家族的传承,就让我想起父亲李成保先生。从小,举凡与家父有关的事情,我都想了解。据说父亲出生二十八天后,我的祖父就去世了;少年时期,才十四岁稚龄,祖母也离世往生。父亲还有一位姐姐,只记得自己七八岁的时候,父母曾经带我去探望她一次,现在也记不得姑母的样子。一直到两岸开放探亲以后,才知道我还有两个表哥,也就是姑母的儿子,分别叫作徐必华、徐必荣,他们在上海市府的单位里做个小职员。

一九三八年,于南京栖霞山礼志开上人出家

据说父亲未结婚前,经营过香烛店,经常与寺庙来往,闲暇时,也乐于在寺庙当义工帮忙,因此烧得一手好吃的素菜,常被友人请去烹煮素菜,客串厨师一番。父亲成家后,陆续经营酱园、成衣店,但都经营不善,相继倒闭,为了养家,只得外出工作。

我和父亲相处的片段记忆,只恍惚停留在十岁之前,对于父亲的年岁,也不十分清楚,只能由父母的生肖去推算。我母亲属虎,她在二十五岁时生下我,而父亲属鸡,由此可知,父亲生下我时,已经三十岁了。

还记得他工作之余,偶尔回家探望我们,由于久未见面,过度地想念,我一看见父亲,不由分说地眼泪就掉了下来,怎样也止不住。后来,他长期在南京就再也没了音讯。直到十二岁,中日战争爆发,我陪着母亲四处找寻他的下落,父亲没有找到,却因他的庇荫,让我找到出家的因缘。

重建的祖庭大觉寺山门

在佛门中,出家也有它的法系,我的法系和俗家一样,也是非常单薄。

我是在南京栖霞山礼拜志开上人为师,然而,栖霞山是十方丛林,不可以收徒纳众,还记得师父当时告诉我:"我们真正的祖庭是在江苏宜兴白塔山的大觉寺,你好好地参学读书,总有一天会带你回去礼拜祖庭。"

我不知道祖庭长什么样子,直到二十岁那一年,才有机会回去礼祖。据资料显示,大觉寺创建于南宋咸淳(一二六五至一二七四)年间,属临济宗门下系统。民国初年时期,由于军阀倥偬,各地的寺庙在苛捐杂税、盗匪横行之下,已经奄奄一息没有生气。不用说,那个时候的白塔山大觉寺,仅存前后两殿、几尊佛像、东西厢房外,再加上前面两百多亩的农田及大小不一的池塘水洼,已空无一物,不具规模了。

师父志开上人带我回大觉寺的时候,寺里只有一位挂名的师兄今观法师担任住持,以及十多位工友。除了向佛像礼拜,没有祖师堂,不见祖师的画像,更没有传承的法卷。曾听师父述说,有一次,土匪来寺抢劫,师公想躲到阁楼里面,没想到正爬在梯子上,土匪一进门,猛然一刀,就把他的腿砍断了。那时候年纪轻,听到这样凄惨遭遇的人,竟是与自己有法系因缘的师公,便不忍心再追问师公的事了。我对师公所有的认识,就仅是如此而已。

之后,再想知道有关大觉寺的历史,由于师父早已回到南京,我也无处询问,只有听师兄告诉我,在大觉寺一百华里以外有几座同宗同派的分支寺院,其中一间寺院里还住有一位师叔公——觉道法师,他可以带我前去探望。我还问师兄,能否把这位老人家请到大觉寺来供养?师兄当下同意。当时这位师叔公约有六七十岁,是一位非常慈祥的老人家,我依稀记得他的模样。

师叔公具有出家人的道气,但是他嗜好吃烟。虽然我对出家人吃烟深不以为然,但想到法系中就只有这么一位师叔公,觉得自己更应该孝敬他才是,不能再对他有任何的不满。因此,我也曾经到街上替他买旱烟,讨他的欢喜。

当时,大觉寺仍有少数的信徒,他们都称呼我"小当家";我除了帮忙师兄早晚课诵、打供外,其他的时间就是到白塔国小教书,日子过得应该很平静。可惜适逢国共内战,白天是国民党的军队调查,晚上是共产党的游击队盘问,在夹缝中求生存,可以说是惊险万分。

一九三八年二月一日我在栖霞山剃度,那个时候师父志开上人正在栖霞山担任监院,我大部分的时间也在外面参学,出家的岁月里,家师曾在祖庭停留多长的时间不得而知,印象之中,应该也没有超过三年。一九四七年我回到大觉寺,也住不到两年。因此,我们师徒在大觉寺共同相处的时候,就只有他送我回大觉寺的那三五天时间而已。

那个时期,在严峻的师徒伦理关系中,我从不敢向师父提出问题,师父也忙于他的许多法务,不太会主动跟我讲什么。回忆我和师父二人相处的时间,加起来应该不会超过十个小时。

因此,对于祖庭大觉寺,很多的往事既无历史的记载,也无长者的告知,在那个战乱的年头,就这么匆匆忙忙过去了,若要我回忆大觉寺的往事,实在没有办法巨细靡遗地述说。

那段岁月中,唯一值得纪念的,就是办了《怒涛》月刊,总共出版了十八期,但也是离开大觉寺后一年半的事情了。当时佛教中的权威杂志《海潮音》还替我们刊了大幅的广告,称赞我们:"佛教又多了一支生力军!"也因为《怒涛》月刊的关系,南京荫云和尚力邀我和智勇法师一同管理南京华藏寺。甚至于日后到了台湾,在举目无亲、无所依托的窘境下,由于《怒涛》月刊的缘故,而有寺庙道场愿意让我挂单,收留我,而那又是另一段的因缘了。

悠悠数十年,倏忽而过,一直到一九八九年,我在美国组团返回大陆探亲,不禁提出希望回到出家祖庭宜兴大觉寺的要求。大陆政府相关单位也非常友好,听闻我的诉求,他们立刻联络并且转达:"许多寺院在'文革'的时候都被拆毁了,你的祖庭虽然也受到损坏,不过,当初你在白塔国小教书的学生还有数十人仍然住在当地,可以安排时间和你见面,宜兴政府的领导们也非常欢迎你回去看看。"

终于,在一九八九年四月中旬,我们一行人从南京乘车浩浩荡荡抵达宜兴白塔山。寺庙是没了,但当地政府领导干部热烈地欢迎我们。四十年前的学生,当年天真烂漫的儿童们,如今也都五六十岁,在饱受风霜的数十年后相见,除了名字依稀记得以外,过去的模样已经不可复说了。

我的人生就是这样的奇妙,俗家上一辈的人,除了对父亲的记忆甚少,连母亲竟都四十年没有见过面;而对于出家后的祖庭,也只是住过短暂的一段时间。四十年后的重逢,哪堪回首?

往日的学生中,有一位陈水松和他的弟弟陈水根,从那次相聚后,就一直跟我通信、电话往来,希望我回去祖庭创业。他们所谓的创业,就是在祖庭从事一些社会的事业。其实,他们不知道我一生有个"非佛不做"的原则,虽然我办教育,那是佛教的教育;我热心文化,那是佛教的文化事业;我做慈善,包括养老育幼、急难救助等,都是由寺院常住来主办。如今,祖庭已片瓦无存,只留有两块说明大觉寺建于南宋时期的石碑,其他的也都无法考据,我又能在当地做些什么呢?所以,尽管旧时的学生们一再地希望我回去兴办事业,我也没有动心过。

一九八九年三月,应中国佛教协会赵朴初会长之邀,率僧信二众二百余人回乡弘法一个月(黄悼靖师姑提供,一九八九年三月)

后来,在二十一世纪初期,由于和时任江苏省宗教事务局局长翁振进多次相见,彼此已非常熟悉。有一次,他跟我说:"星云大师,你可以回来复兴祖庭吗?"我心里像触电一样,相当惊讶,但仍然镇定地问他:"我可以在白塔山下重建大觉寺吗?"

翁局长毫不犹豫地回答:"可以!因为现在的宗教政策与以往不同,对于原来已有的寺院,可以申请复兴重建。假如过去没有寺院,要重新建设就有困难。你既然已有祖庭大觉寺的因缘,当然可以复兴重建。"

我一听,把握机会提出疑问:"原来旧有的大觉寺已被拆除,我哪有土地可以重建呢?"翁局长回答说:"这个问题你不用挂念,我们可以帮忙找寻适合重建的地方。"

有这样的好事吗?过去二三十年,我在全世界各地普遍建寺弘法,却一直无法回馈祖庭。现在,竟也能回到大陆复兴祖庭重建大觉寺,这是多么令人振奋的事啊!

正当我在考虑的时候,就先派遣弟子依照和一位就读丛林学

出席佛光祖庭大觉寺观音殿落成暨大雄宝殿奠基典礼。左五为前江苏省宗教事务局局长翁振进(二〇〇七年十月二十六日)

院的陕西人士王莹小姐,与相关单位联系、了解复兴重建的事宜。

大约就在这个时期,无锡灵山大佛的董事长吴国平先生告诉我:"我们灵山决定要供养你一栋房屋,你可以长住在这里,不用这么麻烦来重建大觉寺。"

这样的好意,我也只能心领了。由于当初赵朴初居士特地拨空从北京南下跟我会面的因缘,而间接帮助了建设灵山大佛的契机,因此吴国平先生经常向人提及我是促成他们建设灵山大佛的重要关系人。感谢他的称誉,但是我不敢这样自居,灵山大佛的建造有它的因缘,而复兴祖庭与长居在大陆,却是完全不同的情况。为了佛教、为了法系,我可以发心奉献;如果是为了自己,那么,如同佛门常说的:"天下丛林饭似山,钵盂到处任君餐。"我哪里不能居住呢?因此,就无需为了自己的安乐而多此一举了。

过后不久,我在美国弘法时,接获宜兴市宗教事务局局长许伟英女士打来的电话,她恳切的声音在话筒遥远的那一端传过来:"星云大师,你赶快回来建寺院,我们都会护持你,其他的不是问题。"这让我对于复兴祖庭一事,又再次燃起希望。

之后,为了重建祖庭这件事,宜兴市地方政府几次召集当地领导们,在现前靠近祖庭所在位置边上的横山水库天水湾饭店召开相关会议,并且邀请我前往参加。过去,大陆相关单位对我多所顾忌,往来出入不是那么容易,全仰仗中国佛教协会赵朴初会长的声望,突破种种的困难,才允许我在两岸开放的最初十年,在诸多不便之下,能有两三次的因缘回去探望母亲。

到了现今,情势有所不同,地方各界领导邀我参加建寺会议,为了祖庭的复兴、为了佛教的弘扬,我不能推辞。所以,二〇〇四年,就在横山水库招待所的会议上,承蒙地方最高领导者蒋洪亮市委书记跟我一口承担地说:"我们地方四套班子,决定全力拥护你建寺的意愿。"

当时,我对大家的护持表示感谢之意,也同时说明寺院重建之后,必须让我自己派遣住持,因为不能乱了寺院的法统;此外,对于大陆各地寺院虽然开放却大卖门票的情况,我的祖庭不能跟进。我告诉他们:"因为佛教和信徒之间的往来,不是商业关系,当然不能银货两讫;在佛教里有'添油香'的制度,自由乐捐跟收门票是不一样的。"感谢这许多重要的领导们也都认同我的说法,并没有提出异议。

会议中,横山水库所在地的西渚镇党委书记蒋德荣先生表示,附近有一块土地,景色非常的美好,可以代替当初白塔山的旧址作为重建用地,如果愿意,可以带我去现场查看。就是这样的因缘,进而找到了祖庭大觉寺的现址。

那块山丘依山傍水,翠竹环绕,风景虽美,却非常偏僻,左右都

佛光祖庭大觉寺鸟瞰图（大觉寺提供）

是荒地，没有民居；不过，全部共有二千余亩，可以随着我们的意思做建设规划，十分的适意。时任国家宗教事务局叶小文局长、江苏省副省长张连珍女士，以及无锡市地方领导、宜兴市佛教协会等均一致赞成。终于，在二〇〇四年五月，获得宜兴市政府批文，同意西渚镇横山村王飞岭岕作为重建大觉寺的佛教活动点。二〇〇五年六月，我派遣弟子慧伦、慧是前往负责筹建寺院事宜，同年十月，安基动工。

在建设之初，对于大觉寺的期许，不一定只是复兴祖庭的寺

院,在我理想中,能把它建成一个现代公共活动场所,或者有个图书馆,开放给民众可以相互交流、联谊、阅读、办活动,能贡献地方,留个纪念的意义就可以了。但是,想及宜兴市政府划给大觉寺的土地,如果没有善加利用,会对不起他们的用心。因此又交代徒弟们兴建一座观音殿,之后再观察时机,作为第二期工程的规划。

与此同时,观音殿还在建设期中,有不少大陆青年跟我要求剃度出家,因此,大觉寺还没建起来,寺中已经有了僧众。

第一期工程结束后,慧伦、慧是完成阶段性任务调派回本山,常住另外派遣对大陆相关政策法令多所了解的上海普门经舍住持妙士法师接任,继续推动祖庭的第二期工程。

我感到建设祖庭的过程中,各方因缘甚好。从国家宗教事务局、省宗教事务局、县市各单位部门宗教事务局,都给予了我们热心的支持,甚至一些领导,如曾经多次见面的原全国政协主席李瑞环先生、贾庆林先生、前国台办主任陈云林先生、王毅先生、前宗教事务局叶小文局长、王作安局长、时任江苏省宗教事务局翁振进局

大觉寺全景

长,无锡市政协主席贡培兴先生,宜兴市政府四套班子等等,都是倾全力护持大觉寺。特别是江苏省政协主席张连珍女士,在她担任政协主席前还是江苏省省委副书记时,已经给了我们极大的助缘。

综观这许多往来的大陆领导们,他们年轻干练、积极热情。多年来,我想请他们喝杯茶水、吃顿素斋,他们也都婉谢,我只能简单地以一碗面来聊表谢意。我感觉到,大陆的佛教,还是需要有这样一班子的领导人来深入民心,服务天下,才有发展的希望。

承蒙叶小文、张连珍、齐晓飞等多人的协助,完成寺庙登记的手续申请,终于在二〇〇九年三月,由宜兴市宗教局发放"宜兴市大觉寺"的寺院登记证"宗场证字(苏)F020150029号"给我们,至此,宜兴大觉寺完成登记,正式成为"寺庙"了。

建设祖庭的过程中,时任国民党主席吴伯雄居士,也让我获得诸多助缘。二〇〇八年,我前往访问全国政协主席贾庆林先生的时候,提及国民党主席吴伯雄是佛光山的信徒总代表,并且说:"你

在国台办副主任王富卿、国家宗教事务局局长叶小文等人陪同下,由中国国民党主席吴伯雄带领的大陆访问团,到佛光祖庭大觉寺,参加"为四川大地震灾民祈福法会"。前排右起:心澄法师、隆相和尚、宜兴市委书记蒋洪亮、国民党秘书长吴敦义、副主席关中、主席吴伯雄、本人、国家宗教事务局局长叶小文、国民党副主席林丰正、威京集团主席沈庆京、国台办副主任王富卿、慈容法师、满耕法师(二〇〇八年五月三十日)

们可以邀请他来大陆访问。"

贾庆林先生立即回答:"假如吴主席要来访问,我们热烈欢迎,隆重接待!"回到台湾之后,我把这个话转达给吴伯雄居士。没多久,就听闻他安排到大陆访问,并且特别提出行程中要到大觉寺礼祖。

为了吴伯雄主席访问佛光山的祖庭宜兴大觉寺,大陆方面认为这是一件非常重大的事情。记得当时,相关单位在最短的时间

大觉寺寒冬送暖活动,介绍住持隆相和尚(前排站立者)(二○○七年十二月二十日)

里打通了几条大觉寺的连外道路,沿路栽种了上百万株的花草,并且给予大觉寺许多的方便,加快许多工程建设上的速度,可见政治关系的因缘是多么重要。

吴伯雄主席访问大觉寺的时候,率领时任国民党秘书长吴敦义、副主席关中、"文传会主委"李建荣等人一同前来。由此,大觉寺的声望更上层楼,也受到大陆各界重视。甚至于每到假日,从四面八方前来的参访者络绎于途。

我在大陆还有法系弟子。其中,南京栖霞山寺住持,也是南京市佛教协会会长隆相和尚,能力卓越,是优秀的出家人领导之一,我便请他担任大觉寺住持,妙士法师则担任寺院都监。

妙士法师从三岁开始,就跟随姑母圆照法师住在寺院里。等到她高中毕业后,进入佛光山丛林学院读书,因缘成熟,十九岁便剃度出家。之后,陆续担任佛光会中华总会副秘书长、台湾永和学舍住持。

前国家主席江泽民先生(左三)至扬州鉴真图书馆参访,大觉寺都监妙士法师接待(二〇〇九年四月十五日)

妙士法师具有语言的天分,好比她是湖南衡阳人,无论是湖南、上海、北京,不用几天,当地语言就可以朗朗上口。因为她有这样的能力,后来常住便派她到美国西来大学研修,取得学位后,便调往大陆弘法,一直到二〇〇八年,才到大觉寺担任监寺,负责祖庭重建的工作。

妙士法师调往大觉寺没多久,当地政府就流传了一则政治玩笑,话说有一位统战部长向市委书记报告:"大觉寺妙士法师非常能干,在地方上建设大觉寺,对当地很有贡献,我们是不是要给她一个职称地位？"

市委书记就开玩笑地回应这位统战部长："那很好，你就叫她做统战部长好了！"虽然只是一个玩笑，这也表示当地政府相当肯定妙士法师的发心及能力。

还有一次，妙士法师在扬州鉴真图书馆接待前国家主席江泽民，他看到这么一位年轻的比丘尼选择出家弘法，当然很好奇，便问："你为什么出家？"

妙士法师回答说："主席，你选择改变中国，我选择改变自己。"

当时，美国有一位库恩博士正出版一本书叫《他改变了中国：江泽民传》，妙士法师讲出这一句话来，听说主席非常欣赏她的回答，原来预定二十分钟的行程，相谈甚欢地跟她谈论起佛法达一小时之久。

而这一座鉴真图书馆，就位于扬州市中心，唐朝鉴真大师弘法驻锡的大明寺旁边，是建设大觉寺之前在扬州所捐建的。感谢扬州市政府提供我们这一块约有一百三十亩之广的土地，让我能为故乡的文化、教育服务奉献。我们也邀请了原江苏省宗教事务局局长翁振进先生担任首任馆长，接着又由南京大学赖永海教授继任馆长。

最初，佛光山派遣慈惠法师负责建造鉴真图书馆，历经五年时间，在二〇〇八年落成了，并在元旦举行了鉴真佛光缘美术馆开馆剪彩及"扬州讲坛"开坛仪式。"扬州讲坛"是每个月举办两次的文化讲座，邀请名家前来宣讲，如余秋雨、钱文忠、于丹、易中天、二月河、唐家璇、李肇星、高希均、余光中、柴松林等两岸知名人士，至今已迈入第六年，从未中断。不但获得听众热烈回响和各界赞许如潮，各家报纸还曾论评："北有中央电视台'百家

受邀参加扬州鉴真图书馆奠基暨鉴真学院安基仪式(慧峰法师摄,二○○五年六月五日)

讲坛',南有鉴真图书馆'扬州讲坛',南北相辉映"、"南北两讲坛,共同提升普罗大众的文化氛围"等美誉。身为中国人的我听闻这些赞誉,也不敢居功,只是对生长的故乡,聊尽一点绵薄之力罢了。

此外,为了对分散四十年的母亲表示一点心意,在开放大陆探亲初期,也就是一九八七年左右,我在南京购置了一栋房舍供给母亲居住,名为"雨花精舍"。二○○九年时,因为老旧而重建,现在成为佛光山在南京的一个文化服务站。

台湾与大陆来往最早的交通航班只到上海,所以我们在上海也成立了"普门经舍"。当时各地人士纷纷希望海外华人回到大陆去发展,虽然有不少地方领导邀我前去,但念及佛光山在大陆的出家众为数不多,实在心有余而力不足;加上佛光山在全世界的两三百个寺院道场,我都还无法一一顾及关心,因而婉谢了他们的好

苏州嘉应会馆

意。后来,为了保存地方的文化古迹,勉力接受一座已有数百年历史的"苏州嘉应会馆",并且把它改为美术馆,成为佛光山在大陆设立的第一间美术馆。甚至,我们也接受原无锡市委书记杨卫泽先生的美意,在无锡设立一间"滴水坊"。

宜兴大觉寺施工以来至今已七年有余,交通愈来愈方便,由南京机场接宁杭高速,在徐舍(原鲸塘)交流道下,经"云湖路"就可以抵达。

在进入大觉寺前,可以看到一排十二座的石狮子,各现英姿,后面是两棵十余米高的银杏树摇曳生姿列队欢迎你;进入山门后,就是宽六十八米的公园式山门大道。右边是十八罗汉园,左边有长达二百余米的佛陀行化图石刻;中间由三条道路、三块绿地组成,青青翠竹环山围绕,行走其中,会让人感到丛林的幽静。

大觉寺内长二百米的佛陀行化图石刻

从山门大道步行二百六十米后到达"三摩地",有茶屋一座,石桌数个,参拜者可以在这里稍作休息。之后向左前行就是观音殿,可以容数百人礼拜。观音殿下方设有朝山会馆,分东西二馆,提供信众百余人挂单。观音殿前面莲花池有江南观景亭五座,池内栽有莲花,如果时间适当,莲藕芬芳,花香宜人,也是特别的一景。

由"三摩地"右转直上四百米,就是大雄宝殿了。两旁有东西长廊,中为三十米宽的成佛大道,供朝山者从山门大道集团朝山而上。经过成佛大道上菩提广场,可以容纳数万人。大雄宝殿居中,雄峙左右两侧的建筑是东禅楼、西净楼。

大雄宝殿,高十七米,长五十五米、宽二十四米,可容千人以上;中间供奉缅甸白玉佛陀圣像一尊,两旁有彩色玉雕,分别是东方琉璃世界、西方极乐世界,同时有两座香木宝塔峙立两旁,是目前国内最高的室内木塔。周围三面墙壁,嵌有万尊小型玉佛。我还作了一首诗偈形容:

　　一佛二塔两世界,
　　三面白玉世间解;
　　万千僧信修福慧,
　　五洲七众十方来。

大觉寺大雄宝殿供奉的玉佛(蔡荣丰摄)

大雄宝殿外墙有古德诗偈、佛陀度化因缘及丰子恺护生画集石刻。东禅楼除了客堂、办公室之外,有讲经堂、美术馆、禅堂等。大殿左边是西净楼,设有国际会议厅、谈话室、厨房、餐厅等。

大雄宝殿下方有东、西、南、北广场和中央广场,在这里可以举办各种活动,如画展、博览会等,最为相宜。

建设期间,承蒙各工程团队如:台湾联发兴石业有限公司及漳平市国珍玉雕艺术品有限公司的李庆国董事长、广东大方广艺术长廊的谢径强艺术总监、泉州东艺雕刻有限公司的吴泰虹工艺美术师、泉州东艺雕刻有限公司的吴敏达高级工艺美术师、绿轩景观工程有限公司的黄淳贺设计总监、台湾民俗艺术画师陈明启等人的用心参与,让大觉寺的建设得以顺利进行。

二〇一二年四月,第一次由江苏宜兴市人民政府主办、佛光祖庭大觉寺协办的"二〇一二两岸素食文化暨绿色生活名品博览会",就在这里举行。素食推动环保,让地球节能减碳,兼具长养慈悲护生的功德,五天竟然涌进二十万人潮,良好的秩序、零公安事故,获得媒体的好评,宜兴市委书记王中苏先生也给予我们肯定,还相约隔年同一时间再度举办。

现在进行中的建设,还有十五层高的香林多宝白塔一座,目前已进行至第十层了,完成后可作为社会信众喜庆活动之用。

由于大觉寺地处宜兴太湖之滨,西侧并有一座受国家级保护的"横山水库",横山水库的主任陈国强先生对我们非常友好,给我们很多协助,后来感于我们带动了地方,还将水库铁门的钥匙交给我们保管,以便带信徒欣赏水库风光。当地政府跟我协商,表示要把这数万亩的水库,以我的法名更改为"星云湖"。我觉得这不太妥当,因为我复兴祖庭的用意并不是为了自己,也不

与宜兴市委书记王中苏(左一)、无锡市委书记黄莉新(左二)、江苏省前省委副书记冯敏刚(右一)于大觉寺为宜兴素食博览会共同揭幕(二〇一二年四月二十七日)

是为了扬名立万;但也为了不违逆蒋洪亮市委书记等领导的一片好意,便以"西湖"、"太湖"取一字为例,建议把它命名为"云湖"。

当地政府也都认同接受,"云湖"便从此定名。我还特地写下一首《云湖之歌》作纪念,并且邀请知名音乐人刘家昌先生谱曲,借以传唱这一段美好的因缘。歌词如下:

> 山明水秀,烟雨朦胧,
> 宜兴的云湖在群山之中;
> 向东是百里洋场的上海,
> 向西是六朝繁华的金陵。
> 南有杭城,北有扬州,
> 要与宜兴的陶都媲美,

大觉寺前的云湖夕照

要与宜兴的竹海争胜。
是人文荟萃的地方,
是万种生灵的天堂。
湖边鸟语花香,
水面波光荡漾,
四季景色不同。
坡地茶园飘香,
游湖的人儿,
可增加灵气吉祥;
请听,大觉寺传来的钟声,
人间是非俱忘;

请看,夕阳下的晚霞,
世事烦扰尽散。
山明水秀,烟雨朦胧,
宜兴的云湖在群山之中。

有了"云湖",附近纷纷建起云湖饭店、云湖宾馆、云湖广场等;地方政府也大力配合大觉寺的建设,把大觉寺十公里路之内定为开发特区,设置许多公共设施,例如开辟云湖大道、阳羡茶博物馆、湖边公园等等,利益众多民众,并且不收取门票。

五年中,大觉寺陆续开办多期培训班,当中许多优秀青年先后发心跟随我出家,加入弘法的行列。像留学澳大利亚的湖北武汉同济医科大学学生妙海,佛光大学佛教学硕士妙悯,在瑞士学习金融管理的有岸,东北师范大学的如清,吉林省税务学校的有纯,吉林省经管学院的有如,在山东菏泽就读外国语大学的有勤,以及内蒙古大学毕业的知一等等,大家同心齐力,利生度众。

复兴祖庭的初期,感谢佛教界许多大德道友的支持,像中国佛教协会会长赵朴初居士,无锡祥符禅寺无相老和尚,常州天宁寺的松纯老和尚,扬州高旻寺德林老和尚,广州弘法寺本焕长老,北京法源寺一诚长老,镇江金山寺心澄法师,南京栖霞山隆相法师,山东湛山寺明哲法师,苏州寒山寺性空法师,苏州灵岩山明学法师,南京鸡鸣寺莲华法师,上海龙华寺明旸法师,上海玉佛寺真禅法师等等。

政府给予助缘的,除了前述的领导们,还有无锡市委书记杨卫泽,宜兴前市委书记史祖能,宜兴市前市委书记蒋洪亮,现任市委书记王中苏,宜兴市政协副主席莫克明,宜兴前市长吴枫峰,西渚镇党委书记蒋德荣、副书记钱靖女士,云湖办主任金新华,宜兴佛

大觉寺雪景

教协会宏仁法师,灵山大佛的吴国平居士等,他们都给予了我们许多的缘分。还有功德主如赖维正、李美秀、赵元修、赵辜怀箴、罗李阿昭、刘招明、陈秋琴、刘宗澧、赖义明、李陈月华、理群法师、何玉玲、陈和顺、何晓萍、刘勤、戈宏琛、仇雪琴、曾中良、沈颖、范晓利、陈婵、沈爱君、何宝枝、沈振兰等人的发心护持,尤其香港的胡杨新慧女士,热心佛教文化,特别捐赠宋代的佛画庄严道场,现在陈列于寺里附设的美术馆,供大众欣赏瞻礼。

其他也有企业家如中兆国际税务师张秋月,华亚化纤郑旭东,远东集团蒋锡培,吉田国际投资有限公司吴吉田,上海成信集团卢文椿、武红,荷兰保险公司中国首席代表杨丽君,河南天瑞集团李留法,浙江横店集团王执明,上海顽皮家族游荣文、江碧秀伉俪,上海半岛酒店王伟贤,宜兴盛道茶行王道坤,华芸亚麻公司徐小华等人的发心参与,因为大众的护持,让我能为复兴佛教尽一己之力。

佛光山祖庭大觉寺，2005年奠基

大觉寺

　　佛光祖庭大觉寺位于江苏省宜兴市西渚镇横山水库旁王飞岭岕。南宋年间，由志宁禅师创建，历经数次战火的摧残与破坏后，大觉寺位址仅存一块石碑。一九八九年，我返乡探亲，目睹大觉寺的破落，矢志恢复祖庭。十多年后，在时任江苏省宗教事务局局长翁振进先生的邀请下，建议以"恢复祖庭"名义重建大觉寺，一直到二〇〇四年，兴建因缘方得成熟。目前占地千亩，依山临水、翠竹环绕的大觉寺，在宜兴市政府的支持及全球佛光人的护持下，第二期工程大雄宝殿已完工，寺院建设可谓颇具规模了。

佛经说："一佛出世，千佛护持。"一座大觉寺的兴建，正是万方护持，功不唐捐。

也常有人关心，我为什么要在大陆建设道场？

其实，这有多种因缘，好比大陆希望促进两岸交流，宜兴政府希望繁荣地方，我则心心念念回馈自己出家的祖庭。

特别是想到我这一生走遍世界五大洲，对于自己的故乡，尤其面对十四亿同文同种的同胞，假如我不给他们一点帮助，增进他们的信心力量，让他们在精神方面更为充实，获得幸福人生，那我真是觉得内心有愧了。只得效法古圣先贤之心，为了佛教，为了利生，不自量力地推动人间佛教，希望有助于社会秩序的建设、人心的净化、自我道德的成长。如果能进一步促进大陆、台湾佛教的融和、交流，那就更具历史意义了！

我与香港佛教的法缘

过去香港人因为喜欢赌博赛马,
每当跑马比赛时,大都不希望见到出家人,
他们认为出家人理光头,
见到出家人就会输光光。
后来我在香港红磡体育馆讲演,
我就告诉大家:
人生的财富并非只有金钱、股票、
有价证券,乃至黄金、钻石等,
人生有了慈悲、智慧、明理、感恩、知足等佛法,
就能拥有另类的财富。
因为佛法,
可以帮助我们建立正确的思想与观念,
有了好的理念,就能拥有财富,
所以佛法才是人生最宝贵的财富。

香港位于台湾与大陆之间,在两岸四地中,香港和大陆最为靠近,百余年间香港发展成为今日的"东方明珠",被誉为"购物天堂",曾与台湾和新加坡、韩国并列为"亚洲四小龙"。

香港和台湾相距也很近,搭飞机只要一小时的航程,总人口七百万当中,百分之九十以上都是中国人。在一九三七年中日战争时,许多人逃难避居到香港;一九四五年国共内战后,尤其到了一九四九年间,更有不少大陆民众纷纷涌向香港,香港因此成为国际间一个很奇妙的地方。

我在一九六三年第一次访问香港,深深了解到香港这个地方与佛教的关系因缘可真不小,现在我们唱的《僧宝赞》,里面有一句"浮杯渡海刹那时",讲的就是杯渡禅师乘木杯渡海到屯门山的故事,可见佛教传播到香港的年代很早。

屯门山就是现在的青山,为了纪念杯渡禅师,后来就在这里建了一座青山寺,这也是香港最古老的佛寺。由于青山只是一个小渔村,虽然建有寺院道场,平时大概也只能做做经忏佛事,并没有发展什么弘法活动或社会福利事业。不过这些都是久远以前的事了,我们现在暂且不谈,只谈谈近百年来的香港佛教。

栖霞山若舜上人画像(谛如法师提供)

香港佛教早在八十年前,也就是一九三〇年之前,只有一些香花和尚,他们平时只是为人做做经忏佛事,可以说并没有什么佛法可言。直到一九三〇年前后,栖霞山的若舜老和尚,以及泰州的霭亭长老,他们到香港弘法,从此香港的佛教便开始活跃了起来。

若舜长老继宗仰上人之后,为了栖霞山的建设到香港募捐,得到东莲觉苑莲觉居士的支持,后来在香港九龙塘还建了鹿野苑道场,成为栖霞山的下院。霭亭法师是泰州人,他善说法要,有了他们驻锡弘法,一时香港佛教就不再只是从事经忏佛事,而是能够真正发挥弘法利生的度众功能了。尤其在抗战期间,对于逃难的军民给予救济、帮助,功不可没。若说香港佛教对抗日有很大的贡献,一点也不为过。

中日战争之后,国共两党又起内战,之后人事往来就复杂多了。先是一些国民党的干部借道香港奔逃到台湾,后来不能到台湾的人在香港就成了"自由民主"人士,一些比较普通的军民,则投身在调景岭的难民营里。

我在一九四九年到了台湾,因为人生地不熟,一时没有办法居留,就写信到香港栖霞山的下院鹿野苑求援。据说在香港的栖霞山同门接信后,也很慷慨地表示说:"我们能到香港来,不能不感谢栖霞山住持志开上人的成就,现在他仅有的一个弟子落难在台湾,我们照理应该出面帮助他到香港。"

于是大家共同筹措了三百元港币,托人带到台湾,要让我当路费到香港去。但不幸我那时已被国民党逮捕,关在桃园的拘留所,与一百多个出家人一起等待最后的宣判。

后来,所幸经过一些佛教护法大力奔走,总算把我们救了出来。可是这时从香港带钱来的人,因为没能联络到我而回香港去了。就这样,我在台湾盘桓了一些时日后,获得吴伯雄先生的尊翁吴鸿麟老先生帮我报户口,如此在台湾有了合法居住的身份,也就从此打消去香港的念头了。

直到一九六三年,我有机会代表"中国佛教会"访问香港,这时当然非常高兴能够趁此机会去看看香港这个久已闻名的地方,我除了想要了解这里的佛教概况,尤其急于到东莲觉苑和鹿野苑去看看,因为这里是当初师祖、得戒和尚他们弘法的道场。

我在香港访问七天,最是感谢觉光法师给予我的接待,他是香港佛教联合会的会长,承他好意安排我挂单在他的正觉莲社,虽然因为行程很紧,我们不能多所深谈,但他的殷殷厚意,令我感动不已。

七天的行程里,我们分别访问了医院、学校、老人院、图书馆等,我觉得香港佛教的社会事业做得非常成功,不禁想到,大陆佛

香港红磡体育馆，举办消灾祈福大悲忏法会（佛香讲堂提供，二〇〇七年十二月十五日）

教如果也能照这样发展，不是很有前途、很为社会尊重吗？

说到香港佛教，我把香港佛教分成几个时期，第一就是最早由广东来了一些香花和尚，他们只从事经忏佛事的时期；第二就是江苏长老若舜老和尚、霭亭法师、明畅和尚他们在香港弘法时期；第三个时期就是国共战争，大陆僧侣齐来香港的群僧聚会时期了。

国共内战后到香港的法师，如太沧（金山寺方丈）、证莲（常州天宁寺的退居老和尚）、印顺（佛教的论师、学者）等。其他还有年轻一代的,如演培、海仁、仁俊、月基、佛声等,他们也在急急忙忙地找寻各自的出路,所以这下子香港的佛教可就热闹无比了。

不过经过了一段时日的发展,到了后来江苏佛教因为僧信等没有把自身的岗位站好而流入世俗,所以香港佛教一下子就由江苏僧人领导而到东北大德来此坐镇了。当时在香港享有很高名气声望的"东北三老",即倓虚、乐果、筏可,他们的弟子如觉光、洗尘、永惺、大光、圣怀、宏量、应成、融灵等,也都纷纷到香港弘法,所以香港佛教一下子就改由东北大德来主持了。

东北的佛教其时虽然在香港掌握了主流的弘法地位,但事实上香港佛教还是有很大的发展空间,如信徒的服务、文化的推动、经教的宣扬等。尤其当时严宽祜居士成立了"香港佛经流通处",他先后刊印了一百多种的佛经,流通量超过一百万册以上;甚至为了佛经的流传,他把部分佛经寄放在美国沈家祯博士任教的哥伦比亚大学宗教系图书馆,以及庄严寺的图书馆里。后来他自己也到美国兴建玉佛寺,成立得州佛教会,开办菩提学院中文学校等。

我和严居士一直都有密切往来,他曾担任国际佛光会副总会长,后来也和佛光会合作,在大陆各地兴建希望小学及医院等。我觉得一位居士能够不惜一切,把自己的资产全部投注在佛教文化的发扬,以及教育、慈善事业的推展上,真是古今少有。

另外,当时元果法师也办了一份《香港佛教》月刊,不断把香港佛教的讯息向外界传播,是一份相当具有影响力的刊物,也让香港岛平添了一支文化生力军。

不过这时香港的发展迅速,人口已经超过六百万以上,尤其基督教也在香港积极宣扬、建设,并且凌驾于佛教之上。这时我想,自己应该到香港去尽一份心,于是就经由当时在佛光山读书的学生文瑜和瑞姗介绍,在九龙的地方找到一个小房子,派依如法师前往,这就是佛光山在香港弘法的第一个据点——佛香精舍。

但是这时香港佛教已经成为东北法师的天下了,依如法师以一个台湾来的比丘尼身份,忽然到了这里,坦白说也难以在他们当中立足。好在依如法师很低调地在佛香精舍的小房子里,整整住了十年,周旋在各长老法师之中,慢慢地也获得他们的认同,后来也给她一个香港佛教协会理事的名义。

依如法师是在一九八三年到香港,直到一九八七年,有一位"法住学会"的霍韬晦居士出版了一本《法住》月刊,要我为他写文章。他是香港人,一向没有什么往来,但他邀请我到"法住学会"去讲《般若心经》,我也欣然应允。

他的地方不大,只能容纳二三百人,但是有了这次的因缘,后来就有信徒出面,邀我到油麻地梁显利社区服务中心去讲演,接着又转往沙田大会堂,这里的场地比较大,能容纳一千多人。

我在沙田大会堂讲了两年,香港的佛教人士热心闻法,两年后,也就是一九九一年,这时有一个很好的因缘,就是李小龙的女友丁佩小姐,她是香港的知名艺人,有一天她跟我说:既然香港有那么多人喜欢听经闻法,大师你为何不到香港红磡体育馆去讲呢?

当时我听了就顺势跟她说:"丁小姐,你好热心!既然你有心,那么何不就由你来负责策划?如果你出面安排,我愿意到香港红磡体育馆去讲。不过我有一个条件,我们弘法就是要让大家都能欢喜,如果我到红磡去讲,希望讲演的第一天能请到香港佛教协会会长觉光法师,以及副会长永惺法师来致辞。"

丁小姐很爽快地回答说:"这个没问题!"事情发展到这里,我当然也就只有随缘,于是这样开始了我在香港红磡体育馆的讲演。这一讲直到二〇〇六年,每年都有三天或五天的讲座。每次讲座方式,有时候是整场从头到尾都由我主讲,有时也会找香港的社会

三皈五戒暨禅净密三修法会于香港红磡体育馆举行（佛香讲堂提供，二〇〇七年十二月十六日）

名士或佛教信徒来串场讲说，如香港理工大学潘宗光校长、香港大学李焯芬副校长，以及何显贵律师、翁裕雄医师等，都曾参与法布施。

　　曾经我也把佛光山人间音缘及梵呗赞颂团带去，以梵呗、歌唱弘法，甚至也邀请香港佛教的青年法师，如愿炯法师就曾参加过唱颂弘法。另外还有香港的一些广东歌手、演艺人员，如冉肖玲、邝美云、曾志伟、黄耀光、陈晓东等，也都曾经做过一些表演，甚至香港"四大天王"之一的郭富城，都曾参与讲座演唱佛歌。

　　香港红磡体育馆是香港一所综合性室内多用途表演场所，二〇〇九年香港主办第五届东亚运动会时，这里就是赛场之一。另外，由于红馆是香港室内场地座位最多，也是少数可以开设四面看台的场地,最多可达数万席,因此许多艺人都希望在此开演唱会,并且以此为荣。

但是香港的信徒告诉我,在我之前,不曾有法师在这里举办过讲座,所以他们说我是唯一在香港红磡体育馆举办佛经讲座的出家人。其实我不觉得这有什么了不起,反而让我感动的是,香港信众信仰佛教的教性很强,闻法的态度很积极恳切。香港人通常移民到一个地方,都是先问哪里可以拜佛,再问如何赚钱,可见他们的信仰之虔诚、恳切。

尤其当他们听闻佛法回家后,当晚马上把法喜分享给全世界的亲朋好友,因此一年一度的红馆佛经讲座才举办过几年就被香港信众乃至一般社会大众视为年度盛事,许多移民外地的民众,每年必定从世界各地回到香港来听经,甚至后来随着大陆内地对出境到香港旅游的开放,更有来自各地的民众专程到香港听经,参加皈依受戒。

由于听讲的群众一年比一年多,已经远远超过香港红磡体育馆所能容纳的二万人,所以后来不得已只好卖门票,每张入场券票二十元港币,希望借此"以价制量"。不过事实上,在香港红磡体育馆举办讲座,每次开支浩大,确实也需要一些补助,所以后来慢慢成为惯例,每年大家也都很乐意主动地早早预约订票,如此一来主办单位也可以掌握人数,预估座位。

就这样,随着红馆讲演一年接着一年举办,佛光山在香港道场的信徒也不断增加,于是从一九八三年最早位于亚皆老街的"佛香精舍",发展到一九九一年在窝打老道买了一个比较大的佛堂,定名为"佛香讲堂"。没想到,相关的弘法活动,一年比一年热络,每天都有一二千人以上在那小小的讲堂进出。有时,信徒为了参加法会在窝打老道排队,经常排了一二公里之长,良好的秩序,连警

于香港伊丽莎白体育馆主持"甘露灌顶三皈五戒典礼",为三千五百位信众传授三皈五戒(佛香讲堂提供,二〇〇九年一月十日)

察都赞叹。

　　一直到二〇一〇年,基于实际的需要,也感谢香港政府给予方便,又于九龙湾宏光道亿京中心设立香港佛光道场。这一路走来,总算台湾的佛教也能在香港跻身一角,加入香港佛教的弘法行列。

　　目前香港佛光道场仍以弘法及从事文化传播为主,并有社教、公益、慈善活动等。在这个典型的都市型弘法道场里,设有大殿、美术馆、滴水坊、会议室、图书馆、录音室、儿童室、教室、禅堂、斋堂等,是一所兼具教育、文化、信仰、修行及联谊、休闲等多功能的道场。我们的目的,只是希望道场的设立,可以让身处经济高度发展、生活步调紧凑的香港大众,能够找到一个身心安顿的地方。

在香港的弘法，历任住持有慈惠、依如、永妙、满莲等。现任的满莲法师，在香港服务将近二十年，在她的领导下，从"佛香讲堂"到"佛光道场"，除了例行的念佛共修及年度法会之外，在文教方面办有都市佛学院、儿童班、青年团、妇女法座会、义工培训等多元化佛学课程；二〇〇九年更成立"数位网路电台"，希望透过现代科技，扩大弘法的范围与功能。

设于香港的佛香讲堂外观（余蕙兰摄）

另外，为了走出寺院，展开社会教化，成立"人间佛教读书会"，每个月并应香港、澳门及深圳等地信徒之请，前往举办"美化人生佛学讲座"，前后已达二十年之久。二十年来，每逢佛诞节公共节日，更于香港维多利亚公园举办"佛诞嘉年华"，每次都吸引众多社会人士参与浴佛净心，据说这十年来参与的人数更超过十万人以上。

除此，二〇〇五年开始举办的"佛光亲子运动会"，每年在体育馆或体育场举办，每次都有千余个家庭参与，甚至香港社会福利署还特别指派属下的综合家庭成员参加。

近年来为了推广环保，他们除了编印手册，大力宣导使用环保碗筷外，还举办环保系列讲座、环保DIY，并于大屿山种植一万棵

香港佛光缘美术馆开幕。左起：香港大学副校长李焯芬、凤凰卫视总裁刘长乐、民政局局长曾德成、前香港律政司司长梁爱诗、国家宗教事务局副局长蒋坚永、佛光山住持心培和尚、中联办沈冲部长、香港惩教署署长郭明亮、香港佛光协会会长陈汉斌（二〇一〇年四月一日）

树，以及举办净滩活动等，这些活动也获得了社会的认同与大力响应。

尤其让人津津乐道的是，二〇〇四年三月十八日，在香港文化中心大剧院举办"海峡两岸佛教音乐展演"，聚集大陆及台湾两地的法师同台演出，不但轰动一时，也写下了两岸三地宗教交流史上的新页。

另外，为了推展社会慈善救济，特别成立慈善委员会，负责推行发展、赠医施药等社会福利工作。尤其自从一九九一年香港佛光协会成立，由慈惠法师担任首任会长之后，在历任会长林耀明、吴其鸿、陈汉斌、邝美云等人的带动下，与道场一起合作，除了抚孤恤贫，乃至济助越南船民等慈善救济之外，他们也到监狱布教，像石壁监狱、芝麻湾惩教所、东头惩教所，甚至重刑犯的赤柱监狱，都可以看见佛光人经常前往关心受刑人的身影。

国际佛光会香港协会暨佛香讲堂,于香港维多利亚公园举行"佛诞嘉年华",有十万市民参加(二〇〇九年五月二日)

于香港维多利亚公园主持佛诞节浴佛仪式,郭富城(右二)以"普善之星"身份参加,有十万人与会(永会法师提供)

澳门特首崔世安赠澳门地标之一"观音莲花苑"观音水晶像(二〇一一年四月二十九日)

尤其,香港佛光协会,对社会的老病贫苦,更展开全面的关怀服务。例如,每星期都有义工到医院关怀病者,以及以电话关怀长者,甚至亲自上门探访等。遇有特殊节日,也会主动送上温暖,如腊八送粥传暖意、端午节送粽子、中秋节送月饼、年底为老人中心会员举办围炉,以及九九重阳节敬老活动等。

由于佛香讲堂与佛光会多年来除了文教弘法以外,对于社会的公益活动、慈善救济等,一直都很积极投入、参与,因此也获得了教界及香港政府的肯定。例如,一九九五年东莲觉苑主动交由佛光山管理,弘法精舍也提供给佛光山成立佛学院;甚至香港政府更于一九九八年与佛香讲堂合作,提供百分之八十的资金,成立"罗陈楚思老人中心",为千余位长者提供服务;乃至香港佛光协会也曾荣获香港政府颁发"公益金特别筹募奖"等,这一切在在证明,只要真心为大众服务,总会得到共鸣。

值得一提的是,由于一年一度的红磡讲演,多年来我几乎每年至少要到香港一次,有一年我的证件过期,无法入境香港,香港当局居然破例让我不必签证就入境。所谓"一袭僧装无价宝",诚乃不虚之言,它使我在海内外各地云游弘法,经历许多意想不到的方

于佛香讲堂师徒接心(佛香讲堂提供,二〇〇九年一月十一日)

便。当然,我也期许自己不能辜负社会大众给我的好因好缘,所以要以佛法来回报大众,只要哪里需要佛法,我就到哪里去弘法。

多年来我屡次到香港举办佛学讲座,在行程的安排上,也总是少不了到监狱布教,或是难民营弘法,或是大学讲演。早在一九八九年,我就搭乘直升机、橡皮艇游走在香港岛屿之间关怀船民,也先后到过亚皆老街难民营与香港最南端的赤柱监狱弘法及主持皈依三宝,我为他们开示"如何离苦得乐",以及"如何度过狱中生活",他们恭敬合掌的肃穆神情,我至今难忘;希望透过佛法,能够帮助他们重新找到人生的希望与目标。

我觉得在香港这颗"东方之珠"的宝地上,真是印证了这是个"一半一半"的世界。这个世界本来就是好的一半、坏的一半;奋发的一半、沉沦的一半;善的一半、恶的一半;自由的一半、不自由的一半。因此我除了乐于与自由的社会人士讲经结法缘以外,与

香港中文大学文学院院长罗炳良(右五),前来佛光山签订"人间佛教研究中心"成立协议书(二〇〇五年二月十七日)

脱离社会的一群不自由、不能闻法的受刑人结善缘,更是我最诚心的愿望。

每年红馆的大型讲座之后,香港大学、香港中文大学、新亚书院、香港理工大学等,几乎也都会安排我作一次讲演。对象相当广泛,尤其听众当中有学者、教授、医生、律师,有政府官员、银行家、企业家、演艺人员等,我的讲题从禅学到管理学,乃至佛教的科学观、感情观、家庭观、人我观、社会观、政治观、世界观等,几乎无所不谈。甚至有几次以座谈的方式进行,大家所关心、提问的,不外乎财富、健康、事业、人际、信仰,乃至个人的修行、生死等问题,这些社会人生的议题,人间佛教都能提供一些方向,带给大家一些启发,所以每次讲座都座无虚席,也在香港造成轰动。

大概就是因为这样多次的讲座、座谈之后,大家也能深刻感受到,人间佛教所宣扬的佛法,是真正能够对社会人生提供实质性的帮助的;所以二〇〇五年四月,香港中文大学与佛光山合作,共同成立"人间佛教研究中心",希望透过双方合作,使人间佛教的研究更上一层楼。

香港中文大学是属于综合研究型的大学,在亚洲排名前五名,过去一直致力于宗教研究长达半个世纪之久,如今承他们看得起,与佛光山合作,让人间佛教推向高等学府,可以说意义非凡;而前后任校长刘遵义及沈祖尧教授也成为我们的佛光之友。

另外,也承蒙香港大学徐立之校长在二○一○年三月颁发社会科学荣誉博士给我。说起这件事,让我联想到一件有趣的事。我分别在二○○六年和二○一一年应广州中山大学的邀请,到该校讲演。当时,他们特别安排我在创办人孙中山先生讲演过的礼堂"怀士堂"演讲;在此之前,我几次到香港大学演讲,他们也都是安排我在国父于该校讲演过的礼堂"陆佑堂"演讲,甚至后来颁发荣誉博士学位给我,也在同一间礼堂进行。

说到我在中山大学讲演一事,记得当天我的讲题是"智慧的真义",那一次还承蒙香港凤凰卫视刘长乐总裁,亲自带着凤凰卫视工作人员全程录影,事后并于该台每周一次的"世纪大讲堂"节目播出。

我与刘总裁结缘是在二○○二年,台湾佛教界联合迎请西安法门寺的佛指舍利到台湾供奉,当时我们包了两架港龙飞机,从大陆经香港直飞台湾,创下了两岸飞行史上的纪录,当时凤凰卫视即全程转播恭迎过程。

刘总裁是个非常有佛性的人,我们经过那一次的因缘,彼此一拍即合,也结下了日后的深厚友谊,所以多年来我到香港弘法,也经常应邀到他的电视台接受访问,透过现代媒体的传播,更能把佛法跟更广大的群众结缘。后来承他对我的友谊,我在各地讲经,也都不断给我一些因缘。

除了凤凰卫视以外,我在香港弘法多年,也与香港的平面媒体,如《星岛日报》、《东方日报》、《天天日报》、《成报》、《快报》、

共生吉祥

庆祝香港回归十周年
万人祈福庆典

星云

以手书"共生吉祥"庆祝香港回归十周年,并举办万人祈福庆典(二〇〇七年十月)

《大公报》、《文汇报》、《亚洲周刊》等,乃至电子媒体,如卫视中文台、无线电视台、香港电台等,都建立了很好的关系,每次我到香港,他们不但报道我的弘法新闻,甚至找我做专访,尤其在"九七"香港回归前夕,他们更要我为港人提供安心之道。

说到一九九七年香港回归,当时真是人心惶惶,大家不知道未来的政局、命运如何,因此纷纷问及对前途的看法。我只得从佛法的观点告诉大家:世间的一切,其实都在"一念之间",身体的安顿必须从内心做起,只要大家懂得对人尊重包容,懂得用平等和平的心处世,懂得建立知足的生活观、平等的人我观、般若的处世观,如此就可以"马照跑、舞照跳",就能不为外境改变而动。

当时为了进一步给予港人一个安定未来的方向,我们还特地把第六届国际佛光会会员代表大会选在香港国际展贸中心举行,并以"圆满自在"作为大会的主题演说,希望借此让信徒和港人得到安心。因为我们提倡人间佛教,就是希望透过佛法的传播,能对人心的安顿,对社会的和谐,乃至对世界的和平,提供一些贡献。

而在香港回归过后,确实有很多人感谢佛法伴随他们走过不安定的时代,带给他们内心的平静与祥和。后来他们甚至把一年一度的佛学讲座,誉为是"香江的一朵净莲",认为佛法改变了香港人的信仰与生活。

过去香港人因为喜欢赌博赛马,每当跑马比赛时,大都不希望见到出家人,他们认为出家人理光头,见到出家人就会输光光。后来我在香港红磡体育馆讲演,我就告诉大家:人生的财富并非只有金钱、股票、有价证券,乃至黄金、钻石等,人生有了慈悲、智慧、明理、感恩、知足等佛法,就能拥有另类的财富。因为佛法可以帮助我们建立正确的思想与观念,有了好的理念,就能拥有财富,所以佛法才是人生最宝贵的财富;而出家人就是要把佛法、财富带给大家,所以见到出家人不是会输钱,而是会发财。

我的话引来台下一片掌声雷动,从此以后他们不再排斥出家人,慢慢地都把出家人当成财神爷,甚至不但很喜欢出家人,尤其喜欢听闻佛法,因为闻法会改变观念,有了好的观念就能获得财富。因此我常说:只要能把观念改一改,地狱就会变为天堂。

另外,我刚到香港时,最大的困难就是坐计程车,因为计程车司机对出家人也不是很友善,有时还会拒载。后来我每次坐计程车,车资二十元,我都给他们一百元小费。虽然香港有收小费的习惯,但是二十元的车资,给一百元的小费,这也是很奇妙的事。

甚至我不但自己跟他们结缘,同时也鼓励佛光山的徒众照我的方式去做,虽然所费不多,但能给他们欢喜,让他们发财。后来计程车司机也改变态度,有的不收费,有的还会主动捐钱要我们帮他布施做功德。再到后来,在香港弘法的佛光山徒众,他们到商店买东西,有的店家不收钱,有的则减价,说要厚待来港弘法的人。可见弘扬佛法本在僧,佛教的弘法是所有出家人应该担当的责任,大家要有"舍我其谁"的发心。

说起来,我这一生的人生际遇真是很奇妙,在我初到台湾时,本来想要转往香港弘法,但是因缘不具,后来就留在台湾。但我在

"国际佛光会第六次世界会员代表大会"在香港国际展贸中心举行,为新成立之协分会授证(一九九七年十一月二十九日)

台湾弘法,最早在宜兰讲经十年,可是台北人不知道;后来我到高雄的中正纪念堂及各大学也讲了十年,北部人也不知道,甚至我在台北"国父纪念馆"开大座讲经连续三十年,台湾人也不知道。但是我到香港红磡体育馆讲演二十年,才刚开始讲了没几年,感觉好像全世界的人都知道了。例如一九九二年二月澳大利亚南天寺安基,当时我们在当地既没有信徒,也没有认识的朋友,只不过是澳大利亚政府给了我们一块地,让我们在那里建寺弘法,可是安基当天竟来了五千多人,离我们原本预想大概只有三五百人、顶多一二千人的差距实在是太大了。

这些当天来参加安基典礼的人都说,是因为他们在香港的儿子、女儿,甚至亲朋好友告诉他们这个消息,并且要他们一定要来参加,由此可见香港这个地方的传播力之大。

其实不只是澳大利亚,在我走遍世界五大洲建寺弘法时,经常有无数的广东人前往闻法,并且就近护持,因此我曾经说过:如果

我与香港佛教的法缘

于佛香讲堂开示佛法(佛香讲堂提供,二〇〇九年一月十一日)

今天我所推动的国际化佛教能有一些成就,最要感谢的就是香港信众给我的因缘成就。

特别近几年来,香港信徒不断地回到佛光山来礼佛,参加本山的戒会、各项弘法活动,对佛陀纪念馆也持续地发心,甚至,连香港机场的海关人员都认得他们了。

事实上香港佛教的僧信大众,多年来也一直跟着我们在为佛教写历史,例如,一九九五年佛光山梵呗赞颂团到香港弘法,这是大型佛教梵呗音乐弘法首度登上红馆,成为佛教界首见。再如二〇〇一年九月,透过媒体连线,两岸三地人民在香港共同见证"台湾佛教界恭迎佛指舍利"的签约仪式;接着二〇〇二年二月,台湾佛教界到大陆迎请佛指舍利时,港龙航空从台北经香港直飞西安,创下了两岸飞航的首例。当时香港凤凰卫视全程转播恭迎过程,与两岸的媒体联合团结,成为直播史上的第一次。乃至二〇〇四

与中国佛教协会代理会长刀述仁(左),在香港签署佛指舍利来台供奉协议书(二〇〇二年一月三十日)

年三月,结合两岸佛教之藏传、南传、北传佛教梵呗音乐的"海峡两岸佛教音乐展演",不但座无虚席,且造成极大轰动,不仅是海峡两岸佛教界同心协力发扬中国佛教音乐的第一步,也是中国佛教史上历史性的一刻。

可以说,我这一生与香港佛教的确是结了很多的好因好缘,这一方面是因为香港人信仰虔诚,闻法的心热诚恳切,所以多年来让我有机会不断到香港弘法;再者因为香港的地理环境特殊,长久以来一直是海峡两岸的中间转接站,所以也让我见证了很多人生的悲欢离合。

记得在两岸正式开放往来时,那时大陆同胞普遍经济不是很富裕,到香港一趟,不只是旅费,食宿也是一大负担。因此我特地在香港设了一间小房子,让大家到香港探亲时居住。印象中朱斐居士就曾在这个小房子里与家人团聚,另外还有不少家庭也在此

在香港红磡体育馆举办佛学讲座,讲题"人间佛教的'戒'、'定'、'慧'、'学'"(佛香讲堂提供,二〇〇六年十二月七日至十一日)

共享天伦。我们从头到尾都是免费提供,从来不收分文,大家也都住得皆大欢喜。

甚至我与母亲阔别多年后,最初刚联络上时,也曾在香港见面,后来我还把大陆的亲人及过去的师友,如雪烦老、卓尘老、圆湛老等人,请到香港小住,借此报答他们过去对我的爱护之恩。

佛教所谓"上报四重恩,下济三途苦",弘法与报恩都是出家人应有的发心与美德,所以我提倡人间佛教,主张要代替阿弥陀佛报恩。我觉得懂得报恩的人生才是富有的,所以人间佛教不但要把欢喜布满人间,也希望人人建立知足感恩的人生观;唯有人人怀抱欢喜感恩的心,人人都能在心中广植恩田,人心才能得到净化。

因此,唯愿佛法不只成为香江的一朵净莲,更能深植在每个人的内心里,因为唯有人心得到净化,这个娑婆世间才有可能转秽地为净土。

作者自長，花好無敵

我与新马佛教的师友缘

新马的青年华人,
热情、聪明、耐劳苦、不服输,
如同当地的气候一般,热力四射。
尤其擅长各种语言:华语、英语、马来语、广东话、福建话、客家话。
佛光山在世界各国设立道场,
马来西亚、新加坡的徒众,
一直都是站在第一线打前锋,
也可以说是佛光山国际弘法最大的助缘。
而大马媒体人,
如社会的一朵莲花,
为世间展开芬芳。

说起新加坡、马来西亚和我的缘分，倒不一定同是华人，主要是同样信奉佛教；再者，在马来西亚和新加坡两地我的读者很多。

文字初结法缘

先是一九五〇年初，我的《释迦牟尼佛传》出版以后，可以说，在新马的反应，其热烈的程度超过台湾。后来又有一本《玉琳国师》，更是让新马佛教的同道，彼此有了文字、思想、信仰上的缘分。而新、马两地，最早跟我来往的以年轻人居多，因为青年们喜欢看书，所以，我和新马的人士，就不断有书信往来了。

例如，槟城妙香林住持广余法师来信向我购买《释迦牟尼佛传》，每一次都是几百本地赠送给有缘人；后来商之于我，索性让他在马来西亚印刷，一印都是几千本，甚

与马来西亚槟城妙香林住持广余长老合影(一九九六年四月二十五日)

至上万本,我也没有什么版权观念,乐得佛教书籍广为传播,有利于佛法的弘扬。

再有,马来西亚最早的佛寺,由金星法师主持的马六甲青云亭,信徒以青年为多,求法心强,有一位陈瑞治居士以《释迦牟尼佛传》当作课本,教授当地青年。

另外,胜进长老也经常和我通信,其文字非常练达,每次接到他的书函时,字里行间,对于他的文章和道德即引起无比的敬仰。胜进长老一八九一年生于福建省闽侯县,是一个很难得的高僧,为人慈悲热忱,很有菩萨道的精神力,做事一点也不含糊,非常热心于佛教的推展活动。过去支持过我的佛教文化服务处,可以说非常有发心,在当地也受人尊敬、信仰。

"过去在怡保有一个东莲小筑,实在是不小;在新加坡有一个自度庵堂,自度庵堂度他。"我曾经这样说过。东莲小筑是胜进长

率众到马来西亚拜访竺摩长老(右三)(慈容法师提供,一九八一年)

老一九三八年在怡保创建的,一九六三年我访问马来西亚时,曾到东莲小筑拜访过,寺院的庭院很宽大,佛殿上面是藏经楼,后边有几座寮房,右面是二层楼的讲堂,胜进长老的静修禅室中经书法物很多,可见其孜孜不倦的精神,很使人敬佩。

而另一位与我交往深厚的长老,是太虚大师的入室弟子,初期担任马来西亚佛教总会会长的竺摩法师。他是我在大陆时就久已仰慕尊敬的前辈,诗书字画,堪称一绝,是一位多才多艺的才子;除此之外,佛学、文学、哲学,无有不通,所有作品,都有文学的味道。我虽未正式入学堂读书,但与生俱有爱好文学的性格,因而有因缘和他结交。

承蒙竺摩老对我的高情厚爱,当时在我即将出版《无声息的歌唱》,及翻译日本森下大圆的《观世音菩萨普门品讲话》时,请他替我即将付梓的新书封面题签，他毫不迟疑地为我的书题签，并且还写了多少对联、条幅送给我。

据他在《海潮音》上发表过的文章说，他在澳门礼拜地藏菩萨八年，承蒙地藏菩萨现身，为他授记，所以竺老都称地藏为恩师。他一九一三年出生，比我大十四岁，所以我称他亦师亦友。真感谢这许多长老朋友不嫌弃，对我诸多厚待。

但我又听闻说，新马大部分以福建人为主，对于其他省份少有来往，但是据我的了解，新马的佛教，大部分都是来自中国各省的法师在那边协助弘扬，除了福建省的一些大德们以外，如浙江雁荡山的竺摩长老和担任新加坡佛教福利协会会长的演培法师是江苏扬州人，担任新加坡佛教总会会长的隆根法师是江苏泰县人，以此观察，新马并没有地域观念，排斥其他地区的人士。我到今天应该要为新马的佛教界，在此做一个说明。

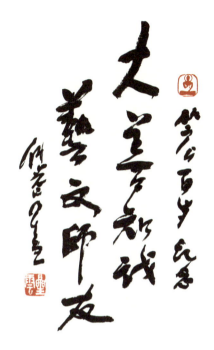

为竺公百岁纪念题"大善知识艺文师友"

我的新马缘

因为我居住在台湾，心里也向往到新马，不敢说前往弘法，只能说去参学。一九五九年有一个机会，马来西亚佛教总会来了一份公文，邀请"中国佛教会"介绍一位法师到新马巡回弘法，我心里面想，这可能是我最合适，因为新马最适合通俗的人间佛教讲演，不需要太多谈玄说妙的开大座讲经，于是毛遂自荐，希望可以去结缘，但是"中国佛教会"不肯接受我的请求，他们最后选择了曾任江苏常州天宁佛学院教务主任的默如法师前往。

默如法师学问必定是超过我，但是他对现代的弘法，必定不及我，我也无可奈何，觉得失去一个前往新马参学的机会。不过因缘终于还是来了，一九六三年，"中国佛教会"要组团访问东南亚，国民党中央党部官员并未受我拜托，却一致要我随团参加访问。所谓公道自在人心，我终于也能坐飞机到新马参拜一些长老，并访问一些朋友了。

访新马见闻

我在新马访问的时间，是从一九六三年的七月二十三日到八月十日，一共十八天。现在凭记忆所及，略述新马两地给我的影响：

一、马来西亚虽以伊斯兰教为国教，但自一九五七年国家成立后，佛教团体纷纷设立，在那里的长老大德们，都有心为佛教的发展，献出力量，他们非常热心社会公益事业。如广余法师、竺摩法师、真果法师、金明法师、金星法师等人，在马来西亚办有会泉幼稚园、菩提学院、菩提中学、菩提小学、香林学校、善才学校；在新加坡办有菩提学校、弥陀学校等。另外还办诊所施诊、施药；两地的养老院，每年也都捐有大笔款项，作为护持。

二、光明山的宏船长老，虽没有受过基础的佛教教育，但是他对佛教兴办教育、培养人才非常热忱。我记得访问新加坡光明山时，他就拿出了一万元叻币，相当于一万美金，交给白圣法师、贤顿法师、净心法师和我四人，表示赞助台湾佛教的教育。当时我办了一些幼教、青年班，但白圣法师代表拿了那笔赞助款后，如何使用，也就不得而知了。

另外,八打灵观音亭的镜盦法师,南人北相,身材高大,对佛教的事业也很热心,他的生活很简单,钱财对他来说是身外之物,凡信徒供养他的红包,全捐给社会救济事业,他每次见到我,都要捐一笔钱给我作为弘法之用。

三、新马的出家人非常淳朴,这些长老大德们,多数是从大陆辗转而来到新马落脚,他们对佛学方面少有深入,但是他们对社会的关怀、热心不落人后。来到新马后,也没有健全的教会组织,来训练大家如何同心同力发展佛教,所以各自为政,纷自设立道场。

新马的道场,有的具有丛林规模,有的并不是很大,如竺摩法师的三慧讲堂、真果法师的观音寺、镜盦法师的观音亭、广余法师的妙香林、明德法师的香山寺、龙辉法师的香严寺、和丰法师的报恩寺、远明法师的洪福寺、如贤法师的观音寺、藏心法师的法华岩、胜进长老的东莲小筑、宗鉴法师的三宝洞、伯圆法师的湖滨精舍、振敏法师的观音亭、金星法师的青云亭、金明法师的香林觉苑、定光法师的麻坡净业寺;新加坡本道法师的毗卢寺、佛慈长老的菩提佛院、妙理法师的妙音觉苑、青凯法师的普济寺和法华寺、广洽法师的龙山寺、常凯法师的伽陀精舍、宏船法师的光明山普觉寺、松林法师的法施林、弘宗法师的福海禅院、悟峰法师的法藏精舍、忠心法师的圆通寺、志航法师的大觉寺,以及很具有丛林规模的双林寺等,我也曾一一拜访过。

四、一九四〇年,慈航法师跟随太虚大师组织"中国佛教访问团"赴印度,之后便应信徒之邀请留在南洋弘法,直到一九四八年秋冬之际才到台湾。我知道慈老对新马的佛教有很大的贡献,他的弟子毕俊辉女士曾担任世界佛教徒友谊会新加坡分会的会长,也是菩提学校的校长。

访新加坡女子佛学院(一九六三年八月六日)

毕俊辉女士英文很好,做事非常活跃。她常说有今日的成就,感谢慈老对她的栽培,因此发愿终身奉献给佛教;她为了报答师恩,把慈老创办的菩提学校,办得有声有色。

另外,菩提中学的校长傅晴曦女士是福建省金门人,有金门第一女将军之称。仪态庄严,风度让人赞美,对人慈和亲切,学问又好,在她的主持下,提升了菩提中学的学风,在槟城声望很高,有如早期的台北第一女中。

而在新加坡办有诊所的常凯法师是一位名医,精明干练,很有风度,令人敬爱,他平常不做经忏法会,完全以医术济人,由于医术高明,所以求诊的人很多。其女医师弟子兰芝,以及前新加坡教育部高级官员洪孟珠,现为佛光会檀讲师,在当地也发挥了弘扬佛法的力量。

五、新马不论是法师或是在家居士,对于文化的推动最为热心,例如,广余法师设有佛学书局,我曾去参观过,里面的佛书法物应有尽有,布置得整齐美观,由三位青年协助管理,实为马来西亚佛教慧命所寄之处。

再说新加坡佛教会的会长李俊承居士,他无论在慈善、教育、文化方面都极为积极,欢喜助印佛经送人。自从我的佛教文化服务处每月开始印经,李居士就经常写信给我,不但每月参加印经,一助印就是几千份以上,并且将这些佛典分赠给有缘人。

再有一位,值得一提的是菩提兰若的林达坚居士,我认识她时,她已是六十岁左右的老信徒。她是慈航法师的弟子,"以佛心为己心,以师志为己志",这是慈航法师的座右铭,林居士确实是真的做到这种地步。她大半生可说都奉献给佛教,维持、护持许多道场。她没有什么权势,不靠地位,完全凭着为佛教的热忱,办佛学院、推广文化、助印佛书;尤其是早期对我们的佛教文化服务处助力很多,经常一买就是几千、几万块钱。

走笔至此,看到佛教在台湾可算是兴盛,每逢遇到各种法会,信徒们总是趋之若鹜;要建筑寺院道场,往往一发动,很快就可以募集到善款;可是,一谈到教育文化事业的推广,却多为退避三舍,多不了解教育文化的功德,甚为可惜。

马来西亚的发展和佛光山有同时推动的意义

自一九六三年访问过新马后,隔年,随着寿山寺落成,寿山佛学院开办、创建佛光山,我的弘法也就以台湾为重了。一九七七年马来西亚青年邱宝光、梁嘉栋、梁国兴、黎顺禧、陈增金、许来成等八人来山访问,在佛光山大悲殿求受皈依,我称他们为八金刚,他们回去之后成立了"马来西亚佛教青年总会",邀约我做他们的宗教导师,聘请许子根博士担任会务顾问。

与许子根博士合影(马来西亚佛光山提供,二〇〇九年十月十四日)

马来西亚佛教青年总会(简称"马佛青")对佛教最大的贡献,我想除了发展青年团,鼓励青年学佛以外,还包括设有佛青文化服务处、印经会、出版《佛教文摘》、英文佛教刊物《东方地平线》(Eastern Horizon)等,都是很好的教材,对佛教文化的弘扬上有很大的帮助;他们也将我的著作,以小册子形式印刷流通近百万册,与大马信徒结缘;所以后来我到马来西亚弘法能有这么多人来听经闻法,这应该也是其中一个原因吧!

许子根博士,一九四九年出生于槟城,长得一表人才,口才、英文都好,信心坚强,目前担任总理府部长,受封为丹斯里。我记得一九九二年我到槟城东姑礼堂讲演,那一次讲演可谓盛况空前,原本只能容纳一万人的东姑礼堂挤进了将近二万人,还有很多人被拒绝于门外,大声喊问:"我的师父讲演,为什么我们不能进去!"

刚巧时任州长的许子根博士在旁致辞听到了,话锋一转,幽默地说:"今晚的场面,更加强了我要建立一个容纳二万人以上室内体育馆的决心,这样下次星云大师来弘法时,才能使大家如愿。"语毕,掌声响彻云霄。

八位马来西亚青年,和我最早结缘的是邱宝光居士,一九六一年我在编辑《中英文对照佛学丛书》时,书中的《羯腊摩经》英文版就是由他翻译成中文。一九六三年我访问新马时才有因缘和他见面。邱宝光居士长得文质彬彬,温和文雅,为佛教热忱,一直担忧大马佛教的现况,希望能有通晓英文的法师到槟城弘法,让更多知识青年皈依佛教学佛。

梁嘉栋后来出家,法名惟悟,现在是槟城檀香寺的住持。这八位青年对于大马佛教的发展,不遗余力,后来我成立国际佛光会马来西亚协会,他们都是重要的推动者。

我看新马佛教早期确实有不少的人才,可惜马来亚佛教会(后改称"马来西亚佛教总会",简称"马佛总")设在最北区的槟城,假如会址能设在大马中部吉隆坡,其所发挥的力量,就不可同日而语了。另外,假如佛教好好接受他们的护持,真可以发挥最大的力量。

再结新马缘

为什么自一九六三年访问大马后,时隔二十年,直到一九八三年我才再次率领"佛光山新马佛教访问团"二十位比丘,前往新马弘法?

撇开开山建寺不讲,还有一段因缘可述:当年我在编杂志,借着一九六三年访问的机会,大幅报道大马佛教的情形,引起台湾很多寺庙到大马化缘。福海禅院的弘宗法师就跟我讲:"台湾都向我化缘,在我抽屉里,就有四十多家的缘簿,真是受不了的压力啊!"

因为这四十本缘簿,让我感到不好意思,心里立定一个主意,将来有一天,可以捐献给新马佛教的时候,我才要去访问,如果我还没有力量布施,我就不去。佛光山开山几十年来,我从来没有向新马化缘过,但我对新马的人帮助佛光山很感谢,因此,我也很大力地支援大马的各项佛教事业。

第二次的大马访问行,我将所有皈依、讲演、信众的红包,共十七万多元,悉数捐给马来西亚佛学院。

建寺弘法

我到大马弘法期间,承蒙广余法师慈悲,不但供应妙香林大殿作为弘法皈依场地,其在附近的一栋房子就像我们的下院,每次来都下榻于此,接受寺众亲切的食宿招待,心中万分感谢;还有金明、竺摩长老多次邀我主持法会,自谦居于副座,他们的气度、包容、不嫌弃,对带动大马佛教的发展,功不唐捐。

金明法师是佛教会的主席,和金星法师是师兄弟,二位对于弘法很热心,一九五五年马来西亚还没有独立的时候,他们就发起组织马来亚佛教会;另外,马六甲香林学校就是为了纪念他们的恩师香林和尚而创办的,我还曾去参观过。

后来我在马来西亚兴建道场,除了渐渐有马来西亚弟子随我出家,需要建寺安僧外,也是因为广余法师邀请我担任他吉隆坡鹤鸣寺的荣誉住持,并要我派心定法师前往管理。但我想,任期总有时间性,所以三年一到我就请辞。信徒郭建风女士知道后,希望我常常到马来西亚来,不希望法缘断了,所以就发心捐赠在仁嘉隆的一块祖产地,以建寺院。

一九九六年南华寺(现改为东禅寺)大雄宝殿落成,同时成立东禅佛教学院,作为寺院发展的重心。当时马来西亚各传播媒体

马来西亚佛光山东禅寺

还赞誉,佛教学院为"全马第一座佛学院"、"它的创建象征着大马佛教将迈入一个新纪元"。

其实兴建东禅佛教学院的原因很简单,主要是因为从马来西亚千里负笈到佛光山丛林学院就读的学生,与年俱增,往往又因签证等各种问题,不得不中途辍学,心里很为这批有志未能伸的青年学生感到惋惜!就想,有朝一日如有因缘,一定要为马来西亚及东南亚等各国的佛教青年,创建佛教学院,来完成这些青年为佛教奉献、服务人群的心愿。

另外,在新加坡建寺也不容易,满可法师历经十二年的努力,在新加坡举行各种弘法活动,才能获得当地认同,终于在榜鹅地区找到一块位址兴建,并于二〇〇八年举行落成揭碑典礼,就是现在的新加坡佛光山。当天新加坡总统纳丹、国防部长张志贤等多位贵宾,及来自中国香港和泰国、印尼、马来西亚、新加坡等地的护法

新加坡佛光山

信徒约五千多人参与。

新马的青年华人,热情、聪明、耐劳苦、不服输,如同当地的气候一般,热力四射,尤其擅长各种语言:华语、英语、马来语、广东话、福建话、客家话。佛光山在世界各国设立道场,马来西亚、新加坡的徒众一直都是站在第一线打前锋,也可以说是佛光山国际弘法最大的助缘。

如澳大利亚南天寺满可、新西兰南北岛佛光山满信、伦敦佛光山觉如、瑞典佛光山觉彦、巴西如来寺觉诚、西来寺如扬和慧圣、佛州光明寺觉凡、奥克兰佛光寺依是、印度德里文教中心慧显、马来西亚弘法的慧海和慧广、大智图书馆依修、佛香讲堂满乐、新加坡佛光山妙穆、菲律宾万年寺觉林、宜兰灵山寺觉年、台北道场有宗、佛光大学妙迦、斯里兰卡弘法的觉门、南天大学觉玮、北京大学博士觉舫、香港佛光道场觉毓、多伦多佛光山觉谦、在大陆兴建鉴真图书馆的慧是及慧炬、佛光山禅净法堂的慧诚,以及电子大藏经的觉然,都监院的慧施、慧喜、慧清、慧裴、慧祐、慧功、慧人、慧护等弟子,可说在世界各地撑持了佛光山半边天。

不过追溯起来,还是要感谢"马佛总"、"马佛青"的诸山长老、居士护法们,多年来在大马这片土地上默默地耕耘、播种,成果斐然。比起其他各国,马来西亚华人追寻佛法真理的热忱,可说世界第一。

国际佛光会马来西亚协会

我常说,佛光山与佛光会,虽分为二,以区分出家与在家生活在形象上的不同,但在精神理念上,则可谓"人之双臂"、"鸟之双翼",缺一不可。所以一九九一年国际佛光会在全球开展的时候,马来西亚是最先发起成立协会的国家之一,成立的过程,多承蒙邱宝光、梁国兴、梁国基、陈爱珠、许来成、陈增金、谢桂元等人多方奔走。隔年,我再度前往槟城和吉隆坡主持弘法大会,同时正式授证国际佛光会马来西亚协会成立。他们过去在马佛青担任要职,多年来一心一意为佛教奉献,在佛教界里虽历经不少误解挫折,但仍坚持百忍,无怨无悔,不愧是人间佛教的实践者、大家学习的模范。

马来西亚佛光协会成立后,就由邱宝光居士担任第一任会长,接着分别由慧海法师、拿汀陈瑞莱居士、傅佑聪居士、拿汀林玉丽博士、宋耀瑞居士、林汶阶居士等人续任。

此中,陈爱珠是我们佛学院第二届的毕业生,也是马来西亚佛光协会首任秘书。当年佛光山正处于开山时期,我每天带着学生下午出坡作务,不论是男众、女众,每个人几乎要搬上百个砖头,还要挑沙土,但学生们从不喊苦,也让我看到了马来西亚人的耐苦勤劳精神。

陈爱珠佛学院毕业后在佛教文化服务处多年,一九六八年才回大马佛教会教书,我也欢喜她将佛教知识带回大马弘扬,所以还

由国际佛光会马来西亚协会与佛光山东禅寺联合举办的佛学讲座,主讲"未来的世界——二十一世纪的展望",有两万人参加。地点:马来西亚国家体育场(一九九二年四月十二日)

提供佛学参考书和教学题材给她。

随后,继舜、继程、继明法师等人也陆续到佛光山就读佛学院,回马来西亚后,也为当地佛教贡献心力。

弘法大会结万众缘　成就万千佛子

国际佛光会马来西亚协会的成立,在当地与马佛总、马佛青相互支持,常常举办各种大型活动,带动当地佛教的发展,功不可没。

例如,一九八七年马来西亚佛教青年总会在槟城香格里拉酒店举行一场"南北法师喜相会"的讲座会,邀请我与南传佛教十五碑佛寺住持达摩难陀长老对谈,那一次讲座,由谢桂元协助翻译,吸引了一千两百多人聆听,被当地喻为当代佛教界一大盛会,也成功地建立了南、北传佛教的交流。

另外,大概在一九八九至一九九〇年左右,我到槟城的一个祠堂演讲,那一天的天气如火炉一样,我从门口走到讲台上,就已经

"南北大师喜相会",于马来西亚槟城举行,展现南北传佛教的融和。北传佛教由我代表演说,南传佛教由达摩难陀法师(右一)主讲,共千余人参加。翻译:谢桂元博士(左三)(一九八七年五月十七日)

满身大汗,心想三千人挤在这里面,怎么得了。可是一场演讲下来,没有人走动。不过大概他们热惯了吧!我以为今天这么热,明天人数应该会减少,出乎意料之外,第二天、第三天人数没有锐减,反而一天比一天多,这让我感受到马来西亚信徒的热情及信仰情操不可忽视。

印象最深刻的是一九九六年,在拿督梁伟强、拿汀陈瑞莱夫妇的协助下,马来西亚佛光协会与马来西亚佛教总会租下了马来西亚最大的露天体育场——吉隆坡的莎亚南国家体育场,在慧海法师带领下,联合举办"万人皈依典礼暨万人献灯祈福弘法大会",我前往主讲"人间佛教人情味",当天就有八万人参加盛会,信众闻法的虔诚令人感动。那一次的弘法活动,据当地徒众告诉我,为大马佛教写下了多项第一,如:

一、突破最大障碍。弘法大会开始前几天,才获得大马政府批准举行的执照。

二、场地最大。于莎亚南国家体育场举行。

三、听众最多。来自槟城、太平、东马等全国各地的佛教徒计八万人到吉隆坡,造成该市大小旅馆客满。

四、贵宾层级最高。时任马来西亚交通部长的林良实先生亲任大会主席,发表开幕演说。内政部长黄家定先生担任大会的监督、能力资源部长拿督林亚礼先生、文化艺术暨旅游副部长拿督邓育桓女士、拿督梁伟强先生均到场祝贺闻法。

五、佛教界空前大团结。马来西亚佛教总会主席寂晃长老亲临大会;金明长老、广余长老、明智长老、伯圆长老及南传佛教的达摩难陀长老均荣任大会顾问。

六、动员义工最多。在马来西亚佛光协会秘书长陈瑞莱女士的领导下,总共动员了一千五百位义工。

期间,我与南传的达摩难陀长老,共同率领佛光山八十多位僧众和南传一百多位比丘,为现场八万多名信众主持皈依三宝典礼。我认为佛教没有南北传之分,大家都是一家人,希望未来南北传佛教界要更团结,共同为弘扬佛教而努力。

大会圆满将出场时,主办单位安排我坐在车上绕场一周,由内政部长黄家定先生亲自驾驶,台上的信众不断以莲花手印或挥手向我打招呼,感动于信众的热情,我忍不住下车和大家挥手,信徒们立刻一个个围过来和我握手,一波波的人潮来了又去,前后一个多小时,在佛光会员的开路下,我才能上车离开会场。

二〇〇一年,在绿野仙踪国际会议厅举行"菩提眷属祝贺礼",近四百对新人、菩提眷属以佛教的方式进行祝贺礼,绿野仙踪集团创办人李金友还将祝贺礼列入马来西亚吉尼斯纪录。

马来西亚吉隆坡莎亚南国家体育场,八万人皈依点灯大会(庄美昭摄,二〇一二年十一月二十四日)

二〇一二年适逢我在大马弘法五十年,在徒众觉诚与星洲媒体集团总编辑萧依钊女士等诸多信众的邀请下,举办了一场三皈五戒暨为社会大众祈愿祝祷法会。我再度踏上睽违十六年的莎亚南体育场,当天逾八万人与会,其中四万多位民众皈依成为佛教徒,顿时间,马来西亚一下子多了几万个佛祖。马来西亚是信仰伊斯兰教的国家,而佛教与伊斯兰教都拥有戒法,当地佛教徒与穆斯林同样精进持戒,这为国家社会带来了一份和谐。

根据马来西亚联邦宪法的规定,伊斯兰教为大马的国教,因此,佛教活动始终受限于寺院之内。这次马来西亚佛教总会与国际佛光会马来西亚协会,能够在莎亚南体育场合办弘法大会,是稀有难得的因缘。

马来西亚也是一个多元种族、多元文化和多元宗教的国家,不

于二〇一二年出席莎亚南国家体育场的"大马好——星云大师弘法五十周年活动",有八万人参加(蔡荣丰摄,二〇一二年十一月二十四日)

同宗教应彼此尊重包容,以缔造一个宗教和谐的社会,几次的弘法大会,马来西亚已向世人证明多元宗教并不是国家进步的障碍,而是巨大力量的泉源,可以让国家在和谐的气氛中不断向前迈进。

此外,国际佛光会一直以来也希望能为老挝、柬埔寨、越南、缅甸等国家尽一点心力,但久久不能如愿。后来拿督丘民扬知道了,尽力促成这个因缘,于二〇〇二年,展开一趟慈善之旅。国际佛光会及曹仲植基金会先后捐赠了一千二百辆轮椅给老挝、柬埔寨、越南、缅甸四国的各个慈善机构与佛教团体。

另外在缅甸,我们也协助育成高级中学重建,同时捐建学生餐厅及女生宿舍,提供奖学金与长期营养午餐、赠送书籍。我想这一趟中南半岛慈善之旅,也为南北传佛教的融和跨出了一大步,更希望将来能协助南传佛教走入国际。

拿督丘民扬先生是马来西亚的华侨，一九四四年出生于马来西亚沙巴斗湖，做人行事低调，为善不欲人知，对于文教工作相当重视。早期曾当过记者，凭着对报业的热爱，创办了华语报纸《晨报》，由于他为人正义，言人所不敢言，所以在马来西亚受到普遍欢迎。学佛后，他还在《晨报》中开辟了一版"佛学园地"，希望能借由佛法的传播，净化人心。

　　在马来西亚，政府对华人的教育并没有特别补助，华人必须在华人办的学校里才能接受华语教育。因此这些私立学校大部分都要靠事业有成的华人出资才能维持，丘民扬先生每年出资帮助这些华人学校，不知凡几；佛光山东禅佛学院的重建，他也是协助不少。

　　丘民扬先生的太太拿汀潘正来也是学佛多年，夫妻两人在佛道上是人人羡慕的佛道伴侣。二〇〇二年东禅寺举办短期出家修道会，在伦敦留学的女儿丘霭如特地飞回来，与母亲一同参加，当时还蔚为一桩美谈。

佛教靠我：大马青年的心声

　　随着佛光会的发展，一九九七年国际佛光会青年总团部马来西亚总团也相继成立，在历任总团长黄忠伟、宋耀瑞、叶宣锋的带领下，在大马举办许多大型活动，如二〇〇一年四月举行的"二〇〇一年马来西亚佛教青年干部讲习会：佛教靠我"，就有来自全国各地区的佛光会干部、各大专院校的佛学会以及各佛教团体的佛青代表一千八百余人参加，华人最大的政党马华总会主席林良实先生更莅临讲习会。

　　同年十二月，国际佛光会青年总团部于马来西亚召开"携手同圆——国际佛光会青年会议"，促进世界青年的交流，有二十六国家地区的五千余位代表参加，会中就有一千多名青年义工，聚集在

"二〇〇一年马来西亚佛教青年干部讲习会：佛教靠我"，与青年们合影（二〇〇一年四月十日）

吉隆坡绿野仙踪会议厅，协助这次会议的进行。

那一次"携手同圆"国际佛光青年会议决定在马来西亚举行，其实筹备时间才半年，我担心他们会措手不及，于是找来团长宋耀瑞指导他一些方向，并且告诉他，身为总团长的使命，要带领青年立足大马、放眼全球。

他果真不负重望，直下承担。担任团长期间，努力带领着佛教青年成为所有青年的典范。在二〇〇二至二〇〇六年间举办了"爱我青年"中学生学佛营，于全马巡回展开六十五场，吸引逾万名青年学佛。

此外，在觉诚的支持下，二〇〇七年马来西亚佛光山正式成立"马来西亚佛光救援队"，由宋耀瑞担任队长一职，这也是马来西亚有史以来首支由宗教团体成立的救援队伍。第一批救援队的成员包括弟子如行及温佳禾、陈淑仪、林汶燕、林丽悦、郑顺升、李俊业、苏昌芳、杨万里、叶宣锋、陈俊贤等十位佛光青年。

二〇〇八年在马来西亚弘法,我后方右一为宋耀瑞居士,左一为国会议员暨国际佛光会副会长翁诗杰。(蔡荣丰摄,二〇〇八年)

十二位青年背负着"佛教靠我"的使命,不畏辛苦参与各式的训练课程。在二〇〇八年四川汶川大地震发生时,与国际佛光会世界总会救援队共同前往灾区救援。

二〇一二年在莎亚南体育场的弘法大会,来自大马全国各地的佛教团体二千名青年,在弟子如音的带领下,演唱着"佛教靠我"、"携手同圆"等佛曲,震撼全场,所有见闻者,都被他们的热情与活力所感动。从中我看到了大马青年们真的以"佛教靠我"这句话为使命,在为佛教的传承努力。

此外,大马青年也都在各自的专业领域,为大马佛教贡献一份心力,如马佛光出版社总编辑沈明信,佛教音乐作曲家黄慧音,前任"马佛青"总会长王书优博士,曾是英国曼彻斯特佛光青年团团长,现任新加坡西门子电子工程师、"马佛青"总会长吴青松,大马副教育部长魏家祥博士,在拉曼大学任教于核医的佛光檀讲师梁惠仪博士,东京大学的电子科学博士方耀祥讲师,马六甲青年团长何仙明博士,新加坡佛光青年团王顺生博士,及吴慧娟博士、林洪智医生等等,这些都是从小或少年时经过佛法熏陶,目前在各地承

担弘法重责大任。

大马三位总理：认同宗教和谐

多年来，佛教能够在以伊斯兰教为国教的大马顺利展开弘法，可知政府在宗教上让人民有广大的自由度。在种族相处上，我虽是一个外来的华人，却能在大马国土走动，且又不被限制，甚至能在台上弘法，可见此民族对于其他异族同胞的包容。我也很荣幸有三次因缘，与大马最高领袖会面，分别是：

一是一九九八年，我在时任交通部长林良实先生的陪同下，到总理署拜会马哈蒂尔，那一次是马哈蒂尔首次接见佛教人士，这次的会面我想在一定程度上也提升了大马的形象，说明大马是具有包容心的国度。

再者，二〇〇八年，在时任交通部长翁诗杰先生的陪同下，与总理巴达维畅谈"宗教和谐"的课题。目前担任国际佛光会副总会长的翁诗杰，一九五六年出生于吉隆坡，是马来西亚华人公会（简称"马华公会"）第八任总会长。

三为二〇一二年我到大马参加弘法大会，总理署部长许子根先生趁此因缘，安排我与总理纳吉布会面。纳吉布告诉我，很高兴看到维持种族和谐的活动在马来西亚进行，不管大马人信奉哪一种宗教，最重要的是他们都能成为好公民。我也认为种族和宗教和谐必须具备各方面的条件和各种因素，就好像五根手指一样，少了一根都不行，所以每个人都必须努力才能够达到目标。

大马媒体：一朵清净莲花

这次的会面，大马媒体也争相报道，一直以来，我都非常赞叹大马的媒体人，如社会的一朵莲花，能为世间展开芬芳，带给社会

出席由《星洲日报》副总编辑兼时评人郑丁贤主持的"人间佛教座谈会——当代社会需要的人文关怀"交流会,会后接受大马媒体采访,并有 Astor 电视台、988 电台主持人刘元元、小马等人专访(蔡荣丰摄,二〇一二年十一月二十二日)

正面光明的报道,我也很钦佩马来西亚的中文报,在诸多限制下,还能做得这么好。

我一生没读过书,没进过学校,能够获得知识,报纸可以说是我的老师之一,因此,我非常重视媒体传播的讯息,一再鼓励媒体人要多报道社会的真善美、光明面,多说好话,让世界更美好。

马来西亚的媒体人,如世华媒体集团执行顾问刘鉴铨、总编辑萧依钊;《星洲日报》副总编辑曾毓林及郑丁贤等人,都是尽心尽力提升真善美、准确、公正、平衡报道的媒体工作者。

我想媒体扮演影响社会人心的重要角色,为了要提升媒体人的素质,给予优秀的媒体人鼓励,就像西方有"普利策奖"一样,我也设立了"星云真善美新闻传播奖",希望借此抛砖引玉,形成一股清流,让人们多向好处想、往好处看、朝好处说、朝好处做,社会才会真善美。

首届"星云真善美新闻传播奖"颁奖后,第二届遴选规模扩大至大陆、香港及新加坡、马来西亚等地区,包括刘鉴铨、新加坡《联合早报》总编辑林任君、《南洋商报》前总主笔张景云等人,皆获得了传播贡献奖;萧依钊也在第四届中(二〇一二年)获得了传播贡献奖,他们能够获得肯定,可说实至名归。

我与菲律宾佛教的关系

我曾走过落日大道(杜威大道),
看到马尼拉海湾的落日,
火轮般向海的尽头慢慢落下去,
霎时天边映出无数道金黄色的红霞,
将海浪点缀得瑰丽无比,
放远望去,
不禁想起两句令人拍案叫绝的文句:
"落霞与孤鹜齐飞,秋水共长天一色。"
这绮丽万分的美景是必去的胜地,
我都耳熟能详,记在心中。

一九四九年国共内战,国民党退守台湾,和台湾最靠近的国家就是菲律宾。那个时候,台湾和菲律宾往来密切,一九四九年蒋介石在台湾复行视事的时候,还特地飞往菲律宾和总统基里诺会面,而佛教互相往来的关系也加强了。

菲律宾是一个海岛国家,由七千多个大大小小的岛屿组成,特殊的景致多不胜举。印象最深的是菲律宾马尼拉海湾的黄昏。我曾走过落日大道(杜威大道),看到马尼拉海湾的落日,火轮般向海的尽头慢慢落下,霎时天边映出无数道金黄色的红霞,将海浪点缀得瑰丽无比,放远望去,不禁想起两句令人拍案叫绝的文句:"落霞与孤鹜齐飞,秋水共长天一色。"这绮丽万分的美景是必去的胜地,我都耳熟能详,记在心中。

另外一个奇观,则是华人的义山公墓。

建造得像皇宫一样,豪华精致的别墅里,住的竟是过往先人,那洋式楼房原来是坟墓?我惊住了。房子里一样有客厅、书斋、寝室,甚至冷暖气等设备。原来,菲律宾华侨有个奇特感人的传统,每到假日、祭祖的时候,华侨们合家大小相携到祖坟墓内居住,吃喝玩乐,家庭聚会都在坟墓,像过年过节般的热闹。你看怎能不让菲律宾人嫉妒呢?华人的坟墓比我们的家庭家具还要高贵呢。

这样特殊文化之下的菲律宾,也因此发生了一件很不幸的事件,那就是"菲化案"。菲律宾政府非常排华,因为华人的勤奋,掌握了大部分菲律宾的财政,华人的富有让穷苦的菲律宾人非常嫉妒。再加上诸多事件,让菲律宾政府对华侨实行排挤、排斥政策。于是,菲律宾政治集团和当地商人利用舆论,通过国会的立法,限制和禁止外侨(除美侨外)涉足经济等公共领域。

由于华侨占菲律宾外侨的百分之九十,所以各项"菲化"的法令和政策,被认定主要是针对华侨而起,在当时闹得沸沸扬扬。菲律宾政府禁止华人在公共地方贩卖生活用品,凡是米黍食粮、药品、食品等,几乎所有工商领域都设下限制。这对华人的打击可以说非常厉害。不过,华人当中有一些优秀的领袖、企业家,他们并没有受到影响,仍然蓬勃发展,高高在上,发展世界通用的事业。

另外,那时候的菲律宾政府也很残忍,凡是违反"菲化案"的侨民,就把他们关闭到水牢里,有的一关就是几年,天天蹲在水深及腰的牢里,可说极为不人道。当时台湾基于政治军事利益,对于菲律宾因为财政的缘故,用这样不人道的方法,虐待我中华同胞,却不闻不问。全世界都有华人的移民,可怜这许多移民只有凭他们自身打拼奋斗,并没有获得台湾给予的支持与帮助。

我知道菲律宾佛教是闽南系,原本在菲律宾的华侨都以闽

菲律宾佛教界参访团（二〇〇七年五月二十二日）

南人居多，尤其是厦门、鼓浪屿、泉州、晋江、南安、东石等地的侨民，而闽南在中国也是佛教寺院的密集地。菲律宾的闽南华侨，在马尼拉组成佛教团体后，最先礼请闽南高僧性愿长老到菲律宾创建信愿寺。后来有规模较大的华藏寺瑞今法师，及性愿长老所延揽到菲协助弘法的妙钦法师、如满法师、觉定法师等，纷纷在那边发展建寺；另外还有华侨组成的佛教居士林，带发修行的清姑都是闽南人。

台湾光复后的佛教发展中，台中佛教莲社可以说是发展最快的一个道场。原因是，当时菲律宾的侨胞到台湾来，台中李炳南优先获得菲律宾信徒给他们的支持，而有如此势力。他们兴建菩提仁爱之家、慈光图书馆、台中佛教莲社、慈光育幼院等利生事业。

后来，听说菲律宾信徒预备出资帮助台湾佛教办一所大学，地点预备选在日月潭,因为那个时候蒋介石有一个涵碧楼在日月潭,潭景风光明媚,玄奘寺、慈恩塔也都属于日月潭的美景之一。我记得菲律宾华侨企业家蔡文华、蔡孝固兄弟等,看中了在文武庙附近的一块地,并已筹集了三千万元,相当于今日的三亿元台币以上。

可惜,佛教界并没有敢接受他的提议和捐助。因为办大学,实话说佛教界还没有这个条件。我当时人微言轻,还没有搭上这一班顺风车;后来听说他们想要在台南开元寺对面的空地上兴办大学,但是开元寺把他的寺庙土地租售给元宝乐园作游乐区,办大学的希望就更渺茫了。

后来台湾相继有基督教东吴大学、中原大学,天主教东海大学、辅仁大学,以及满台湾到处都是天主教、基督教设立的教会学校。等我成长到一九六○年代开创佛光山后,我也想办大学,就跟有关部门商谈,政府说台湾学校过剩,除非是大学名校的附校,其他一概不再考虑。

说来,菲律宾佛教居士林对台湾佛教的善行贡献不少,如慈光图书馆、菩提仁爱之家、台北新庄乐生疗养院的栖莲精舍,都是由他们捐献巨款完成的。而菲律宾华侨组织成的"岁暮慈赠会",经常以大批名贵的医药,赠送给乐生疗养院的麻风病患者。

麻风病是由于感染麻风杆菌所引发的疾病,患病的人容貌会变形,五官慢慢烂掉,严重时,会失明、耳聋、爪形手、鼻梁塌陷、须眉掉落、手足末端缺损导致四肢溃烂等。那时候的医药还不是那么发达,因此,患了麻风病,等于是被宣判死刑。

麻风病最可怕的是会传染,所以家里父母兄弟姐妹,谁罹患了麻风病,家人就不要他了,就会把他送到孤岛上去自生自灭,被大家孤立。那时乐生疗养院的患者曾多达二三百人,得到菲律宾华侨的赞助,那真是菲律宾华侨对台湾最大的恩惠。

我与菲律宾

我在一九六三年,跟随台湾佛教访问团前往菲律宾访问。那时候与菲律宾侨胞才有接触、了解,对佛教界人士也才感受到他们活力澎湃,为教洋溢着无限的热情。

我们先是访问寺庙,第一站是菲律宾大乘信愿寺。住持瑞今法师,非常有学问,他是福建晋江人,一九〇五年生,也是闽南佛学院第一届高才僧。到菲律宾十几年中,支持佛教普贤学校改建教室,联合各寺院创办佛教能仁中学,经常参加世界性的佛教会议,可说是为教尽心尽力的大德长老。

对于菲律宾之外的佛教团体,他也很发心资助,我在三重佛教文化服务处时,和他也有些文化上的往来,对于我从事的文化工作给予诸多鼓励及支持,只是,他并不欢迎再多其他的出家人到菲律宾。

那时候是炎热的七月天气,我记得我在大乘信愿寺前后住了十天,随大众生活,偶尔有行程访问,他们就带我去访问华藏寺当家如满法师。

华藏寺,是由性愿长老创建的道场。性愿长老是福建省南安县人,一八八九年生,我们去访问时,他已经圆寂,其为人正派善良,把他尊为菲律宾佛教开山祖也不为过。性愿长老去世后,菲律宾佛教的重责就由瑞今法师担当,继承了菲律宾佛教领导地位,很有号召力,声誉日益显著,他活到一〇一岁,在二〇〇五年示寂。

另外,我们拜访了隐秀寺。主持隐秀寺的是清姑,印象中当时有一本佛教刊物《慈航》季刊,经济来源都由清姑独力承担。这样带发修行的老太太,一直全力支持佛教的教育、文化、慈善等事业。听说后来隐秀寺交由台湾的自立法师掌管主持,这又是另外的因

我与菲律宾佛教的关系

菲律宾佛教团体在机场欢迎台湾佛教访问团,左一为白圣法师(一九六三年八月十一日)

缘了。

宿燕寺是一个女众修行的地方,当家师慧清姑,是一位带发修行的优婆夷。一身修道服感觉到真是清净庄严,庄重文雅,慈和善良。记得我们去宿燕寺午餐,讨了她们一顿饭吃。基于男女有别,所以一句话也没有讲就离开了。

清姑,就是闽南佛教中特有的"带发出家"女众的身份。在闽南一带(即泉州、厦门、漳州),特别是泉州,女性住在寺院,像出家人一样修行,这是福建佛教中特有的现象。后来因为性愿长老到菲律宾弘化的关系,闽南的清姑制度亦传进菲律宾。

接着,我们又访问了在家信徒居士林蔡孝暖居士。蔡居士是一位虔诚的佛教徒,当时担任菲律宾居士林的名誉理事长,他曾为

台湾佛教访问团到菲律宾,应邀至菲律宾大乘信愿寺,以"居士学佛的次第"为题开示,由大东广播社吴宗穆居士翻译(一九六三年八月十八日)

我主编的《人生》杂志撰文供稿,是一位行解并重、有德有学的长者。

我也曾到当地的普贤学校演讲,普贤学校由刘梅生居士创立,我和刘梅生是数十年的好友,他为人风趣、没有架子,办有普贤学校、文殊学校,自己还担任校长。他邀我去为学生讲话,还亲自为我翻译。他因为奉献教育、奉献佛教,一直是菲律宾居士林里的单身汉。

还有一位相当热心佛教的李秋庵居士,钟情三重文化服务处,时常购书赠送给亲朋好友,跟慈惠法师、慈庄法师她们联系很多。因为和我们佛教文化处的购书因缘,和他建立了友谊,他特地邀约我到他家里接受供养,他们一家只有三个人,可是车辆有十几部,红色、白色、灰色等大概都是名牌,那个时候我们在台湾穷哈哈的,要有一部汽车简直比登天还难,可见在当初,台湾佛教比起菲律宾佛教,二地在财务上差距可想而知。

我与菲律宾佛教的关系

台湾佛教访问团至菲律宾访问,左一为驻菲官员段茂澜先生,右起:贤顿、白圣、本人、瑞今等法师(一九六三年八月十二日)

此外,他们安排我在信愿寺做了一场对外公开讲演,由侨民吴宗穆居士为我担任翻译,吴居士是大东广播社的社长,翻译时相当幽默风趣,清晰明了,大家听得津津有味,我心里也非常高兴。他的女儿吴淑芳小姐,嫁给曾经担任"行政院新闻局"副局长龚弘先生的儿子龚天杰,并邀我替他们证婚。这一场佛化婚礼,一度引起社会的轰动。

那天上午在信愿寺举行演讲后,中午由李俊峰居士夫妇在普陀寺设宴招待。饭后,又到王东元居士府上及董光垤居士家访问。他们带着我到各处参观,看了不少寺庙、学校、工厂及当地名胜风景,感到盛情可贵。

那一次的访问行程中,值得一提的是,由瑞今法师、广范法师、蔡梅邨居士及段茂澜等陪同,我们前去拜访了菲律宾总统马卡帕加尔。

总统先生的年龄不算太大,看起来四十多岁左右,非常欢迎我们的到来。我们带了一部六百卷的《大般若经》送给总统,他欣然接受,并表示谢意。菲律宾虽然是个天主教的国家,但菲国总统却很开明,承蒙总统会见我们,他一再表示,非常希望台湾佛教派布教师到菲律宾传教,因为菲律宾有百分之八十五的人口都是信奉天主教的,如果有多元宗教,可以互相激励,共同发展。

佛光山菲律宾弘法

一九六五年之后,我创办了东方佛教学院,菲律宾派两个学生来念书,分别是出家众广明法师及在家居士蔡慧安。只是他们两个人性情较柔弱,力量不够。太内向的人,除了学习内修外,对于弘法利生事业,恐怕不容易担当。

因为我对菲律宾印象很好,觉得菲律宾就是现在的人间天堂,当然我并不知菲律宾贫富差距、政局动荡不安。又因种种因缘,以及在许多信徒的鼓励之下,佛光山便派遣僧众慈嘉前往弘法。慈嘉是台湾宜兰人,也是早期佛光山在宜兰开山的青年之一。后来就读寿山佛学院,以第一名毕业,为人正派有学问,所以派她前往菲律宾,我们也觉得非常适合。

第一次是一九八七年,描戈律法藏寺董事会邀请,慈嘉先去菲律宾讲经一个月。之后,因为她也擅长文字,时常在菲律宾写稿件,投在《觉世》旬刊发表,让读者了解菲律宾佛教发展的情况。

有一次,她写到菲律宾佛教出家人,每天没有事做,只是看电视度日。未料,这句话触怒了广范法师而来向我大兴问罪之师。我问慈嘉事情始末,她说:"我不知道这严重性,我以为只是平常据实报道,怎会惹得这样麻烦呢?"

其实,这还是缘于菲律宾佛教有派系分别,如果不是福建人,要在菲律宾居住弘法,恐怕不太容易。不过像印顺长老,由于他过去和性愿长老的因缘,再加上他的学德,菲律宾佛教居士界曾经共同邀请他前去菲律宾弘法。

印顺老由于一部《净土新论》里面的言论,触怒了台中佛教莲社,致使台中佛教莲社要焚书抗议。其实,印顺法师是以做学术研究为主,也不是想对阿弥陀佛有冒犯不敬。后来印顺法师得到菲律宾华侨赞助,捐了一座"太虚图书馆"给台中佛教莲社,以示彼此友好,才不了了之。

关于慈嘉法师的事件,我记得在澳大利亚,广范法师和我见面的时候,他还向我提出抗议。我向他道歉,并且说没有关系,可以更正。他仍然忿忿不平,不肯罢休,难道要到法院告状引起文字的争论吗?当然最后也只有不了了之。

为此,慈嘉就觉得自己在菲律宾弘法不适合,要求常住换人。后来就推出永光法师前往。永光是师范学校毕业,听说当时菲律宾普贤学校正缺少教师,我想,出身师范教育系统的永光去,或许会和他们投缘。后来证明,永光因性情和蔼,人缘很好,但学校却一直不曾要她去教书。

而在此之前,信奉天主教的华侨吕希宗、吕林珠珠夫妇,因为谨遵慈母的遗命,发心建寺,在一九八八年,启建一万多平方米的寺庙,感念慈恩光辉,命名为慈恩寺。寺院建成后,苦于无人住持三宝,就透过友人谢淑英女士引荐,邀请佛光山法师前往驻锡弘法。

我深受吕氏家族的孝心所感,就在一九八九年三月,指派慈容法师担任住持,永光法师为监寺。在永光去菲律宾时,我们特地强调她是福建泉州人,不过,在台湾出生的福建人也是有原罪,幸好

与宿雾慈恩寺创寺捐地人吕林珠珠阖家(二〇〇九年十二月十五日)

信徒们倒很包容,对于是哪里人并不分别计较。之后,永光法师又带着永宁和永昭一同弘法,也都能让那里的信徒接受。

一九九〇年九月,佛光山第二代宗长心平和尚主持慈恩寺院落成暨佛像开光典礼,我也特地为慈恩寺题了对联二副以资纪念。

外柱联曰:

> 慈心似日月,愿法界众生少苦恼;
> 恩德如山海,望宇宙人间多和平。

内柱联曰:

> 慈悲普被大众,决定万修万人去;
> 恩信同施十方,合当一念一如来。

就这样,佛光山在宿雾慈恩寺展开了弘法之路。在宿雾当地,永光曾受邀到当地侨民办的东方学院教书,深得学生热爱及好评。这是一所八十几年的学校,第一次礼请法师前去授课,我也感到很欣慰与欢喜。

有一回,永光她们也碰到三十年来最大的台风,台风将慈恩寺大殿三面玻璃打破,因有许多的铝条,引来菲律宾人偷窃,真是屋漏偏逢连夜雨。

由于菲律宾天灾、人祸、兵变等问题不断,时常听到暴动、绑架等事情。最严重的就是政局动荡、兵变频仍,到处风声鹤唳,到了晚上六点,就要将门户关好并用粗铁条将门挡住。有一天,一个时常在寺院帮忙的菲律宾人,竟拿枪指着她们,幸好最后平安化解,

宿雾慈恩寺

国际佛光会菲律宾协会会长永光法师及国际佛光会世界总会急难救助委员会副主任委员廖德培,代为至菲律宾计顺省罗辛台风赈灾(一九九五年十一月二十八日)

她们的生命真是很不安全。

　　有一次,在台湾新闻中看到菲律宾发生许多暴动、绑架的事,我赶紧打电话给永光,问她们是否安全?永光回答我说:"他们已经绑架了修女,不过,师父您放心啦!您不用担心,我们会很好的;如果是真的绑架我的话,师父不要来付赎金,您来赎我的话,他们会认为佛光山很有钱。"说来,永光她们在菲律宾弘法,一路走来相当艰辛,如果不是凭着为教、为佛光山的心,怎能走了二十多年?

　　菲律宾佛光山最早的发源地是宿雾,有感于首都马尼拉的弘

我与菲律宾佛教的关系

描戈律圆通寺

法也很重要,于是指示永光前往寻找可以弘法的因缘。

一九九二年,永光向慈恩寺借了三尊佛像及二万元,只身到马尼拉,落脚在王彬中国城阿兰格市场。她借住在信徒位于菜市场旁五层楼的房子里,就这样成立了"马尼拉禅净中心"。

这间屋子家徒四壁,没有装潢,连一张椅子也没有。但她每天就到市场走来走去,逢人就合掌微笑,遇到有缘人对她微笑,她也赶紧回应。就这样,渐渐度了不少人。所以我常说,永光最早的信徒都是从菜市场捡回来的。

一个小小的佛堂,二十四小时佛音缭绕,香云密布,好驱除菜市场散发在空气中不堪忍受的鱼肉尸臭,以及从酒吧传来的噪音。渐渐地,有了竹制的桌椅,藤制的书架,组合成办公室、图书馆和会客室,还有一套折合式的木制桌椅,一打开就可以成为宴客的贵宾席。

191

尽管位在恶劣的环境,只有简陋的设备,这个禅净中心却发挥了惊人的功能。经过短短半年的努力,由二位信徒开始,接引无数的访客,礼佛、吃素菜、请法,信徒日益增多,实在挤不下,已不敷使用了。

一九九三年三月,我再派慈庄法师到菲律宾勘察购地,选了一栋建于一九三一年、前身为苏联大使馆的建筑物,命名为"马尼拉佛光山"。这栋建筑占地二千二百多平方米,具有维多利亚风格,位在马尼拉市中心,周围有黎萨大型体育馆(Rizal Memorial Sports Complex)、世纪花园大饭店(Century Park Hotel)、哈里顺商场(SM Harrison)、CCP 国家剧院,以及 PICC 国际会议中心等。交通四通八达,闹中带静。

为了节省禅净中心的租金,又要规划整理、维修督工,永光及永昭迫不及待地清理房子,挑灯攻读与室内装潢设计相关的书籍,好了解装修工程内容。由于进度缓慢,在工人下班回家后,她们便拿起铁锤凿子,自己凿墙壁、敲地砖,甚至撬石头、搬石板;手起血泡了,手帕一扎继续敲打。为了整花园,她们买花草、树苗,自己戴上斗笠,亲手栽种一花一草。终于,使得前苏联大使馆的老房子脱胎换骨。

当时,除了宿雾慈恩寺及马尼拉佛光山外,邻近宿雾的描戈律,信徒相当精进,每回听到慈恩寺有法师带领共修时,搭船转车,都要历经八小时长途跋涉才能到达道场。后来,信徒陈素珍等自发募款购地建寺,二〇〇四年描戈律圆通寺落成。

描戈律另外一位师姐蔡淑慧,在菲律宾外岛人脉广,除了协助圆通寺的募款建设等,发心甚多,她的二姐蔡淑贞女士因为嫁到怡朗,早期佛光山便以她家的佛堂,作为共修场所,借客厅作布教所。后来就在怡朗成立一个佛光缘,接引更多人学习佛法。

我与菲律宾佛教的关系

与佛光山荣誉功德陈永年(左三)、苏毓敏(右三)夫妇与子陈俊湛(左二)、妹苏静芬(右二)及功德主王丽娜(左一)、陈珍珍(右一)合影(二〇一一年八月五日)

菲律宾位于多台风、多火山地带,水灾、地震,大大小小的灾情频传。佛光山除了慈善救急救难外,文化教育也是投入诸多心力。最初,邻近马尼拉佛光山附近有一处贫民窟,当地小孩没有办法读书受教育,于是永光她们便发心教贫民区的小孩唱歌、礼仪,养成良好的生活卫生习惯等等。

甚至为了圆这些孩子的梦想,还办了"圆梦之旅",带他们到类似迪士尼的游乐园游玩,这些小孩们长大后,有的还有参加《佛陀传》的演出,在他们心中种下一颗善良的种子。

一九九五年,国际佛光会菲律宾协会成立,并在菲律宾国际

佛光山梵呗赞颂团应有四百多年历史的圣岷伦洛大教堂拉米莱泽神父之邀，前往该教堂参访演唱（二〇〇二年五月二十四日）

PICC会议中心，召开国际佛光会世界总会理监事会议。我在当天也举行了一场对外的大型演讲，吸引了四千多人参加。

一九九七年二月，我们受邀参加菲律宾佛教、天主教、基督教等联合祈福法会，在一座具有四百多年历史的天主教岷伦洛教堂（Binondo Church）演出，用佛教的梵呗庆祝天主教堂四百周年，当时菲律宾总统埃斯特拉达也出席，写下了菲华宗教史上的新页。当时有一位拉米莱泽（Josefino Ramirez）神父也跟着我们唱梵呗，要求他们的信徒要和年轻的佛光山来往。

二〇〇二年佛光山梵呗音乐团到菲律宾公演"恒河之音"，让佛教梵呗音乐首次登上天主教国家的大型剧院，连续几场，吸引了二万余人。菲律宾人天性乐观、爱好音乐，在二〇〇三年举办了

我与菲律宾佛教的关系

于马尼拉佛光山万年寺主持皈依典礼,与菲律宾航空公司董事长陈永栽、邱秀敏夫妇及妹婿蔡黎明(后右三)于世纪大饭店合影(二〇〇九年十二月十六日)

"人间音缘"的征曲活动,有许多菲律宾音乐爱好者参赛,屡屡获得奖项殊荣。

我常想菲律宾佛教,过去在菲律宾的华人、大德、出家人的努力下,办了几所学校,但仅限于出家人,要如何拓展到菲律宾人?让菲律宾的小孩子能参加佛教,甚至能让他们出家,推展佛教的本土化,让菲律宾有了菲律宾的比丘、比丘尼,当地佛教就会发展得很快。

我们可以想象二千多年前,印度的出家人到中国来,他们如果在中国一直不肯离开,那么中国人一直听印度的和尚说法,我想佛教也不会发展得这么快。当然一个宗教要进入已有宗教的国家去

佛教英文百老汇音乐剧《佛陀传——悉达多太子》于佛陀纪念馆演出

传播,没有一百、二百、三百年的历史,要把它的宗教在当地生根,实在不容易。

考虑到菲律宾人与生俱来的音乐舞蹈天赋,为了使菲律宾佛教能够本土化,我们结合佛教与音乐,于二〇〇七年七月成功首创了佛教英文百老汇音乐剧《佛陀传——悉达多太子》,在觉林与陈祖仁居士的召集下,创办了菲律宾佛光山艺术学院。不但透过文化艺术宣扬佛法,还召集了当地大学生、知识分子及各界人士加入,团员中有天主教、基督教,甚至还有伊斯兰教教徒,在菲律宾各地公演,每一场皆吸引上万人观赏,他们的音声真是有世界水准。二〇〇八年,受邀到台湾北中南演出十场以上,场场叫座。

二〇一二年五月,到佛光山佛陀纪念馆大觉堂公演,再写下以

与菲律宾总住持妙净法师所带领的菲律宾佛学院学生在佛陀纪念馆合影（二〇一一年四月二十三日）

艺文弘扬佛法的新页。至今他们在世界各地公演至少五十场，将近二百名菲律宾天主教的青年担纲演出佛陀故事，不但是佛教本土化的深耕，也充分展现了佛教的包容与宗教的融和。而像安陀娜（Antoinette Gorgonio）等数位优秀的青年，后来还回到佛光大学完成硕士学位。

　　说来，永光和永昭、永宁她们在菲律宾弘法传教实在不容易，一路走来，感谢菲律宾信徒的发心，出钱出力、全心护持。诸如吕林珠珠的吕氏家族、陈珍珍、王素苹、陈素珍、蔡淑慧、杨双莺、刘天民、洪国材、吴道川居士等等多不计数的发心功德主支持,让菲律宾的佛教能够走出去。

特别是在二〇〇二年时,为了提供给信徒一个更完善的闻法修行空间,决定在原址重建一栋全方位多功能的现代化道场。二〇〇九年完成,我将它命名为"马尼拉万年寺",期许佛法能在菲律宾万年流传。菲华商联总会理事长陈永栽居士,他慨然捐赠比邻的四百平方米土地,让新道场建地更为完整,总面积达到二千六百平方米;而他的弟弟陈永年居士前来皈依时,还特地搭私人飞机带了二十万美金供养,作为建寺基金。

为了佛法的传承接棒,二〇〇九年,派遣毕业于佛光大学佛教研究所的妙净前往菲律宾担任总住持。妙净是文莱人,从小在加拿大长大,生性乐观勇敢。接任之后,在二〇一〇年创办菲律宾佛

马尼拉万年寺

教学院,目前共有四十位学生。同时逐步进入菲律宾高等学府进行人间佛教的专题讲座。二〇一二年举办菲律宾人间佛教学术研讨会,以"人间佛教与多元文化"为主题,共计有三十多位发表人提出论文发表。

宗教是一种文化,它是一种历久的、无形的文化,提升对生命的影响,所以我自创办佛光山以来,就不断提倡以文化弘扬佛法及教育培养人才。

现在,人间佛教到菲律宾二十多年来的发展,成立了佛光会,举办家庭普照、读书会,设立美术馆、中华学校、佛学院等各种文教弘化、服务。尤其,由菲律宾天主教徒演出的《佛陀传——悉达多太子》,相当感动人。假如由菲律宾人引入佛教,传播到中学、大学,出版杂志、印刷佛教书籍,再提升寺庙成为以菲律宾人为主的教团,就能为菲律宾佛教本土化奠定深厚的基础。

菲律宾人有宗教的性格、宗教的天分,所以未来的佛教在菲律宾是大有发展的,可以说,人间佛教是菲律宾未来的希望,未来的光明。

我与日本佛教的友谊

日本的佛教学者对于原始佛教、部派佛教、
佛教的源流,甚至中国佛教的研究,
都是分层别类、孜孜不倦;
现在大陆的一些大学也有宗教学系,
但是他们研究佛教,
往往偏重于中国的佛教,
顶多是儒释道合流,
台湾研究佛教,
则重视科学的、倡导未来的世界,
然而未来的世界遥不可知,
一时也难见结果。
所以我们很羡慕日本的研究精神,
可以说,
他们的佛学研究比我们进步一百年以上。

说到中国和日本的关系,从唐代开始,日本派遣唐使、遣唐僧到中国学习中华文化,接着,邀请中国的高僧鉴真大师到日本弘法,之后千余年来,中日之间的恩怨情仇,就很难厘清了。尤其是清朝末年,中日在甲午年间的海军一战,中国被迫签订《马关条约》,割让辽东半岛、台湾、澎湖及台澎附属各岛屿;此后又逼迫袁世凯承认"二十一条"不平等条约,引起"五四爱国运动",从此中日关系就一直纠缠不清。

甚至第二次世界大战,中国对日抗战期间,两国的损失、死伤的惨烈,真是何苦来哉。所幸日本政府在一九四五年八月十五日宣布无条件向同盟国投降,中华民族赢得抗战最后的胜利,才收复了东北、台湾、澎湖等地区。

日本投降之后,不幸中国的内战又激烈地展开。国民党败退台湾,我也在一九四九年正月,组织"僧侣救护队"来到台湾。想不到我一时的临时起意,一生的岁月,可以说和台湾休戚与共。虽然我在台湾生活了六十多年,也到过全世界访问,在各个国家建设道场,但是关系最密切的还是在亚洲,如印度、泰国、马来西亚、新加坡、菲律宾、韩国、日本等,数十年的岁月中不断地交往。而我和日本的往来,也有一些值得回忆的事例,仅就记忆所及,略述如下。

我和日本佛教界最初的往来

先是一九六三年,我代表"中国佛教会"到日本访问,承蒙全日本佛教会派遣国际部长柳了坚、组织部岩本昭典先生全权负责,接待我们访问日本所有佛教宗派的大本山,让我认识了东本愿寺的大谷光畅,西本愿寺的大谷光照,高野山的高峰秀海,临济宗妙心寺的古川大航,临济宗大德寺的小田雪窗,曹洞宗总持寺的岩本俊智、金刚秀一和丹羽廉芳,以及东大寺的狭川明俊、四天王寺的出口常顺等许多管长级的佛教人士。

除了这些诸山大德之外,和我们友好的旅日华僧,就属东京的清度和神户的仁光两位法师了。清度法师是东北人,一口标准的日本话,个子很高、很庄严,一路上对我们都很照顾。仁光法师是神户关帝庙的住持,曾经送我们《铁眼大藏经》,后来也交往多年,是一位很有德的仁者。他在日本虽没有什么事业,但是人在日本,心在中国,这在当时是很难得的。

自由活动的时候,日本学者冢本善隆先生感念我是从中国大陆到台湾的出家人,特地请仁光法师陪同,我们三个人就在京都一个大饭店里,吃了一桌日本人做的中国料理,相当丰盛。在日本,冢本善隆教授是研究中国佛教的权威,也是京都大学人文科学研究所所长、京都国立博物馆馆长,京都千年古刹清凉寺的住持。后

台湾光复前在台传教的东海宜诚法师访问佛光山(一九六九年)

来我们佛光山的慈惠法师赴日留学,还曾经亲近他学习,可以说是稀有难得的因缘。

宴会当中,他表示,非常感谢中国的大国大量,过去日本派青年学子,如藤原清河、阿倍仲麻吕等遣唐使到中国留学,也有日本的出家人,如荣睿、普照到中国邀请鉴真大师赴日本弘法;乃至后来开创日本真言宗的空海、开创天台宗的最澄、开创日本曹洞宗的道元、开创日本临济宗的荣西,以及圆仁、圆珍等,他们到中国学习,都是由中国接待吃住,从未听说花费金钱。而现在中国的年轻人到日本留学,学费昂贵、住宿昂贵、饮食昂贵,真是难为了这些青年学子,深感日本佛教对不起中国佛教,愧对中国人。

我记得那一次访问日本两个礼拜,要离开的时候,全日本佛教会的岩本昭典把身上的钢笔、手表,所有口袋里的东西,通通掏出来送给我。我感受到日本人的盛情,在战后能有如此的亲切往来,是很值得怀念的事情。

一九六四年,我在高雄建设寿山寺,举行落成典礼的时候,台

我与日本佛教的友谊

出任"中日佛教关系促进会"会长,率领心平、慈惠、依严诸法师一行人赴日访问(一九七四年四月七日)

湾光复前驻台湾负责传教的布教师东海宜诚,也来参加我们的典礼。他以一口流利的台湾话致辞,在当时,很能引起台湾人对日本人的好感。

后来,日本佛教界不断地组团来台湾,或观光,或有一些议员在政治上和台湾有所往来。因为日本也是一个信仰佛教的国家,据闻,过去日本圣德太子在国家的宪法第二条规定:全国人民要信奉三宝。基于佛教界"冤家宜解不宜结"的道理,我们也觉得有必要展开对日本的友谊,可以说早期的台湾,如果不靠日本的广告、医药、食品等,日子也不太好过。

台湾光复初期,与日本人的书信来往还不太方便,但是我在日

日本曹洞宗永平寺副贯首丹羽廉芳率团到佛光山访问（一九七七年七月二十八日）

本买的佛教书籍，都能顺利地收到。尤其是宜兰的一位信徒吴和铃居士，他的妻子是日本人，喜欢阅读日文书刊，但是日本书要进口相当困难，所以都以我的名义寄来台湾，再转交给他们，他们也非常欢喜。

这段期间，国民党政府注意到台湾和日本的佛教应该要有往来，所以国民党社工会萧天赞主任亲自到山上拜访我，要我代表台湾担任"中日佛教关系促进会"的会长；日本方面，则由日本曹洞宗的管长丹羽廉芳老禅师代表担任"日华佛教关系促进会"会长，我们还相约每年组团相互访问。

丹羽廉芳老禅师实在是一位可敬可爱的老和尚，慈眉善目，待人真诚，曾拜访过佛光山、台北别院等。记得我和他初识的时候，他还是副管长，我问他："什么时候可以做到管长？"他说："我们日本宗派里的管长，要看谁的寿命长，这是生命马拉松，看谁活得长

日本立正佼成会"青年之船"停靠高雄港,专程访问佛光山(一九七四年七月二十一日)

久,最后才能上台。"后来他当上管长,我们两会还继续互有往来。

在我们互相访问期间,拜访过佐藤荣作首相,也去过他家里。后来他想把房子卖给我们,不过当时我们实在买不起,只好作罢。因为佐藤首相的关系,我访问过他支持的新兴教团"立正佼成会",认识了当时的会长庭野日敬,也是他们的创会会长。我在开山之初,庭野会长还曾经派他儿子组织的"青年之船"四百余人到佛光山访问交流。

两件遗憾的事

回忆所及,我在访问日本的期中,有两件事感到遗憾。

第一件事情,第二次世界大战后,日本人有意将明代高僧隐元隆琦禅师在京都建设的黄檗山万福寺交还给中国;然而,当时中国陷于内战,没有人有余力来留意接收。时隔十年,我去访问的时候,日本人主持的黄檗山还是遵守当初隐元禅师的遗风:凡是挂单的人,一定要诵念中国的经文,所有生活,都还是按照中国的禅林规矩。战败后的日本复兴很快,后来要想再去接收黄檗山,就不是那么容易的事了。

第二件事情,我在横滨曹洞宗的大本山总持寺发现,和唐代马祖道一禅师同一个时代齐名的石头希迁和尚,他肉身不坏的遗体还很完整地放在他们的仓库里。一代宗师沦落至此,我看了实在心有不忍。

隔了多年,我建议"内政部长"邱创焕先生,将台北东和禅寺(日本统治时代为日本曹洞宗之台湾分部)旁的违章建筑迁移,建立一个国际道场,再把石头希迁和尚的肉身迎回来供奉,这是我得到日本曹洞宗总持寺的负责人首肯的。可惜,邱先生认为迁移三百多户的违章建筑,又要重建大楼,是非常困难的事情,也就婉拒了我的建议。

另有一件实在不可以原谅的事情,就是"世界佛教徒友谊会"每两年举行一次,在世界各国轮流召开会议,一九七八年的第十二届大会在日本东京举行,听说日本东道主有意邀请台湾和大陆共同参加,可是他们来信征询"中国佛教会"出席的邀请函是以英文书写的,时任常务理事的有白圣法师和我,当然白圣法师不会让我参与,他自己就回答对方:"不参加。"

到了要开会的时候,国民党政府知道了,觉得失去参与国际会议的机会,是削弱台湾的地位,有所不智,就要佛教会再去争取参加。于是"中国佛教会"推举我担任团长,和圣印法师、净心法师、慈惠法师、翁茄苓居士组织了一个交流访问团到日本。

因缘很巧,主其事者正是全日本佛教会的岩本昭典,他出面接待我们。我向他提出我们要参加的愿望,他说:"报名的日期已经截止,而且是台湾的'中国佛教会'回函说不参加的,实在很难恢复。"所幸,慈惠法师用娴熟的日文替我翻译,再加之岩本昭典和我们过去的友谊,当时大家都很年轻,彼此惺惺相惜,所以日期虽然过去了,他还是从档案柜里拿出资料,更改了我所希望的时间,于是通过了台湾的参加权。

我记得净心法师在回程旅途中,还赞美我说:"星云法师,如果由你来做'外交部长',那我们台湾该有多好啊!"我忽然感觉到,其实净心法师并不是不可以交往的人。回到台湾,在"中国佛教会"的会议上报告的时候,因为我在佛教会一向采取低调,原本应该由团长说明,但我还是请净心法师上台报告。没想到他在报告时,说这些都是他争取的功劳,我在一旁听了,只有不开口,一笑置之。

我与新兴宗教的往来

由于早期和日本佛教界的一些友好因缘,战后不少的新兴宗教,我也乐于和他们来往。最初是"创价学会",我们对这个新兴的教派寄望很高,后来发觉他们和佛教渐行渐远,慢慢转而从政去了,所以"创价学会"没有成立佛教会,而是成立了"公明党",成为日本的政党之一。由此也可以看到,佛教太热衷政治,会冷却一切智慧的发展。现在的"创价学会"里,佛教所占的分量也不知道剩下多少了。

还有立正佼成会,除了早期有个"青年之船"和我们交往,几年后,他们要召开世界宗教大会,主动向我们表达希望在佛光山举行的意愿。佛光山"破船多揽载"(扬州歇后语),但也不计较,所以二〇〇六年三月二十六日,"国际自由宗教联盟第三十二届世界

寿山佛学院师生欢迎日本孝道教团统理冈野正道一行（一九六六年十一月五日）

大会"就在佛光山举行了。

此外，灵友会、生长之家都是我在访日期间参观拜访过的新兴教团；还有横滨的孝道山，也和我们有过交流。孝道山的创始人冈野正道伉俪，太太能干、先生老实，其实教团主要还是太太在经营。他们曾在横滨举办过花车游行，不亚于美国洛杉矶的玫瑰花车游行，也不亚于我们台湾过去"双十节"花车游行的盛况，一场盛会，总有数百万人参加。

后来，承蒙冈野正道夫妇多次到佛光山访问，可惜那个时候佛光山正在开山之际，还没有什么力量和他们交往，但我曾经专程率团到孝道教团访问，在他们的大会堂作过讲演。孝道教团在台湾，除了和佛光山交流，与中国文化大学的往来最为频繁。因为中国文化大学的创办人张其昀先生和冈野先生的友好交谊，学校里有不少学生接受他的奖学金资助。

我对于这些新兴的教团，也曾寄予佛教未来的希望，但是日本传统佛教界警告我，要我少和他们接触，我想，这大概就是佛教里，传统不容易接受新思潮、不求改变、不容易见人好的心态吧。我为了避免被他们认为佛光山参与新兴教团的活动，后来就没有和他们做进一步的交往了。

教育学术的交流

国民党政府迁台后，要和日本建立关系，首先就想到派一些佛教界的人士到日本留学，这个政策也获得日本政府的同意。可惜的是，当时在台北有权威的人士并没有想到佛教的青年，只想到与他们有关的人，如过去曾在大陆常州天宁佛学院担任教务主任、应该已四十多岁的圆明，再加之很多大德都有许多在家的弟子，就派遣了他们的弟子，一位姓李的、一位姓萧的到日本留学。我们这些年轻的人当然也希望有机会多学习，但是碍于没有背景、没有靠山，只有望学兴叹了。

后来我自己也曾想过独自到日本学习，因为当时在台湾还没什么成就；那年是一九五七年，我预备把信徒捐献给我一栋在北投温泉路一〇二号的房子卖了，自费到日本留学，并且将我写的《释迦牟尼佛传》拿去提出申请，也获得了东京大正大学攻读博士学位的同意书。

我之所以要去日本，只是想说明一点：那个时候的社会，一般人看到佛教界有人到日本念书都是有去无回。因为在日本受环境影响，大多数的人都不希望再回来过中国苦行僧的修行生活，所以到日本之后就洋化了。我立志一定要改写这一段历史，要为我们男众比丘争一口气，意思是："我会回来！"

后来美国总统艾森豪威尔访问台湾和日本，引发日本学界掀起学潮，反对艾森豪威尔的访问，我心想："难道我到日本，也是要跟他们一样，天天参与学潮吗？"

其实还有一个主要的原因是,信徒万隆酱园的总经理朱殿元居士有一天跟我说:"师父,您已经是我们的师父了,为什么又一定要去日本做学生呢?"他的一句话,也等于给我的一记当头棒喝:"是啊,我既然收弟子、做了人家的师父了,怎么又要再去做别人的学生呢?"于是打消了赴日留学的念头。

不过,我还是认为佛教的僧青年应该广学多闻,要给予大家学习的机会,所以佛光山开山之际,各方运作都已经稍具规模,我就派遣弟子慈惠、慈嘉、慈怡先行到日本留学。慈惠先到日本佛教大学就读,后来又去大谷大学修学文学硕士学位,慈怡、慈嘉在佛教大学分别取得文学硕士学位及修学社会福祉。接着再有慈容到同志社大学,又到佛教大学社会福祉系进修,慈庄也进入佛教大学。

后来,依空到东京大学,取得印度哲学研究所文学硕士;返台后,再获得高雄师范大学文学博士学位。依昱先后取得驹泽大学人文研究所硕士、爱知大学文学博士学位;一时佛光山子弟留学日本风气之盛,和学界一些名教授,如镰田茂雄、中村元、平川彰、水野弘元、安藤俊雄、水谷幸正等教授,也都建立了深厚的友谊。

还记得当年我和慈庄、慈惠送依空进入东京大学读书的时候,承蒙日本名学者水野弘元先生亲自接待。我深感到:佛教会因为人才的成长而改变!

佛光山送弟子到海外留学,由最初的一九六〇年代到日本,到一九七〇年代就到欧美,如伦敦牛津大学的永有;一九八〇年代以后,再派慧开到美国坦普尔,依华、觉明到印度,妙士及永东到西来大学,依法到耶鲁,依恩到韩国,满润、满庭等到日本,以及到巴西圣保罗大学的觉诚。

到了一九九〇年代,大多数的弟子就到大陆去留学了,如北京大学的满耕、觉舫,中国人民大学的妙中,复旦大学的觉冠,厦门大学的满庭,四川大学的满纪,兰州大学的觉旻,武汉大学的妙皇,南京大学的满升,中国社会科学院的觉多等等,都获得博士学位。唯望这许多青年子弟,能了解佛光山栽培留学生的苦心,发心为佛教。

我自己则有一个感觉,在这个当中,凡是个人有什么成就,都是佛教的、常住的,不是自己的。所谓"临济儿孙满天下",我们这些禅门临济宗的子弟、佛光的学子们,能有机会到世界各地留学深造,如今都已经取得学位了,不知道大家未来对佛教能作出什么贡献呢?

此外,为了让更多的青年学子们开拓思想,学习对佛法的经营运作,我也曾经不惜一切,请过日本的名学者如中村元、平川彰、镰田茂雄、牧田谛亮、水野弘元、前田惠学、水谷幸正、木村清孝等人到台湾讲演、上课,在我们丛林学院的讲台上,这许多名师都曾经作狮子吼,但是我们的这一群学子,有被这声狮子吼惊醒过来吗?

日本的佛教学者对于原始佛教、部派佛教、佛教的源流,甚至中国佛教的研究,都是分层别类、孜孜不倦;现在大陆的一些大学也有宗教学系,但是他们研究佛教,往往偏重于中国的佛教,顶多是儒释道合流;台湾研究佛教,则重视科学的、倡导未来的世界,然而未来的世界遥不可知,一时也难见结果。所以我们很羡慕日本的研究精神,可以说,他们的佛学研究比我们进步一百年以上。

其实,台湾应该转移一个风气;就是要奖励佛教界的学术研究。过去对佛教的奖励,就只有看到慈善、救济,例如哪一个神庙做了救济,就颁给它一块牌匾,但是慈善救济应该是政府做的,不是民间,一般民间怎么做得起呢?假如能给予我们佛教一些研究经费,佛教对社会的贡献还是能有所为的。虽然现在也有学术机构奖励研究,只要提出计划就能提供研究经费,但也是管理不善。

讲过了留学、教育，与教育有关的还有学术交流会议。其实早在三十几年前，佛光山每年举办国际学术会议，我都邀请了世界的名学者，尤其是日本当代的知名学者，如上述的中村元、平川彰、镰田茂雄，以及柳田圣山、前田惠学、梶山雄一等。可以说，我把他们都网罗到佛光山来，主要是我个人很有心结交学界的朋友，也拥护学者，有一点机会，总希望学术界能团结起来，共同发扬文化，增进彼此的友谊，进而光大佛教、促进人类的和平。

历史的生命——文化出版

除了教育、学术交流之外，我对于日本的文化界更加重视。当初慈惠等弟子在日本留学时，也不辜负常住的期望，经常将吃饭钱省下来，把日本学界出版的名著，像日译《南传大藏经》、《国译一切经》、《望月大辞典》、《中村元全集》、《铃木大拙全集》、《佛教讲座》、各种日文版的大藏经，以及宇井伯寿、常盘大定等名学者的著作，尽可能一次又一次地请购回来，以扩充常住的藏书。日本的书籍都装订得非常讲究，除了书以外，还会附一个书套子保护书籍；我也为未来的图书馆做好准备，将这许多得来不易的图书都收藏到橱子里。但是过了两年，再来看这些书的时候，书没了，只剩下一个空的书套子，听说是某一位徒弟私自拿走，送给了学者教授。

日本的书籍很贵，"戒严时代"也不容易进关，但是佛光山的子弟都是省吃俭用地把书买回来，后来就想到我们自己来翻印，例如宣传影印《大藏经》，当时这些书不准进台，是孙立人将军的夫人孙张清扬女士，请"外交部长"叶公超先生用航空运回来的。孙夫人也受我们影响，欢喜提倡佛教的文化、教育、青年，甚至她也跟我们一样，口中常常是"为了佛教"、"为了佛教"，孙太太的性格热情、开朗,只要是为了佛教,什么都愿意布施。

说到日本的教育文化,虽然过去佛教从中国传入日本,他们的教育、文化受中国的影响也很深,但是日本的佛教后来居上。除了宪法里规定人民要信仰三宝,佛教各宗派办的大学也不少,如临济宗的花园大学、曹洞宗的驹泽大学、真宗本愿寺派的龙谷大学、大谷派的大谷大学、真言宗的高野山大学、净土真宗的佛教大学等。尤其日本的佛教出版界鼓励研究新思想,但他们不好高骛远,所有学者都走原始佛教的路线,例如写一本佛传就有国家奖励,因此在日本,光是释迦牟尼佛的传记就有几十种,可是我们中国却一本难求。虽然古代有木刻本的《释迦如来成道记》,但是今天文化发达了,我们的佛传又在哪里呢?

我之所以对日本有这样的来往,主要是当初为了写《释迦牟尼佛传》,除了一部《大藏经》,没有其他的参考资料,顶多是藏经里的《佛所行赞》,此外就是日本武者小路的《释迦》,这本书提供给我不少的资料。所以我断断续续地学习日文,虽未成功,但是略懂方法,尤其我还翻译了一本森下大圆所著的《观世音菩萨普门品讲话》。但是印顺法师对此却深不以为然,他认为我应该从事学术性的著述,不应该去做这些信仰的东西;承蒙演培法师从旁替我说话,他认为这本书很有学术性,并不如他说的那样,由此也可见印顺法师重视学术更甚于重视信仰。

时隔多年,现在台湾的有鹿文化出版社又把这本书重新出版,名为《人海慈航:怎样知道有观世音菩萨》,我觉得在这本书里,有人间佛教奉行观世音菩萨的修行,所有譬喻都是人间的,把它视为人间佛教的教科书也不为过啊!所以就想到佛教里的经典,尤其像《法华经》,光看文字虽不容易理解,但是真正讲起来,都是佛法;能够从理叙事,从事入理,意义就不凡了。

此外，日本佛教办的《中外日报》，在五十多年前，每日发行量就多达数十万份，一般寺院都有订阅；各地的佛教书店、出版社，如京都的法藏馆、其中堂、平乐寺书店，东京的三喜房佛书林等，以及佛具店林立，这就是历史的生命。思想及此，对日本的佛教文化的蓬勃现象，不胜感佩！

我在日本的朋友们

在我的日本朋友当中，除了前述诸大名山的长老大德如丹羽廉芳、中青年的岩本昭典等人以外，近二十年来最引以为好友知己的，就属吉田实先生了。

吉田实是日本《朝日新闻》的记者，曾在新加坡担任支局长，后来又调派到大陆做特派员，他和我一见投缘，一直很卫护我，一再地替我解开大陆对我的误解；也曾在日本的报刊上，写过多篇介绍我的文章，甚至为了推举我，还特别请我到日本国会大厦的宪政会馆讲演。

记得那一年(一九九一年)，正是我不小心跌断腿骨的时候，起初我跟他讲不能去了，他说："没有关系，我们还是欢迎你来讲，因为日期、地点和邀约的听众等都已经订好了。"就这样，我虽然坐轮椅，为了讲求信用，承蒙他们不弃，依然如期前去讲演。

那一次他们要我讲的题目是"二十一世纪的未来"，哪里知道这么进步的日本，在国会的宪政会馆里面竟然没有残障坡道，最后是现场的几位议员一起帮我把轮椅抬上讲台的。那一刻，我忽然有一个念头：多少年来，中国人都是给日本人欺负，假如日本人和中国人能有这样的情谊，大家不必计较大小、贫富差异，中日是兄弟友谊邦交，那是多么美好的事情啊！

吉田实先生和我有着深厚的友谊，他一直想要完成一件事情，就是希望我能协助他促成台北"故宫博物院"和北京故宫博物院的文物联合在东京展出。我为了此事,特地去拜访时任台北"故宫博物院"院长的秦孝仪先生,最初秦先生一口答应,没有问题,但只有一个条件:要展出,就只有两个故宫,法门寺的文物不可以参加!因为他认为两者就内容上而言,台北故宫是超越北京故宫的。

后来,台湾方面大概也有人提出建议,需要日本政府出面保证这些是台北故宫的文物,展出后务必再送回台北故宫。但是日本政府不敢承担这个责任,因为他们也担心这些文物到了日本,万一被大陆追讨回去,台湾本来是一片好意,愿意成就这一桩美事,到最后却赔了夫人又折兵,划不来,所以此事就不能达成。

后来佛光山在日本成立道场,我每次到日本,吉田实先生都是第一个来拜访我,他很多的朋友也陆续邀约我访问。在他去世前,他写了一本有关他一生从事记者访问的书,书名是《三十五年的新闻追踪——一个日本记者眼中的中国》,里面有一章特别叙述我和他的往来关系。吉田实先生在二〇一〇年去世,这么一位老友的凋零,令人不胜唏嘘。

吉田实先生过世了,接着与我友好的一个新朋友,就是蒋晓松先生。蒋先生虽然旅居日本,但他是全国政协委员,在世界各地办了好几所高级大饭店;他是一个文化人,也是一个社会活动家,扬名国际的"博鳌亚洲论坛"就是由他推动和策划的。尤其是二〇〇一年,在海南博鳌召开首届"博鳌亚洲论坛",时任国家主席的江泽民先生等领导人都有参加,我临时受他邀请,也参与了这场盛会。两年前他在日本过六十大寿,邀约我前去参加他的餐会,在座的还有日本首相福田康夫、澳大利亚总理陆克文等重要人士。

我和蒋晓松先生在世界各地常有聚会,他曾在访问台湾时,到

与蒋晓松合影

佛光山来拜访我。二〇一一年底,佛光山佛陀纪念馆落成,蒋先生特地前来参加佛陀舍利安座典礼,并承蒙他在致辞中盛赞:佛陀纪念馆对人类文化、宗教、历史有着深远的意义,是中华之光,也是未来佛教徒的朝圣地。他的一番话,给予我们很大的鼓舞。

二〇一三年一月,我到海南岛弘法,蒋晓松先生告诉我,他将在博鳌设立"亚洲文化机构",并与前日本首相福田康夫、前澳大利亚总理陆克文,以及凤凰卫视董事局主席刘长乐、国家旅游局邵琪伟局长、国台办主任王毅等人一同倡议,我乐见其成,随后也题写了一笔字"博鳌亚洲文化"祝贺。

其实,和我有过友好往来的日本朋友当然不只这几位,实在无法一一记述,仅在此一并表达我对他们的祝福。

与日本前首相福田康夫夫妇

应蒋晓松先生之邀,出席于海南博鳌论坛会议中心举行的"亚洲与文化"圆桌会议(李志雄摄,二〇一三年一月七日)

近二十年来的往来——佛光会与佛光山

我一直很感念过去日本对中国曾有主动的来往，如第二次世界大战日本战败，他们愿意将中国在日本的寺院、文物归还中国，玄奘大师的顶盖骨送回台湾供奉就是一例。我也曾建议相关人士，供奉在日本奈良唐招提寺的唐代高僧鉴真大师的坐像可以送回扬州，让扬州人瞻仰，对中日的友好邦交可能会有一些帮助，彼此就有了来往。后来，唐招提寺的鉴真大师坐像，果真在一九八〇年四月第一次送回扬州省亲。

接着在二〇一〇年十一月，鉴真大师坐像又再次回到扬州，暂时安奉在大明寺旁的鉴真图书馆，承蒙主办单位的盛情邀约，我也参与了这场盛会。在揭幕仪式上，我说："一千两百五十多年前，扬州的前辈鉴真大师到日本，将中国的医学、建筑、农业、艺术家等专业人士带到日本，也带去了衣、食、碗、筷等文化，对日本文化有重大贡献，可以说是中国的大师、日本文化的太阳……中国和日本向来是兄弟之邦，希望日本各界每年随鉴真大师法像回扬州大明寺娘家，也借由鉴真大师的因缘彼此常相往来。"

这一次鉴真大师回扬州，日本方面，有日本原国土交通大臣冬柴铁三、奈良县知事荒井正吾及东大寺管长北河原公敬、唐招提寺长老松浦俊海等人组织的友好访问团近百人前来；大陆方面，则有国务委员唐家璇、中华宗教文化交流协会会长叶小文、江苏省政协主席张连珍、江苏省副省长张卫国、扬州市市委书记王燕文、扬州市市长谢正义、中国佛教协会会长传印法师、复旦大学历史系钱文忠教授，以及与会的僧信二众等，共同见证这历史性的一刻。

除了建议鉴真大师回扬州，我也曾向湖南的领导们提出建言，再能把石头希迁和尚的肉身舍利从日本请回湖南，不失为中日友好往来的一桩盛事。不过这可能需要政府出面,光靠地方的力量还是不够的。

关于石头希迁和尚其人,"江湖"这两个字的由来,就和这位禅者有关。因为在唐代,参禅学道的风气很盛,一般青年学子不是到江西亲近马祖道一禅师,就是到湖南亲近石头希迁禅师,这些佛教的青年僧为了参学,就在江西、湖南两地奔走,于是有了"走江湖"之说。但是"江湖"两个字流传到现在,却成为社会上组织帮派或卖艺杂耍人士的术语,反而失去了当初禅门弟子亲近大德参学的原意。

近二十年来,我和日本的往来,主要是透过国际佛光会和日本佛光山道场的因缘。起初是早期留学日本的弟子向我提议,也有一些侨居日本的信众多次向我表示,希望佛光山能在日本成立弘扬人间佛教的寺院道场,我就请当时在国际佛光会中华总会担任秘书长的慈容法师从旁关心协助。

首先是一九九一年,我们在东京杉并公会堂成立东京佛光协会,并邀请时任亚东关系协会驻日机构(后更名"台北驻日经济文化代表处")代表的许水德先生、高雄县长余陈月瑛及佛教大学前校长水谷幸正致辞,有近千名日本信众及华侨会员参加,选出西原佑一担任会长,林佳添、孟子雁、吴淑娥为副会长。

隔年,我到东京做佛学讲座时,国际佛光会世界总会的理事,也是留日东京华侨总会副会长的刘秀忍居士,东京协会的西原会长,副会长暨斋藤贸易董事长陈逸民顾问,前"立委"暨前日本中华联合总会副会长谢文政、谢张芳珠夫妇,以及邱美艳、叶山胜中、白文美等信众,他们热切地向我提出筹建道场的请求;我到大阪,当地的信徒也表示要设立佛堂,他们说:"大师!我们会发心筹建佛堂,您要派法师来这里领导我们啊!"信徒们的热忱,实在令人难

东京佛光山寺重建外观(二〇〇七年六月十日)

以辞拒,所以佛光山在海外的道场,如巴西的如来寺,美国纽约讲堂,英国伦敦道场,澳大利亚南天寺、中天寺,新西兰南岛佛光山、北岛佛光山等,都是在这样的情形之下相继成立的。想到佛法讲的因缘,因缘不具足时,光是想也不会有;一旦因缘聚合了,要推也推不去啊!

就这样,佛光山在日本先后成立了东京别院(后更名"东京佛光山寺")、大阪道场(后更名"大阪佛光山寺"),分别由早期留学日本的慈惠、慈庄、慈怡法师主持寺务及人才培养等各项运作,为佛光山与日本佛教界、学术文化界的友好交流打下了重要的基础。

佛光会的发展,则始于一九九二年于美国洛杉矶成立国际佛光会世界总会。在第一届会员代表大会中,日本佛教界的大德水谷幸正先生荣任副会长。此后国际佛光会每两年在世界各地召开一次的会员大会,分别在加拿大、澳大利亚、法国、南非和香港等国家和地区召开,每次都有约五千名代表参加。到了二〇〇二年,第

于东京佛光山寺为日本地区信徒主持甘露灌顶三皈五戒典礼(二○一○年十一月七日)

九次的会员代表大会,就到东京的太阳城王子饭店召开,参加者也有五千人以上。

　　佛光人在日本,除了协助道场弘扬人间佛教,也做了许多文化交流、教育推广、急难救助及社区关怀的活动,如净滩、扫街、慰问老人等社会服务工作。从最早西原佑一担任东京协会创会会长,到历任的西原千雅、林宁峰、曾文宏、濑川淑子、邱美艳,关东协会的毛利友次、太田爱子,大和协会的菊地安通、友成元一,理事、会员干部如刘秀忍、陈逸民、卢阿卿伉俪、谢文政、谢张芳珠伉俪、叶山胜中、林佳添、植垣惠子、白文美、小笠原弘晃、小笠原宜霖伉俪、鹰觜英、河维宁等,为大阪道场成立时奔走付出的亚东关系协会的沈国明科长、黄秀吉夫妇,以及会员信众丰田秋雄、张元礼子、林寿美子、谢美香和所有在日本这许多发心出钱出力、默默护持人间佛教发展的佛光人。由于他们的无私奉献,人间

于日本本栖寺与参加"宗教与当代世界学术研讨会"的学者合照(二〇〇三年九月十七日)

佛教在日本走出了一条光明的道路,我谨在此对他们表示由衷的赞叹与祝福。

记得有一次,水谷幸正先生到佛光山为日本佛学院的同学授课时,他告诉我:"每次到台湾来,看见佛教的蓬勃发展,都令我感到惭愧。因为日本佛教最大的特色,就是彼此宗派色彩非常浓厚,因而找不出一个真正能代表日本佛教的团体。国际佛光会是脱离宗派、种族、地域、国籍的一个社团组织,具有超越和融和的特质,所以能在国际间受到认同。佛光山的朝气和弟子们为教弘传的精神,颇有激励的作用,尤其是看到大师,我的生命力就更活跃了一点。"

我曾因应日本地区信众的希望,先后为陈逸民、卢阿卿及青年分会首任会长鹰觜英、张惠娟两对佛光人主持佛化婚礼,如今他们都是佛化家庭的表率。想到人间佛教的信仰在日本有所传承,我也为他们感到欢喜。

在佛光人的各种发心当中,最令我感动的一件事,就是他们将我的著作翻译成日文,如早期大阪的信众阵一普睿、阵一普智翻译

我与日本佛教的友谊

前往法水寺视察工程,与楠山设计公司铃木政德设计师(右一)等人会面(二〇一二年十月二十三日)

的《星云禅话》,西原千雅翻译的《星云法语》小丛书,还有濑川淑子、益田绢子、关根春莲、鹰觜英、森田阳子等,不定期翻译我的著作,让阅读日语的人口也能透过文字般若,认识我们的人间佛教。我想,未来日本的佛教人间化也有希望了。

佛光山在日本的寺院,除了早期的东京别院、大阪道场,相继又有福冈佛光缘、富士山本栖湖畔的本栖寺,以及名古屋佛光山;最值得一提的,就是目前正在建设的法水寺。

法水寺位于群马县涉川市伊香保町,预定将成为佛光山在日本的本山。不久前,我到群马关心法水寺的工程,当地观光协会的课长伊藤信明、日本裕毛屋董事长谢明达、大和协会的菊地安通督导夫妇、现任会长友成元一、副会长木暮光司、法水寺工程设计师(楠山设计公司)铃木政德,以及大和协会会员等三十多人也来到

在佛陀纪念馆礼敬大厅"聚贤堂",会见群马涉川市市长阿久津贞司(右六)、观光协会会长大森隆博(右五),慈容法师(左二)、本栖寺住持满润法师(左一)陪同(慧延法师摄,二〇一二年十月二十七日)

现场,我告诉他们:"日本的佛教很盛,其实不需要我们再来锦上添花,不过现在是讲究彩色的世界,加一个颜色进来就可以多一种文化色彩;尤其是佛教,日本和中国的因缘是分不开的。"

接着我又说:"佛教讲究缘分,缘分条件够了就容易成功。大和协会的菊地先生是本地人,因为他的关系,我们才到这里来建寺庙。我们来,不是想要求取什么,而是想为这里作一些贡献。我们也希望借由这个建设的完成,能提供本地居民一个安定的力量,成为人生的加油站、精神的百货公司。"

群马涉川市的市长阿久津贞司和观光协会的会长大森隆博对此事相当关心,后来他们还在本栖寺住持满润法师的陪同下,到佛光山来拜访我。当他们参观了佛陀纪念馆的建设之后,都感到欢喜,也对人间佛教结合传统与现代的弘法方式表示肯定。为此,我还特别交待佛光山日本教区的总长慈容法师,二〇一三年要在法水寺召开一场全球佛光人的运动会。

佛教是一个重视开发内心能源的宗教,因此在佛光山在日本的第一座寺院东京别院重建启用的典礼(二〇〇七年六月)上,我对与会的各界人士说:"日本寸土寸金,重建后的东京佛光山寺就如同三克拉的钻石,希望能带给每个人欢喜。"也期望未来群马的法水寺落成之后,能将佛法甘露遍洒,让每个人的心中都拥有人间佛教。

走笔至此,我深深地感觉到,佛教从佛陀最初度化五比丘,到今天佛法遍布全世界,我相信,只要有理念,佛法就能为人所接受;只要有信仰,就会有发展。唯愿我们在全世界的佛光人,都能将佛法落实在生活,为当地服务奉献,人间佛教必然是未来世间的一道光明!

我与韩国佛教的往来

我幽默地对月下老和尚说:
"中国的月下老人,是促成天下'有情人终成眷属',
而韩国的月下老人也为中韩佛教做媒人,
让中韩佛教的往来更密切,也是'有情人(法情)终成眷属'。"
我也请老和尚每年都来佛光山普照,
老人家满心欢喜地说:
"一年来十次也不够,一踏进来就不想走了。"
他那慈祥和蔼的神情,让我至今难忘。

自古以来，韩国在历史文化上与我们关系密切，尤其是韩国的佛教传承自中国，深受中华文化影响。

要说到我与韩国佛教的因缘，可追溯到四十多年前佛光山才刚开山不久的时候。当时我们与日本的佛教界已有一些往来，徒众们建议我，不妨顺道访问大韩民国。当时我还年轻，听说韩国佛教的寺院都还保有中国传统丛林的风貌，便随顺大家的意见到韩国。

记得我们刚下飞机，就有太古宗的人士大约三四百人前来接待我们，因为他们访问过台湾，便提出希望成立"中韩佛教友谊会"，以便今后"中韩"佛教界往来有所依据。我想，两个地区的佛教要缔盟，必须通告全台，也要能让大家参加，不应该这么草率，后来他们拟订一个办法，要我们两地的人士签字，不过我心里还是感到太过仓促了。后来才知道,韩国佛教的宗派团体是以曹溪宗为主流,道场最多,历史也最悠久,而太古宗是延续日本统治时代的佛教,准许结婚娶妻,等于居士会一般。那一次我们在韩国停留的时间很短暂,后来"中韩佛教友谊会"也没有什么发展。

由于我们对韩国的佛教还不太了解,在一次的机缘下,透过韩国曹溪宗在台湾中国文化大学修学博士学位的镜日法师居间联系,又再次组织访问团,访问他在韩国梁山的祖庭

于韩国法住寺弥勒佛前留影

通度寺,以及和曹溪宗有关的二十四家丛林寺院,如海印寺、松广寺、修德寺、白羊寺、佛国寺、梵鱼寺、华严寺、观音寺、曹溪寺、法住寺等等。至此,我们才初步认识真正的韩国佛教,也才知道韩国有三大寺院:代表"佛宝"的通度寺、代表"法宝"的海印寺,以及代表"僧宝"的松广寺。

在韩国的三宝寺当中,和我因缘最早的就属通度寺了。

通度寺是传统的佛教丛林,已经有一千三百年以上的历史。之所以名为"佛宝寺",是因为在他们的寺院里,珍藏着一件佛陀袈裟。由于他们很重视中韩佛教界的往来,所以我们那一次去,

参观海印寺珍藏的八万片木刻大藏经（陈碧云摄）

就见到了曹溪宗里相当于天主教教皇的月下老和尚。令我印象最深刻的是：通度寺的设备很古老，拥有一千多年以来的传统道风。

后来他们也派人到佛光山来访问。当时佛光山虽然还在开山阶段，但已经有朝山会馆接待十方人士。他们看到寺院里的现代化设备，大为惊叹，认为韩国的佛教要向佛光山看齐，必须从传统中走出来，要学习现代化。

一九八二年十月，我们组织近百人的团体到韩国，庆贺通度寺一千三百年的寺庆。通度寺的住持性波法师向我提议，希望和佛光山缔结，增进彼此的交流与学习。说到缔结，一般民间团体结盟，都称"姐妹"，如"姐妹会"、"姐妹社"，但是我认为佛教用"兄弟"比"姐妹"更加容易为人接受，所以就在那一年的十二月，性波法师等人特别来到台湾，我们就在高雄中正文化中心举行了"兄弟

佛光山与韩国千年古刹通度寺于高雄中正文化中心至德堂举行缔盟仪式,通度寺住持性波法师宣读缔结盟书(一九八二年十二月二十八日)

寺"的缔结典礼,现场有月基长老、开证法师、高雄各地的诸山长老,以及当地官员等三千多人观礼,这在当时的台湾,可以说非常的隆重。

　　通度寺是韩国历史悠久的寺院,而佛光山还只是一个开山未久的小老弟,实在说,我们高攀不上,就问他们为什么愿意跟佛光山缔结为兄弟寺?性波法师说:"韩国佛教历史虽久,但寺院都太古老了,必须现代化。传统的应该接受现代化的事实,现代化也要能接受传统的过去。"简单说,他们就是希望将传统和现代融和在一起。就这样,一千三百多年历史的通度寺和开山不到三十年的佛光山,就缔结为兄弟了。

　　到了一九九〇年四月,我再度到韩国弘法,曹溪宗总务院院长义玄法师在欢迎晚宴上,特别邀请通度寺方丈月下老和尚、住持泰

通度寺退居老和尚月下长老(左二)访问佛光山(一九九〇年)

应法师、曹溪宗议长及国会议员、政府部长等人前来欢迎我们,那真是一场盛情的兄弟会。

致辞的时候,我幽默地对月下老和尚说:"中国的月下老人,是促成天下'有情人终成眷属',而韩国的月下老人也为中韩佛教做媒人,让中韩佛教的往来更密切,也是'有情人(法情)终成眷属'。"

几个月后,月下老和尚屈驾率领通度寺住持泰应法师、圆昭法师,及分院九龙寺住持顶宇法师、普门禅院住持再门法师、慈悲福社院住持珍彻法师、表忠寺住持知恩法师等人到佛光山访问。为此,我还亲自率领全山僧信二众,以传统丛林接驾大德的礼仪,隆重地恭迎老和尚一行的到来。

老和尚很客气地说:"今天有缘来到佛光山,犹如置身灵山,佛光山比我想象中更伟大、更庄严!感谢大家热烈隆重的接待,此情

接受韩国如来寺住持顶宇法师赠送的佛像(二〇〇四年四月二十四日)

此景让我一辈子都忘不了!"我也请老和尚每年都来佛光山普照,老人家满心欢喜地说:"一年来十次也不够,一踏进来就不想走了。"他那慈祥和蔼的神情,让我至今难忘。

月下老和尚在二〇〇三年圆寂,对于这么一位大德的逝去,令我不胜慨叹,就写了"人天眼灭"的挽联,委由佛光山住持心定和尚代表我前去吊唁致意。

在与通度寺的往来当中,另一位与我交谊深厚的比丘朋友,就属顶宇法师了。三十多年前,他到佛光山参加世界僧伽大会之后,便很推崇佛光山的人间佛教。后来他主持建设的九龙寺分院落成(一九九〇年四月),特别邀请我去为他主持佛像开光典礼,并且为韩国的信众们做一场讲演。

九龙寺是曹溪宗丛林通度寺在首尔的一座现代化寺院,除了餐厅、厨房、功德堂之外,还设有会议室、教室、幼稚园、儿童班等

在韩国通度寺为五千名戒子开示(二〇〇四年)

通度寺住持玄门法师率领四众弟子欢迎的场面(陈碧云摄,二〇〇三年九月十五日)

授证深山法师为佛光会会长(陈碧云摄)

等,也建设了一座和佛光山大悲殿一样的"万佛殿",供奉一万尊铜铸佛像。

言谈中,他一再说,九龙寺的建设都是向佛光山学习,希望我能再给予指导。他也经常向信众提起,他的弘法方向是"走佛光山人间佛教的路线,依星云大师为师范",甚至对我的著作多有推崇,经常一买就是成千上万本,真是愧不敢当!

顶宇法师最令我感动的一点,就是他建设九龙寺都是自行筹措经费,先是在工地住了五年的草寮,再经过三年的建筑,总共花费四十多亿韩币,从未向本山通度寺请求帮忙。完成之后,就全心全意将它奉献给本山通度寺,更请来方丈月下老和尚、住持泰应法师等长老大德上座,自己则屈居在下面工作。

思想及此,不知道我的徒众学习佛光山的精神与宗风,是否也能像他那样的积极热忱呢?

记得那一次,顶宇法师特别订了一个五星级的总统套房招待我,真感谢他的一番盛情。看到房间里的干净、整齐,我只有睡在椅子上,其他都不敢动,甚至不敢洗澡,生怕把环境弄乱了。其实对我来说,住到哪里都是一样,我总希望出家人对物质生活愈淡泊愈好。

后来他开大座请我为信众开示,我就以四部经的四句话勉励大家:《华严经》的不忘初心、《维摩经》的不请之友、《八大人觉经》的不念旧恶、《大乘起信论》的不变随缘,希望佛弟子都能以此为佛教、为家庭和社会建立幸福安乐的人生观。

当我讲说的时候,台下的听众仿佛都听得懂我说的话,翻译人员还没开口,就看到他们又是点头、又是微笑、又是鼓掌,顶宇法师说这是"佛以一音演说法,众生随类各得解",其实我哪里有这个本事?应该要归功于佛法的不可思议和信众们的善根深厚吧!

两个小时的讲演当中,没有一个人走动,我深为韩国信徒的良好秩序、虔敬听法的神情所感动。后来顶宇法师告诉我,有信众索取我当天讲演的录音带,回去后一连听了三十多遍。后来通度寺举办在家五戒菩萨戒会(二○○四年),现场有五千名戒子,他们也邀请我为他们开示,信众们对信仰的虔诚态度,再次让我感动不已。

由于我和月下老和尚以及顶宇法师的友谊,在他们分别当选韩国曹溪宗大宗正和总务院(相当于中国的佛教会)部长时,我写了两副对联祝贺:

月光圆满照耀大千　下情拥戴皆大欢喜
顶受正法竖穷三际　宇内弘化横遍十方

我与通度寺数十年的往来,佛光山的青年僧和通度寺的比丘如圆明法师、草宇法师、性波法师、珍彻法师、镜日法师(法山法

为海印寺"一千零二十九天超度法会"三千名僧信二众开示(陈碧云摄,二〇〇三年九月十五日)

师)等,也都建立了友好的情谊。如佛光山第七任住持的晋山升座典礼(二〇〇五年),通度寺的住持玄门法师及法山法师、深山法师等人到佛光山观礼致贺;两年后(二〇〇七年),通度寺推选出顶宇法师为第二十七代住持,晋山典礼时,我写了"化世益人"的书法,请时任佛光山的住持心培和尚代表前去致意。

而在佛光山佛陀纪念馆即将落成之前,通度寺住持顶宇法师特别将寺里珍藏的佛陀袈裟,用黄金丝线复制了一件长一百四十四公分、宽两百二十公分的金襕袈裟,在二〇〇九年九月佛光山供僧法会时,亲自送到佛光山,供佛陀纪念馆永久珍藏,也为两寺的友谊之交再添新页。

佛光山和通度寺建立兄弟寺以后,我们和海印寺也时有往来。有"法宝寺"之称的海印寺,规模不小于通度寺,尤其是寺里有一栋藏经阁,收藏了八万七千多片的木刻板《高丽大藏经》,那真是

与海印寺方丈法传长老(左一)

重要的国家文化财产!

记得在二〇〇三年九月,海印寺举办"一千零二十九天超度法会",他们的住持世敏法师邀请我为与会的僧信二众开示,随后在海印寺方丈法传法师及世敏法师的主持下,我们缔结签署了《文化交流协议》。几个月后,海印寺住持世敏法师也组织了一百人的访问团到佛光山交流。

最令我感到印象深刻的是,这位住持的声音很好,他们在大殿里诵经祝愿时,独唱的部分比合唱的多,虽然我听不懂他们在唱什么,不过我心里想,要担任一个寺院的住持,还必须要有一副好嗓子呢!

世敏法师很亲切、友善,后来佛光山和海印寺经常组团互访交流。有一次我去访问的时候,他特别将课诵提前结束来招呼我们,从这一点来看,我有感受到他的盛情。

二〇一二年一月,曹溪宗前总务院长、前海印寺住持智冠法师圆寂,我也写了一幅挽联"慧灯西去",请佛光山宗长心培和尚代表致赠。

讲过了通度寺、海印寺,我们和松广寺也经常有往来。松广寺有一千两百多年的历史,由于历代出过十六位国师,所以又称"僧宝寺"。

松广寺的方丈菩成长老是一位很热忱、很有亲和力的大德。他曾

与韩国松广寺方丈菩成长老(一九九九年三月四日)

在西来寺传授三坛大戒时(一九八九年)到过西来寺,当时的住持慈庄法师对他的亲切招呼,让他印象非常深刻。后来他到佛光山访问,看到墙壁上的"佛光人工作信条":给人信心、给人欢喜、给人希望、给人方便,他也很欢喜,一直赞叹我们的这四颗心正是佛法弘传的原动力。

一九九一年,佛光山传授"万佛三坛大戒",承蒙他接受我们的邀请,担任戒会的尊证阿阇黎。同年佛光山传授在家五戒、菩萨戒会,菩成长老还专程到佛光山观摩。尤其令我感动的是,菩成长老从戒子的生活起居到安板作息,都非常留意用心;戒子正授时,他从开始到结束,一刻都不曾离开过,如此虚心、敬业的精神,实在

令人敬佩。

菩成长老为了促成佛光山和松广寺之间有更多的教育、文化交流,就在一九九八年十一月,率领松广寺传统讲院的院长智云法师等人到佛光山,与丛林学院缔结"兄弟院",协议双方在师资、学术研究上往来交流,共同弘扬人间佛教。

我和菩成长老的因缘很奇妙,他不会中国话,我也不懂韩国话,虽然我们语言不通,但是每次见面都好像彼此了解,惺惺相惜,后来我们的交情也如同兄弟一般。记得有一年我到韩国弘法,他不顾强烈台风来袭,特地搭了五个小时的火车,冒雨赶到我们的首尔佛光山与我会面,这份真情厚意,至今仍让我感念不已。

说到这里,因为佛光山和韩国佛教有多年的往来,对韩国的佛教也有一些了解。相传代表佛法僧三宝的三大寺院,有这么一则有趣的故事:

通度寺、海印寺、松广寺三个寺院的住众,有一次聚在一起,各自吹嘘他们的寺院是韩国第一。

通度寺的人首先夸口说:"要说到韩国的佛教,当属通度寺为第一。因为通度寺不但广大,有时候想吃个泡菜,都必须乘船到地下室去拿取。通度寺的人众之多、面积之广就可想而知了。"

确实,我到韩国通度寺的时候,还看过这艘小船。究竟它是不是过去为了到地下室去拿韩国泡菜的那艘小船呢?那就不得而知了。

海印寺的寺众听了,不甘示弱地说:"在韩国,要论佛教寺院之广阔,应该是海印寺。因为通度寺的土地只有二千多公顷,而海印寺有五千多公顷。我们海印寺不但土地广大,而且殿堂很高。举例来说,我们要上净房(厕所),大便下去,都要等到两分钟以后才能听到'扑通',你说,我们的海印寺除了广大以外,有多么崇高!"

我与韩国佛教的往来

于松广寺说法,主题"人生的规划",以自己人生的八个时期为例,揭示人生规划的重要性(二〇〇四年四月二十四日)

　　松广寺的出家人听了,就说:"哎呀,你们通度寺、海印寺都不算最大,韩国最大的寺庙,应该是松广寺。因为松广寺出过十六位国师,每一位国师都是开悟的圣者,每一位悟道的国师的境界都是心包太虚,量周沙界,一位国师就有一个虚空,更何况是十六位国师?所以韩国的松广寺宽广无边,更甚于三千大千世界了。"

　　虽然这是一个趣谈,从中也可以想见韩国佛教丛林的盛况了。

僧伽大学教授本觉法师(二〇〇三年九月十三日)

韩国佛教的宗派和寺院很多,当然不只有曹溪宗、三宝寺,还有太古宗、天台宗、真觉宗、观音宗等,在他们的宗派下都各自拥有许多分院和信徒;尤其是曹溪宗,在全国的大丛林就有数十座之多。佛光山从开山以来,几乎每个礼拜都有韩国的佛教人士前来访问交流,除了上述和我们友好的曹溪宗丛林以外,还有如太古宗、三论宗、法轮宗、总和宗、本愿宗等的宗门人士,都曾是我们座上的客人。

此外,佛光山的弟子和韩国的比丘尼界也有很好的互动往来,例如在一九九八年,佛光山到印度传戒时,曾邀请大韩佛教曹溪宗全国比丘尼协会的会长光雨法师担任授经阿阇黎尼。此外,曾留学日本、任教于韩国中央僧伽大学教授的本觉法师、能仁法师,与慈惠法师等佛光山的女众弟子都有很好的交谊,佛光山举办国际学术会议时,他们也经常出席参与交流。

后来我到韩国弘法(二〇〇四年),特别在首尔佛光山主持了

我与韩国佛教的往来

至韩国弘法,于首尔佛光山与韩国法师合影。由左至右:真明、本觉、法性、本人、真峰、深山等法师(二〇〇三年九月十三日)

一场"两地比丘尼座谈会"及皈依典礼。几个月后,曹溪宗的全国比丘尼协会也邀请慈惠法师前去参加她们的"第八届国际佛教妇女大会",主讲"比丘尼,走出去!"在此,我深感到佛教确实有必要"走出去",走出去,才有发展的契机;自觉行佛,才能奋起飞扬!

在和韩国佛教的交往当中,令佛光山受惠最大的,就是承蒙这些诸山长老不弃,经常组织访问团前来问道。比方我讲管理法给他们听,他们会问我怎么管理信徒、怎么处理钱财、怎么经营寺院运作;在建筑方面,他们也慢慢向佛光山学习,从传统走向现代,所以现在韩国的各大丛林寺院里,大多有现代化的卫生设备,窗明几净,一改过去古老传统的设施。

因此"世界佛教徒友谊会"第十六届大会于一九八八年在美国洛杉矶西来寺召开时,大会曾征询我的意见,希望我推荐下届大会的举办地点,我就提出建议:"不久前,奥林匹克运动会才在韩国圆满,韩国应该是有这个实力接办下一届的世佛会大会。"也因为

于韩国首尔佛光山四楼禅堂,接受佛教电视台的独家专访(二〇〇三年九月十三日)

这样的一段插曲,最终促成了第十七届世界佛教徒友谊会在韩国召开的盛事。

为了增进中韩佛教青年的交流学习,早期我曾派依恩、永中等弟子到韩国留学;韩国佛教界也送子弟到佛光山参学,如就读于佛光山丛林学院男众部的道雄法师,一直到我退位传法予心平和尚、他成为佛光山的法子后才肯回去;以及泰国的耀康等人,也是当时到佛光山受法的外国籍弟子。近十年来,还有一位在佛光山出家的慧豪法师,也是一流出色的韩国比丘。他长于翻译和摄影,中文讲得很流利,你和他交谈,几乎感觉不到他是韩国人。慧豪法师曾担任佛光山都监院的书记,现在担任佛光山丛林学院的教师。佛光山佛陀纪念馆开馆后,委托韩国铸造一口高四点三四公尺、直径二点五八公尺、重二十五点五吨的梵钟,就是由他居间联系的。

佛光山开山近三十年的时候,已经在全世界建立道场,就想到

我与韩国佛教的往来

第二届"世界禅茶文化交流大会"于佛光山举行,心培和尚(左)致赠由我手书的"茶禅一味"予韩国春秋社崔锡焕社长(右)(佛光山宗史馆提供,二〇〇七年)

我们与韩国的佛教经常友好互动,有必要在当地成立道场。于是在一九九七年,我派早年留学韩国的弟子依恩到韩国筹备佛光会成立事宜,并请慈庄法师协助勘察适合建寺的场地。很快的,我们在香港成立了华人组成的汉城协会,以及韩国人组成的大邱协会及法师会;尤其"法师会"是由东国大学睦祯培教授召集在家布教师所组成的,这对人间佛教本土化的推动,实属难能可贵,隔年(一九九八年)就成立了汉城佛光山(后更名为"首尔佛光山")。

这么多年来,承蒙韩国的佛教媒体,对佛光山的人间佛教也多有推崇,如韩国佛教电视台的会长性愚法师,早年留学台湾,曾搭乘台北普门寺的朝山专车,专程到佛光山参加朝山修持;回到韩国后,他也发动三步一拜的朝山活动,并在韩国佛教刊物上专文介绍佛光山的"佛光茶"。佛光山成立的电视台"佛光卫视"开播(一九九八年)时,他特地到佛光山采访,在韩国的媒体播放、刊登。

韩国春秋社的社长崔锡焕,也曾在他们的刊物《禅的文化》、《茶的世界》上介绍佛光山的人间佛教,后来还到佛光山举办了"第二届世界禅茶文化交流大会"(二〇〇七年四月),我感念他对禅茶的发扬,特别写了"茶禅一味"的书法相赠。

现在,佛光山的"佛光茶"已经发展到全世界,甚至在各个寺院道场都有成立"滴水茶坊",取自"滴水之恩,涌泉以报"、"以茶会友"之意,唯愿佛门的禅茶精神,能为忙碌的现代人带来心灵提升。

接着,要再说到与我有缘的韩国人士,就是李仁玉小姐了。数十年前,她有心到佛光山学习人间佛教,后来佛光山栽培她就读台南的成功大学直到毕业,现在她在首尔佛光山服务,中文的书写、讲说一流,经常为我们担任中韩文翻译,至今无人能出其右。

还有一位金贞希小姐,她和我之间也有一段奇妙的因缘。记得多年前我到韩国弘法,有一次在金浦机场候机时,一位小妹妹主动跑到我的面前向我合掌问讯,虽然我们语言不通,但是可以感受到她对我的纯真友善。后来这位小妹妹经常写信给我,我就请李仁玉帮忙翻译,于是我也结交了一位韩国的小朋友。一直到现在,她已经是亭亭玉立的小姐了,我们还是时有往来。她到台湾,必定上佛光山来看我;我到韩国,她也会带着她的父母亲来看我,不禁想到人世间的缘分真是不可思议。

另外,大约在十年前,我到韩国弘法并主持国际佛光会釜山协会的成立大会,当时有一位金粉红小姐在那里协助招待工作,后来她加入釜山佛光青年团,经常回山参加佛光山举办的国际青年会议,她对各种活动的投入与热忱,让我印象深刻。尤其她现在服务于韩国佛教电视台,和佛光山媒体事业的互动积极密切,对于促进中韩佛教文化的交流,也有一定的贡献。

我与韩国佛教的往来

与佛光女篮教练李亨淑(后排右一)全家人合影(妙瑜法师摄)

近十年来,最令我们感到骄傲的一位韩国籍人士,就是李亨淑教练了。李教练曾代表韩国获得洛杉矶奥运会银牌及北京亚运会金牌,可以说是韩国女篮界的国宝教练。因为我从小喜欢篮球运动,一直有心培养一支具有国际水准的女篮队,在一次的机缘下,普门中学校长叶明灿先生邀请到李教练南下来指导篮球营。后来在我的鼓励和佛光山、普门中学的支持下,我们很荣幸地请到她来担任普门中学女子篮球队的教练。没想到才成立一年,就打进了HBL(高中篮球联赛)女子组第五名,这给了我们很大的信心。为了让这些好不容易培养的选手能有晋级提升的机会,于是又成立了佛光大学女篮队,第一次比赛,就获得了大专院校篮球联赛女生甲二级冠军,可以说是在台湾的大学女篮队当中,创立时间最短、战绩辉煌,也是唯一由中学到大学同一系统培育的球队。

几年下来,李亨淑教练不负我们所望,让佛光女篮队在台湾的篮球界打出一片天下。为了让球员增长球技及视野,同时带动"以球会友"、"三好品格"的运动家精神,我们从二〇一〇年开始举办"佛光杯国际大学女子篮球邀请赛",至今已邀请过海峡两岸及日、韩等国家大学院校的女子篮球队到佛光大学参与友谊赛。

我一直很鼓励年轻人打篮球,因为打球不仅可以学习团队精神,也可以养成坚持到底的习惯;是输是赢并不重要,重要的是学习里面的精神内涵。

再有值得一提的是,我和韩国佛教界的学者教授,也有友好来往。其中,大韩传统佛教研究院的院长金知见博士与我的理念相近,早在一九七八年,他为了推动国际佛教学术研究的风气,便联合中、日、韩佛教界发起成立了"国际佛教学术会议",后来办到第五届,他主动提出希望在佛光山举行,我也乐见其成,于是就由佛光山"中国佛教研究院"主办了这场会议。

此后佛光山每年举办的学术会议,如世界佛教青年会议、世界显密佛学会议、国际禅学会议、宗教文化国际学术会议、佛教音乐学术研讨会等,韩国的学者朋友,如赵明基、韩钟万、朴范薰、朴永焕、金永斗、金容彪、金英泰、睦桢培、金应喆、梁晶渊、朴相国、法显法师等,以及曾任教于我们在美国的西来大学、顶宇法师的弟子性圆法师等人,都曾在我们的学术交流座上发表论述。

除了和学术界往来,我们与当地的佛教大学也建立了良好的关系。二〇〇四年,我到韩国弘法的期间,承蒙东国大学颁赠荣誉哲学博士学位予我;二〇一〇年,再有金刚大学颁授荣誉文学博士学位,对此,我实在愧不敢当,只想到今后当为人类和平与族群融和更尽一份心力。

此外,佛光山创办的大学与韩国佛教创办的大学也有积极的往来,如在二〇〇六年,佛光山在美国成立的西来大学与韩国天台宗的金刚大学缔盟;二〇〇九年,韩国的庆尚大学、京畿大学也分别与佛光大学缔盟;此后韩国东国大学、真觉宗创办的威德大学陆续都与佛光山的佛光、南华等四所大学缔盟并交换留学生。

走笔至此,我深深感觉到韩国人士对宗教的尊重与友好,尤其是佛教,不但融入他们的生活当中,也拥有很多的信仰者。二〇一二年四月,徒众们将我的"一笔字"书法拿到韩国,在韩国首尔佛光山、釜山弘法寺、济州岛药泉寺、首尔九龙寺及一山如来寺等地巡回展出四个月之久。也承蒙我在韩国的这些僧信朋友们为我介绍、推广,据他们告诉我,这些字在当地引起不少的回响。其实我的字不好看,只希望大家能从字里看到我的慈悲心,同时也看到自己的心。

在此,我衷心祈愿,未来中韩两国在文化交流上,佛教能担当起友好往来的桥梁,为国家和平与社会和谐尽一份心力!

韩国首尔佛光山

美国佛教"大法西来"

位在洛杉矶加迪纳市(Gardena City)的西来寺,
是在一个路口三角窗地带,
前面的大道,先且不谈,
后边有条路叫"看不懂"(Compton Blvd.),
左边的道路叫"比人多"(S. Berendo Ave.),
我们自己很得意!
觉得这个路名真好,
西来寺比人多,人家也看不懂。
我们就像个阿Q一样,自得其乐。
西来寺三面都有矮墙,
我们在矮墙上画上一尊又一尊的佛像,
就这样简单地表示:
这里是个佛教的道场。

一九六三年,"中国佛教会"组团访问东南亚的时候,就曾安排访问美国的行程。但是,我觉得美国这么远,我们购买飞机票的财力也不够,于是向大家提议,可不可以放弃去美国?大家听了之后也都赞成,因此就决定放弃前往美国的机会。为什么不去美国呢?一来,我们在美国没有关系因缘;二来,到美国之后要去哪里访问呢?大家也弄不清东南西北,该往哪里去?

日后,在美国纪念建国两百周年的前一年,也就是一九七五年,旧金山万佛城的宣化法师率领徒众访问台湾,在佛光山曾住一宿。同行的还有我的同学知定法师,我们曾在焦山一起读书,他在夏威夷弘法,也到过佛光山。当时的佛光山才刚开始开山,他们一行人还来看过我们的开山寮,那时候的开山寮还只是个简陋的草棚而已。

另外,我认识一位住在纽约的应金玉堂居士,应金居士笃信佛教,是个虔诚的佛教徒,非常热心弘扬佛教,并且在美国纽约建有大乘寺。还有,香港的文珠法师在洛杉矶建有道场叫"圆觉寺"。我到美国前,就只知道这四位人士,他们多少帮助我了解了美国这个国家。

美国建国两百周年是一九七六年,那一年,中国国民党为了表示祝贺,发动各个宗教团体组团前往庆祝,他们问我:"你们佛教怎么没有动作呢?"

我说:"'中国佛教会'要开会,一起来讨论吧!"因此我就预备要在会议里提议。其间,碰到"中国佛教会"主席白圣法师,我向他提及这件事情,白圣法师说:"我们会组团前往。"但是,我并不在名单内。

当时,国民党中央党部社工会总干事汪崇仁先生替我讲话,汪先生说:"那你们当第一团,星云法师可以组第二团嘛!"这样一来,我就有依据可以自己组团访问美国。虽然知道自己力量不够,飞机票也很昂贵,负担不起访问的费用,但是,为了替中国的佛教争一口气,我还是毅然组团,访问美国!

我们赶紧准备行囊,要赶在七月四日之前到达,那时候访美的团体,行程大约要安排二十天,每个人的费用大约是十多万元,每天都要花费台币五千块以上。经济能力比较好的人没有问题,但是像我们这样拮据的人,实在难以负担。组团期间,承蒙好友浩霖法师从纽约打电话来关心,宣化法师也在电话里和我讲了不止半个钟点以上,一再跟我聊天,邀我去美国访问。

访问团终于筹备好了,应金玉堂居士来信表示,要邀请我们到美国三个月,还要带我们到各处去玩。哪里知道拿这一封信去办理签证的时候,美国官员一看就说:"你们要去三个月,还到美国各

率台湾"中国佛教会访问团",参加美国建国两百周年庆祝游行(一九七六年七月)

处观光,你们不回来了吗?"就拒绝给我们签证。

这下子问题严重了,因为团都筹备好了,饭店订了,钱也缴了,经济也不成问题了,忽然得不到签证,这实在很难堪。我想,既然是中国国民党要我去的,我就去问问他们该怎么办?社工会的主任听了之后,就说:"我们让你们去,但美国不接受你们,我也不得办法。"我一听,也觉得很有道理,你们让我去,但是人家不接受我,那还有什么办法呢?

我接着说:"那么请你帮个忙,给美国的领事馆打通一下好吗?"

他说:"这也不难。但是你要知道,每天都好几万人出入美国,我们有几百个团体来往,假如像你这样,每个团体都要交涉,我天天交涉,也交涉不了呀!"我觉得他说得也是。但已经不得办法了,

率台湾"中国佛教会访问团"赴美访问。我右边为煮云法师,前排:心平法师(右四)、慈庄法师(左四)、慈容法师(左三)、慈怡法师(右二)、萧碧霞师姑(第二排左二)(佛光山宗史馆提供,一九七六年七月)

最后只有我自己打电话给美国"大使"安克志(Leonard S. Unger)先生。安先生说:"你明天上午九点到'大使馆'找我。"

  隔天九点钟,我去拜访他,看见他的办公桌前供了一尊佛像,就知道有希望了。我将情况详细地描述一番。我说,因为要庆祝美国建国两百周年,我们已经组好团要前往美国,但是签证临时没有通过,想请您帮忙了解一下。他立刻拿起电话,帮我询问情况。对方解释说,他们是有意不回来啊,所以不给通过。安先生说,你还是给他们签证吧。他挂了电话,告诉我:"你们十一点钟去办签证,还要加办外汇。"

  这一句话真是如逢大赦,终于拿到签证了。我回去之后马上通知大家,赶快各自准备,四点钟到松山机场,按时起飞。由于办理的时间实在非常短,去办理外汇的萧碧霞师姑差点连飞机都赶不上,连鞋子都来不及穿,只好穿着拖鞋就上飞机了。这就是到美国的前奏曲,实在很多曲折。

到了美国,首站在旧金山下飞机。宣化法师带了许多比丘、比丘尼还有信徒,都进到机舱里来迎接我们,并且沿途的道路都挤满了信徒,拉起欢迎的红布旗,大声念着佛号对我们表示欢迎。宣化法师的神通广大,真是令人惊叹!

到了万佛城之后,我们原本计划好在旧金山停留数日,就要去访问各处的道场以及参观风景名胜区。但是宣化法师告诉我们不要外出,他说:"为什么要外出呢?世界都在我们心中,外面有什么好看?"

虽然不被允许外出,但宣化法师对我很关心,总是亦步亦趋地跟着我,与我讨论各种问题。譬如他问我在美国该怎么弘法?有什么建议可以给他?他也问到僧团该怎么整合,又该如何组织等等。那时候,我的年纪很轻,但是,我从小就在丛林里过出家生活,对于佛门的规范毕竟比较熟悉,而他们都是年长了才出家,也没有接受过丛林的教育,现在要在海外建设寺院,当然会有更多地方不熟悉。所以,我也就当仁不让,提供了一些见解与经验给他们参考。

不过,由于我们早就与般若讲堂的智海法师约定好要见面,所以我只好打电话给智海法师向他说明:"我们的行程本来有安排到你们那里访问,但是这边不方便让我们走出万佛城啊。"智海法师说:"不要紧,我来给他们打个电话。"

于是,他就打了一通电话来,请宣化法师接听。智海法师说:"你怎么能这样呢?他们已经说好要到我般若讲堂来,我还要请他们吃饭,都准备好了,怎么可以不让他们来呢?"

宣化法师难以拒绝,只好把我们带到般若讲堂,去接受智海法师一餐的供养。就这样子,我们才终于有机会出门,并且有机会参观金门大桥及金门公园。尽管如此,其他地方我们还是都没去,天天关在屋子里,每个人心里都很焦急,想要赶快离开。

约莫过了一个礼拜之后,我们终于转到洛杉矶,感觉就像解脱了一样,实在很舒畅。洛杉矶市区腹地广大,是加州的第一大城,总人口数超过四百万,仅次于纽约市。它也是美国的第二大城市和重要的海港,到了晚上,家家户户灯火通明,光芒万丈,真是美丽无比!

下了飞机以后,我们请旅行社带我们去吃饭。旅行社说,有一位从香港来的比丘尼文珠法师,在中国城建有一座圆觉寺,我带你们去那里吃素菜。我们当然很欢喜。到了圆觉寺,承蒙文珠法师的照顾,提供一间小型别墅给我们休息;但是到了吃饭时间,才发现空间实在太小,无法容纳,所以就在户外庭院的棚子下,摆了桌椅、板凳就吃起来了,大家也吃得悠然自得,趣味盎然。

文珠法师原籍广东湛江,三岁出家,曾在香港弘法。她的英文、中文还有广东话,都很流畅,观念很开明。谈了一会儿话后,我才想起来,过去曾经在台湾见过文珠法师。

文珠法师很热情地对我们讲说美国的情况,不知过了多久,大家说,总不能住在这里吧。询问旅行社我们晚上住在哪里?旅行社说我们付的是观光旅费,已经订好住在希尔顿饭店了,不过要到下午五点才能进去。五点前还不能进,如果进去就要加收费用,又是另一个价码。我们只好在那里拖延消磨时间。

记得当时我问旅行社:"洛杉矶有什么地方好玩吗?"他说:"洛杉矶没有什么地方值得参观。"我听了之后,感到好像真的没有太多的地方可看,因为在洛杉矶,看见的别墅都很矮小,一时觉得,原来美国也不过如此。可是为什么旅行团一团一团地都往美国来呢?

后来我问文珠法师:"你们在这里居住,知道有哪些地方值得参观吗?"她说:"有迪士尼乐园、好莱坞、水族馆,还有亨廷顿图书馆啊!"我们一听,就跟旅行社说:"你怎么不带我们到迪士尼乐园呢?"这时,旅行社的人才说,有,早在台湾敲定行程时,就已经安排到迪士尼,而且已经付好钱,订了两天的票了。

我们去迪士尼乐园玩了两天,感觉是蛮好玩的,不过,其实只要安排一天也就可以了。接着到好莱坞参观,好莱坞的票价很贵,当时一张票大约二三十块美金。此外,我们也免费参观了亨廷顿图书馆(Huntington Library)。旅游途中,我们认识了王良信居士,王居士还约我们到他家里接受供养。他是我的同乡,也是扬州人,家里有个佛堂,老母亲也出家了。在他家里用餐时,王居士说:"我在中国城有块地,本来是想替儿女们建房子,法师难得来,就送给你们建寺吧!"我们以为王居士讲客气话,就没有谈得很深。

接下来,我们到了多伦多,多伦多的尼亚加拉大瀑布,是世界七大奇观之一。不过,我们此行的目的并不在参观风景区,而是希望能为佛教增加一些联谊。因此,我们访问了詹励吾先生。詹居士设有"詹煜斋居士佛教文化奖学金基金会",发心帮助台湾的大专青年学子。我们和他一见面,詹居士就说要提供一百七十亩的土地给我,要我在那里成立世界弘法中心。这实在是非常有意义的事情,只可惜,当时我的经济能力尚且不足,也没有英语的人才。立意虽好,但也只好婉谢他的好意了。

美国建国两百周年纪念会正式登场,我们参加了七月四日的大游行,主办单位也安排座车给我们,接待很好。多亏本团的慈庄法师,她对路程相当了解,一站一站之间,连班机的时间都安排得很好。比方我们要飞往下一个城市,大约傍晚五六点钟登机,下飞机都是在八九点,到达旅馆后刚好可以休息,准备第二天早上起来还有很多时间可以参观访问,行程非常顺利。

这一次为了美国两百周年的庆典,"中国佛教会"一共派了两团,各自前往美国访问。第一团由白圣法师领导,我则负责领导第二团。不过,先到美国的是我们这一团,因为第一团不知道发生了什么问题,居然耽误了庆祝的时间,一直到庆祝会结束之后才抵达。

据闻,第一团的美国行程没有安排好,他们经常在早上十一点左右坐飞机,美国的腹地大,到达目的地都已经是下午三四点了。到了旅馆,也已经傍晚了,晚上的时间不知道该做什么好,因为美国的店家晚上没有营业,大家都休息了,所以只好待在旅馆睡觉。第二天早上起来,为了赶搭九点、十点的飞机,只好匆匆吃早饭,再急急忙忙地往机场跑。因此,这一团的团员都感到很疲累,在路上就起了争执,因为大家不但没有访问到,什么也都没看到。只觉得来美国都是坐飞机和睡觉。

感谢慈庄法师的细心,注意到时间和空间的问题,我们才能顺利地完成访问美国的任务。其实美国飞机的班次也很多,大约每个小时都有,只是要看旅行社能不能配合而已。有的旅行社为了减少开支,都让你在飞机里吃饭,让你在飞机上消磨时间,不让你去观光旅游。但是天数太多了,让人发觉到不太对劲,就会有所争执。

纪念会之后继续我们的参访行程,印象中还到过休斯敦、凤凰城、芝加哥以及纽约。纽约的浩霖法师及应金玉堂居士都相当热忱。尤其应金居士,见到我们,好像见到宝贝一样,她说她建了一座大乘寺,大雄宝殿才刚盖好,要把它交给我,还要替我们办二十个人的签证,还有绿卡、居留都没有问题,生活上的一切都不用担心,她都可以帮忙办理,可见非常有诚意。

大乘寺离纽约市不远,大约两个小时的路程,位置不错。我当时也听不懂什么是绿卡、居留,但是我知道,从台湾到美国的路途如此遥远,坐飞机到美国都要花上十几个小时,来去实在很不方便。而且我们到纽约来,总不能只在大雄宝殿住下来,更何况当时懂得英文的人也只有依航,其他人怎么敢来呢?因此没有答应她。

在美国访问,除了参观寺院之外,也看见诸多风景名胜,令人开了眼界。不过出门在外,总是有些地方会不方便,我们也遇到一些乌龙事件,最大的一个乌龙事件,发生在加拿大多伦多。

记得当时飞机抵达多伦多之后,已经是晚上十一点多,我们下飞机后,居然没有旅行社来接机,我们人生地不熟,晚上要住的旅馆都不知道该怎么走,很是糟糕!连旅馆的名字都不知道。幸好,行程表上有饭店的名称,后来仰赖警察帮忙,才搭上计程车找到饭店。一直到第二天早上,旅行社的人才出面,他直说:"对不起,对不起!昨天我的团很多,所以只好先去接待别的团体,就没有来接你们。"有这样的旅行社,也真是叹为稀有。

吃过早饭后,准备要去参观尼亚加拉瀑布了,但是我却耳闻有一位团员跟别人起了争执,对方也是从台湾来,是一个教育机构组成的团体。

我问这位团员:"我们出来旅行,为什么要跟人起争执呢?"

他说:"我们要上车,但是他们不准我们上车。"

我问:"为什么不准呢?"

他说:"对方说车子是他们的,所以不准我们上车!"

美国加州州务卿余江月桂女士至西来寺参访,慈庄法师接待(一九八九年九月十八日)

我问:"那我们的车子呢?我们也有订车啊!"

终于找到导游,就问他这到底是怎么一回事?

导游说:"你们两团各有二十多人,这部车子可以载五十多人,你们可以共乘。"

我想一部车子也行,说明白就好了。但是现在人家不准我们上车,该怎么办才好?导游也不敢出面调解,就躲在后面。于是我只好出面,问对方可不可以让我们上车呢?

对方说:"可以。但是你们要坐在后面,我们要坐在前面,因为车子是我们订的。"

我说:"不要这样嘛!我们也有订车,大家一起坐就好了。不要分前、后,分左、右可以吧?你们坐在左边,我们坐在右边,这样好吗?"

有人发言直说这个可行,那就一家一半,因此就解决了。不过上车之后,有一对夫妻还是坚持不肯让座,一定要坐在第一排,所以我只好请团里的大家往第二排开始坐。从这里可以知道,世界上有些事情争执不断,无法解决,实在是因为有些人用道理是讲不通的。

我们这一次访美之行,有成就的地方归纳成以下几点:

一、我们知道美国国情很民主,人民很自由,没有宗教歧视或种族歧视的情况,少数民族也受到尊重,假如宗教或种族受到歧视,那是法令所不容的。

二、美国的博物馆里收藏有很多中国古代的佛像,大学里面也都珍藏有许多佛教经典,所以,只要语言方面没有问题,要在美国宣扬佛法,应该不会很困难。

三、美国是一个很开放的国家,无论谁要来投资、移民、建设、传教还是建学校等,不论做什么事业都不会有限制,并且都会获得国家热忱的帮助。

四、过去华人移民在美国没有什么地位,大多都是劳工阶级。侨胞们的职业从餐馆、洗衣店,慢慢地到现在也有教授、企业家及政治人物等,因此,华人在社会上的地位也不断在提升。现在美国的侨胞们,普遍都有很好的发展,有的侨胞甚至参加竞选参议员,从事政治活动,譬如夏威夷的邝友良就是华人,还被誉为华人第一参政人。此外,像余江月桂女士,不但是美国第一位华裔女州务卿,也是亚裔女性民选的最高官员;加州的赵美心博士,是第一位华裔女性联邦众议员;乃至华裔科学家王存玉博士,当选了美国国家医学院院士等等。

五、在美国置产很容易,如果要买十万元的房屋,只要两万元就可以买到,其他的余额还可以贷款,分成二十年或三十年来偿还。买车也很容易,只要有五百块钱,就能买到一部,汽车贷款也可以用三五年来归还。可见美国不但是富人的天堂,也是穷人的天堂。因为只要肯努力,人人都有发展的机会。

六、有人说:"美国,是儿童的天堂,是青年的战场,是老人的坟场。"在我看来不见得,因为美国老人的福利很好,例如说,老人退休后有养老金,而且还有提供餐厅、学校、车辆的服务,甚至供给旅游。说起来,美国政府等于是老人的孝子贤孙。

七、宗教人士在这里买东西都是免税的。像我们到百货公司购买物品,一般民众要缴交税金,但宗教人士不用缴。

此行访问美国,我们的收获还真是不少!访问过美国后,我们回到了台湾,差不多时隔一年后,也就是一九七七年的某一天,我居然接到王良信居士的电话,王居士说:"我有块地要送你们,你们怎么都没有行动呢?"

这下子我才明白,原来这是当真的事情啊!记得接到电话的那一天下午,我和徒众正在篮球场打球,学生的呼喊,几乎要盖过电话里的声音,所以也没有听得太清楚,隐约中,只晓得他似乎是要我再去美国一趟。于是我先回答他说:"我在这一周内会派人前去。"

佛法国际化的目标,一直是我这一生的理想,虽然知道目前力量尚且不足,但是机缘来了,就不能不借这个机会去美国建寺。

决定了之后,我派慈庄与依航两人前往,慈庄懂日文,在美国有很多日裔移民,而依航曾在亚洲航空公司服务过,她的英文很流利,再加上本来就会的母语,现在中、英、日三种语言都有了,到美国去,应该能打一个头阵。

在美国建寺的消息一经传出,台北的信徒就在圆山饭店设宴,为慈庄、依航法师饯行。那时候的佛光山没有太多的力量,大家东挪西凑,总算凑足了两万美金让她们可以带在身上。两个人就这样被我派到美国开山建寺。

大约一个礼拜后,慈庄打电话回来告诉我说:"师父,这一块地是在住宅区,只能建民宅,不能作为宗教用途,所以不能建寺庙。"我一听,不明所以,就问:"住宅区为什么不能建寺庙?"

慈庄进一步说明:"美国的法律规定,房子的用途有很严格的分类,商业区、住宅区、工业区、宗教区等,彼此间不能挪作其他用途。在住宅区建寺是不能成功的!"糟糕了,这块地不是寺庙用地,那该怎么办呢?

我说:"那除了这块地,你们有没有另外的办法可想?"

慈庄回答:"在这里又不认识其他人,还能有什么办法呢?只有回去了!"

我说:"不能回来!信徒已经替你们送行,饭也吃过了,就这样回来,如何见台湾的父老兄弟姐妹信徒?大家会问,你们不是去美国开山建寺吗?怎么回来啦?"

我安慰她们说:"稍安勿躁,过两天,我和心定到美国帮忙解决这个问题。"于是我又准备了一万多美金和心定一起前往美国。

到了美国以后,大家就商量着,先去买一个小房子吧!美国人卖房子都是在门口立了牌子表示出售,大家就一起出门看哪里有房子要卖。

承蒙王良信居士和他的公子帮忙找,我们每天在洛杉矶的大街小巷穿梭不停地找房子。转了两天,才发现房子都很昂贵,要价都在十万元以上,我们全部加起来也只有三万块,所以问都不敢问。

隔天黄昏,就在我们要回程的路上,慈庄忽然对我讲:"这条路有一间教堂要出售,只是太贵,买不起。"

我说:"我们买个教堂也很好啊!要多少钱?"

她说:"太贵了,要二十万美金,而且一块钱都不能还价的。"

这个价钱我们当然买不起,不过我还是说没关系,至少去看一看了解一下,看看二十万价码的屋子是什么情形也好。于是就去看这间教堂。

这一间小教堂没有围墙,我们下了车就在外面绕它一绕。房屋的造型是一栋标准西式的洋房,有两间会客室和一栋牧师居住的房子,还有一间小型的幼稚园,旁边的空地很大,应该可以停上几十部的车子。

一看到这个地方,我说:"很好啊!很适合我们来,这里空间很够我们使用。"因为这里有得住,又有礼堂,还能办幼稚园,也有停车场。但是我们身上只有三万块,与二十万差距实在太远。在一旁的王良信居士说:"那倒不要紧,我们可以跟银行贷款。"

"贷款二十万美金,那么多,这是很大的数字啊!"我惊讶地说。

他说:"银行不会计较,我带你们去试试看吧。"

我一听,觉得未来有希望了,便跟他说好要去。

第二天早上吃过早饭,就跟他去了银行。我们向银行说明来意后,银行的女经理显得非常高兴,很欢迎我们。我甚为讶异,因为一般人在台湾贷款,许多行员经常都是板着面孔,好像我们来讨债一样,感觉很不被尊重。美国的服务怎么会这么好?我跟他借钱,他还那么欢喜?我们马上就感受到东西方文化的差异。

这位女经理问我:"你要贷款多少?"

我回答:"我要贷款二十万元。"

她爽快地说:"OK!没有问题。"

我说:"可是我没有担保人。"

美国佛光山西来寺

她感到很奇怪,反问我:"为什么要担保人?"

我说:"因为在台湾,如果要向银行贷款,保证人是非常重要的。"

她说:"那个房子不就是价值吗?不就是担保吗?为什么另外还要担保人?"我一听心想,真不错!美国的社会好开明。我接着又说:"但我不住在美国,还是可以贷款吗?"

她一听,又是面露讶异,"那你住哪里啊?"

我回答说:"我住在台湾啊!"

她笑着说:"那没有问题,在台湾一样有美国银行,你的贷款在台湾付就可以了。"

我说:"谢谢,我可以跟你贷款了,先跟你贷款八万元。"

就这么三言两语敲定了,她立刻签了字,贷款的手续办妥。第二天我们就找代书处理了。

在美国,买卖房子的习惯一向都是要等几个月后才能成交,但是我们流浪到美国来,眼前就要没有地方住了,已经等不及几个月后再搬进去,所以就跟屋主讲,房子空着,先让我们住可以吗?

庆幸的是,卖主很仁慈,马上就说:"可以,没问题!"所以当天我们就住进了教堂,并且马上到超市买食物及锅碗瓢盆,自己煮饭菜吃了。尤其是,屋主也没有马上向我们拿取房屋的款项,他说,等到他们自己进行几次内部集会,真正搬了家后,我们再一起缴费就可以了。

我把这间教堂取名叫"西来寺",因为我想到在佛光山开山的时候,山上没有泉水,在学院西边有处泉水,我就取名"西来泉",还有过去大法从东来,现在大法到美国来了,可谓佛法西来,因此就取名为"西来寺"。

这座位于洛杉矶加迪纳市(Gardena City)的西来寺,是在一个路口三角窗地带,前面的大道,先且不谈,后边有条路叫"看不懂"(Compton Blvd.),左边的道路叫"比人多"(S. Berendo Ave.),我们自己很得意,觉得这个路名真好,西来寺比人多,人家也看不懂。我们就像个阿Q一样,自得其乐。西来寺三面都有矮墙,我们在矮墙上画上一尊又一尊的佛像,就这样简单地表示:这里是个佛教的道场。

有了道场,大家内心非常欢喜,因为总算有一个落脚驻锡的地方了,这是我们在海外弘法的第一间寺院。过几天,我还邀请在加州大学教书的道友越南天恩法师到西来寺聚会,彼此交流一下。记得那一天,他一共带了十八位南传佛教的出家人前来应供,挤得到处是人。好在我还有两手可以做素菜,可怜的心定法师,他连拣菜、洗碗都来不及。那天,他们吃得好高兴,直说没吃过那么好吃的素斋。因为他们在当地,朋友也不多,见到我们,真的很欢喜,我们能请朋友来吃饭,也感到很开心。

现在住的问题解决了,但是总不能一直待在室内,还得要出去了解美国的社会才行。慈庄法师说,那必须要买一部车子。因为在美国没有人走路的,没有车子代步,到处行不通。所以,我就和心定、依航带了几千块美金出门,决定要买一部车子。

我们看了看许多新车子后,比较中意的是一台可以容纳十四个人坐的大车,因为想到以后有人来了,大家才通通坐得下。这部车子开价要美金一万元,但是我们也没有钱全部付清,只说明我们是某某教堂来的,售车员说没关系,只要分期付款就可以,现在不必缴钱。

记得当时还不到一个礼拜,车商忽然寄了一张五百块支票给我们,他们说宗教人士买车子不需要扣税,五百块钱税金要先退给你们。我想,美国真好,钱都还没有付清,居然就先赚了五百块和一部汽车。美国这个国家实在是人间天堂啊!因为处处都有很多的方便。

后来又想到,我们对美国国情完全不了解,应该还要买一台电视。大家又到百货公司挑选。记得当时卖电视的店员是一位黑人,我们跟他说要买一台电视机,他说:"很欢迎!"为我们介绍了一台四百五十块钱的电视。

我问他:"宗教人士可以免税吗?"

他说:"我不知道,得要问问老板。"

我心想,买电视也不是一件很困难的事情,算了吧!去别家再说,因为那时候时间也不早了,下班时间就要到了,就不打算久留。

第二天早上,差不多才八点钟的时间,电视机居然送来了!店员表示:"我们老板说可以免税五十块美金,你们只要付四百块就好,还可以办分期付款。"我不禁赞叹,在美国生活怎么会这么容易,这么好!难怪世界上好多人都要到美国来生活,果真不无道理。

房子、车子和电视都有了,一切都很顺利。过了几个月后,发现问题来了。最初这里的空间还够使用,但是,各地的佛教徒知道这里有一座中国寺院后,纷纷闻风而来参加法会。法会结束后,有的人到处走走,有的坐下来谈话,没有要离开的意思。原来,信徒都等着要吃斋饭。因为中国人习惯参加法会后,一定要吃吃素斋以求平安。而西方人的习惯,在教堂做完礼拜后就回家了,不会留下来吃饭的,所以教堂没有厨房。

为了吃饭的问题,很是伤脑筋。因为这里不但没有厨房,也没有吃饭的斋堂,该怎么办呢?所有的人只好在房子外面露天野餐。因而感觉到,这座教堂的设备,对我们来说已不敷使用,还是要另谋发展。同时,信徒也增多了,他们也出力帮忙,于是,大家决定再找一个更好、更大的地方。

后来在梅伍德(Maywood)这个地区,找到一个可以煮饭和用餐的地方,也是一个教堂。其设备我都没有更动,只是把十字架换下来,改为供奉一尊佛祖。由于我的祖庭在白塔山大觉寺,这栋建筑的颜色也刚好是白色,我就直接取名为"白塔寺"了。

讲到在美国建设道场,自从我在一九四九年率领"僧侣救护队"来到台湾后,从此就与母亲音讯隔绝,将近四十年都没有再见过我的母亲了。直到白塔寺安顿好之后,才有因缘辗转把母亲接到美国来。

母亲来了以后,我请慈庄带她到美国赌城拉斯维加斯游览,但她在拉斯维加斯很不习惯,人家打牌她也看不懂,一直想要回洛杉矶。慈庄还想带她到别处玩玩,但是老人家不要,一心想回去。我就跟慈庄说:"你留下来陪信徒,我先带我母亲回洛杉矶,不过麻烦你替我打电话给依航,请她到飞机场来接我。"但是当我们到了洛杉矶后,一出机场却找不到依航。因为洛杉矶机场很大,绕一圈要

佛光山洛杉矶白塔寺佛堂

几十分钟,警察又不准车子停太久,所以我们也无法知道依航究竟绕到哪里去了。

我看不到人来接,心里很着急,想打电话回西来寺问,但是美国的公共电话不好打,要透过总机询问是对方付费或自己付费才能通话。加上我不会讲英文,打不了电话,只好跟母亲说:"您待在这里,不可以动哦!我等会儿来找您。"

好不容易我找到了车子,但是回到原地后,一看,糟糕!母亲去哪里了呢?原来,母亲不知道在这个人生地不熟的地方迷路的严重性,跑去附近到处转转看看。幸好,我还是找到了。

我对她说:"不是要您待在那里不要动吗?怎么还是走掉啦?"

我母亲说:"我到处看看不能吗?"

与参加西来寺八关斋戒的美籍戒子合影（一九九〇年五月二十七日）

我说："但是您不会英文呀，人生地不熟，您知道住在哪里吗？万一回不去怎么办啊！"

我母亲又说："我怕什么，就跟警察讲，教堂围墙上画了很多佛像的，就是我住的地方。"

我一听，也觉得很有道理，直说"对"，"对"，就不计较了。

想到过去大陆曾谣传我在台湾已经易服从军去，并且位居师长高位，从此，一家人都被打入"黑五类"，母亲也因此连累受苦。公安人员将母亲抓去，严厉地威吓她，要她说出我的去处。但母亲从来没有被公安人员咄咄逼人的话吓倒，可见她的勇气是不让须眉的。就算来到一个完全陌生的国度，对她来说，也只是好奇，并不会感到紧张害怕。

白塔寺发展得很快，信徒也很多，每次聚会都来了三四百人，因为中午在此午餐，就有人添油香。假设每个人添二十块，用来买

美国西来寺上梁洒净。我后面为慈庄法师,右一为太平洋建设总经理张南璇,右三为杨祖明建筑师(一九八六年十二月二日)

菜做饭,还算够用。另外,信徒也会帮忙买东西来供养寺院,所以维持起来并不困难。不过,人数越来越多,信徒有增无减,很快的,空间已经不敷使用。于是我们就开始准备计划建寺了。

建西来寺时,最初请人估价,对方回复我们要价大约五十万美金。那时候,一块十四英亩的土地,五十万左右,加上建筑费用也要五十万元,总共是一百万美元。不过算一算,应该还可以勉力以赴,因此决定要建寺。接着请人画设计图,设计图画好了,等到要启建的时候,价钱竟然转眼间变成了三百万美金。信徒也问,当初不是说只要五十万吗?怎么现在变成三百万了?实在很为难。但是地已经买了,好吧,三百万就三百万吧。之后申请建筑执照,几美国佛教"大法西来"

于美国西来寺闭关时,东方大学教授普鲁典博士及朋友前来拜访(一九八六年七月)

番洽询后,终于找到了合适的建筑公司来估价。一估出来,不得了,索价居然高达七百二十万美金。这下子很严重,但是已经骑虎难下了。不得办法,只有全盘接受。

为了这七百二十万美金的建筑费,我不知几度往返美国与台湾之间。徒众笑我,每次回佛光山筹措了一些美金带到美国,返抵台湾时身上却带回一堆卫生纸,因为我连用餐时的卫生纸都舍不得丢掉。在筹建期中,笑说是用美金换卫生纸也不为过。

还记得那时候负责画图的建筑师杨祖明先生,我们告诉他,这个窗子要稍微大一点吧?他就说:"那要重画,要再给我两个礼拜,得暂时停工。"为什么要停工呢?只不过是画窗户的图,其他的地方还是可以继续啊!怎么会有关系呢?

经济学者千家驹(左三)挂单于西来寺期间,记者陆铿(左一)、卜大中(左二)等人来寺拜访(一九九一年三月二十七日)

后来两个礼拜也过了,咦?怎么还没开工?他又说,承办人休假出去旅行了,要一个月才回来。再过四个礼拜了,怎么还不开工?他又说,他太太生产去了,在医院照顾太太。那我们的工程到底要什么时候才会继续建呢?等了又等,真是遥遥无期,在美国买房子很容易,建房子就是这么困难。

除了经费是一个令人烦恼的问题外,建寺的过程也遭遇到两个困难。一个是旧金山万佛城的宣化法师竟然写信到加州政府,投诉我们是台湾来的外道邪教,要求政府不可准许建寺,还要禁止我们进入美国。美国政府把这封信给我们看,大家都很惊讶,怎么会在这个要紧的时刻发生这种事呢?这封信就好像在我们的心脏上插了一把刀,令我们很难过。

但是洛杉矶的政府反而安慰我们说:"没有关系,宣化法师又不是美国政府,他不能代表做决定,你们照常申请好了。"所以,我觉得美国政府很可爱,只要你不违法,美国政府其实都会帮助你的。

在美国,若是有人写了一封无头信,这是没有用的。因为政府会依法先调查写信者是谁?投诉事项是否属实。不像我们,只要一块钱邮票的投诉信,政府就跟在后面忙得团团转,还要保护那个投诉者不暴露,躲在背后,所以台湾的社会怎么能公平呢?

第二个反对我们建寺的也不是当地人,是来自台湾的"中华基督教会"。他们的教友每天就在西来寺预定地的山下打鼓敲锣,抗议我们在那里建寺。但是,我们是经过六次公听会、一百多次的协调会,甚至也有天主教、基督教的神父、牧师支持我们建寺。

西来寺举办敦亲睦邻活动,内容包括春联书法、3D猪纸雕、中国茶艺、禅坐等课程,让三百多位与会者亲身体会中国文化与佛教修持的特色(二〇〇七年一月六日)

西来寺传授三坛大戒,戒师与戒子托钵(永会法师提供)

　　每一次的公听会,美国的天主教、基督教会都帮助我们,美国人都说欢迎;甚至当地有一位信基督教的女企业家海蒂,她向大家说:"我曾到中国旅行,看过中国的佛教,佛教很正派、很伟大。"也有一些神父、牧师说:"我们在中国看见的佛教是正当的宗教。"

　　记得有一次公听会上,一位娶了越南籍太太的牧师表示:"我是基督教徒,太太是越南人,我太太天天以泪洗面。但现在看到这么多法师来这里,她每天都很开心,展开了笑容,我们的家庭需要佛教!"因为那时候正是越战时期,他的太太每天哭泣,后来看到佛教的出家人才展露笑颜。

　　而我们建寺院弘法,无论做什么,当地的民众对我们都很友好。虽然佛光山西来寺在建寺过程中,举办过很多次的公听会,建寺很困难,不过,这是因为建寺的面积太大,当地居民生怕对他们的交通,或山区的动物会有不良影响,因此,才需要举办公听会来与他们沟通。

每次的公听会大家都可以发言，五里之内的居民都可以参加，那时反对我们的声音，主要就是怕交通量太大、人口增多，诸如此类有关环保的问题。虽然那是个偏僻的地方，但是居民说会有马要走路、会有飞鸟野兽要通过；还有人说，在六十号高速公路上，远远就会看见寺庙，寺庙太庄严雄伟，会让人分神而忘记注意前方的路况而出车祸等等。关于这些问题，美国政府还帮忙在高速公路上建了一座高大围墙，把我们遮起来，让马路上的行车看不到。

皇天不负苦心人，经过慈庄法师等人发起请愿及签名运动，西来寺的建造终于通过了，并且在一九八八年七月二十四日佛像开光正式启用，前后花费共十年的时间，最终以三千万美元完成建设。这其中的点点滴滴，可以说经历了千难万苦。

落成之后，巍峨庄严的西来寺，成为美国第一座国际化的十方丛林，备受大众肯定。美国当期的《生活》杂志甚至形容西来寺是"美国的紫禁城"，被誉为北美洲第一大寺。

值得一提的是，西来寺落成的同时，主办了"世界佛教徒友谊会第十六届大会"，这是世界佛教徒友谊会第一次走出亚洲到西半球召开的会议。另外，传授的"国际三坛大戒"计有三百余位来自世界各地的戒子到此受戒。

我们以西来寺为根本，陆续又应信徒的要求，在美国圣地亚哥、旧金山、拉斯维加斯、纽约、丹佛、北卡、波士顿、休斯敦、达拉斯、奥斯汀、迈阿密、堪萨斯、圣路易斯、芝加哥、佛州奥兰多，甚至夏威夷、关岛等地都创立了道场。

除了西来寺，在美国的道场房舍，大部分都是买现成的，但也有四五个地方是我们自己建的，如奥斯汀香云寺、休斯敦中美寺、圣地亚哥西方寺、北卡佛光山、佛州光明寺等。以下我就概略叙述几个道场成立的缘起，或者在当地的弘法情形。

加州圣地亚哥佛光山西方寺

圣地亚哥西方寺

西方寺位于美国加州圣地亚哥,是佛光山继西来寺之后兴建的道场,于一九八九年六月落成。

相较于美国各地的佛光山道场,有一段时期,西方人士到访西方寺的比例胜过于其他地方,每期开办的英文禅修班、英文佛学班,都以西方面孔为多。这个现象也就引发了我在西方寺试办美籍佛学院的想法,希望借由配合美国的生活习惯和文化,给予当地人士一些佛法上的培训,让他们将来都能住持一方,弘扬佛法。虽然之后这个"佛教本土化"工作的试验期很短暂,但也为不少西方青年学子播下了学佛的因缘。

旧金山三宝寺、佛立门文教中心

说到旧金山,早年中国人为了淘金而到旧金山,之后又为了兴建铁路而到旧金山;无论是谋生还是修筑铁路,在那里,中国人流

旧金山三宝寺

佛立门文教中心

下了不少血汗,也留下了可歌可泣的历史,是不争的事实。

三宝寺位于旧金山市最大的街道范尼斯(Van Ness)大道上,一九九一年元旦落成之际,我应信众的邀请,特地前往主持落成典礼,并为当时北加州第一家佛教文物流通书局——"旧金山佛光书局"主持开幕仪式。

多年后,有鉴于全世界高科技人才聚集此处,为了提供给大家一处学佛的道场,我们又在弗利蒙(Fremont)成立了一座"佛立门文教中心"。二〇〇三年十月经市政府核准,发给道场正式使用执照,隔年我再应信众之请,前往旧金山主持佛像开光典礼,当天有千余名信众共襄盛举,真是把道场给挤得水泄不通。

犹记得在我缓缓揭开红色布帘、缅甸玉佛正式露面的那一刻,许多信众都流下了感动的泪水。尤其那时适逢海峡两岸共同组成的"中华佛教音乐展演团"即将在当地美生堂表演中心公演,一百六十多位海峡两岸佛教界的出家人齐聚道场,信众们难得看到这么多法师,都相当地欢喜。

当天,佛立门文教中心也举办了一场皈依典礼,近千位皈依者当中,百分之九十五拥有大学及硕士学历,并且都是在邻近高科技公司服务的专业技术人员。尤其是为了让这一次活动能够顺利举行,还有将近一百五十位义工第一次投入道场服务工作,为能进一步让他们了解"义工"的意义,我特地做了一场讲说,希望未来他们在义工服务的道路上能获得更多的欢喜。

拉斯维加斯莲华寺

莲华寺位于内华达州有名的赌城所在地拉斯维加斯,早在一九八二年就已经创建,一直到了一九八八年才又觅地重建,目前由比丘尼慧光和印坚两位法师驻锡。

一般来说,每逢周末假日,出入寺院礼佛的信徒应该是最多的,但是莲华寺不然,这一天,不但寺里没人来,就是街道上一个人也没有;因为当地的居民多服务于赌场,多数人都聚集到赌场去了,只有等到工作忙完,休息了一天后,星期二人潮才会逐渐出现在街头。

莲华寺地处欲乐笼罩的赌场,可以说是尘海中的一朵净莲,感谢慧光和印坚两人的发心,我想,那里的人必然是更需要精神上的提升和佛法的滋润了。

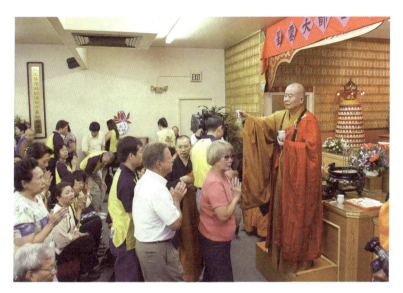

于莲华寺主持甘露灌顶皈依三宝典礼（二〇〇四年十月五日）

丹佛讲堂

丹佛讲堂位于科罗拉多州首府丹佛市中心，当初是在丹佛佛光协会谢典丰会长等人热心觅地下，购得建寺土地。记得一九九二年我到美国弘法时，谢居士欢喜地告诉我说，他是一位建筑工程师，每天与钢筋水泥为伍，为事忙碌，思想上难以获得启发，自从投入筹组佛光会之后，每天为人而忙，虽然难免有逆境考验，但是生活上有回响，也就觉得人生充满了意义。

一九九四年九月，丹佛讲堂终于完工落成，我特地前往主持佛像开光暨道场落成典礼。当天讲堂里里外外，洋溢着法喜的气氛，也就让我想到谢居士当年的一席话；没错，为人忙碌真好，忙就是营养！

目前丹佛讲堂办有中文学校，安排的课程丰富多元，举凡书

科罗拉多州首府的佛光山丹佛讲堂

法、手工艺、唱歌、舞蹈等,都吸引了不少家长带领小孩前往学习。因此,慢慢的,这许多家长也都认同人间佛教,甚至主动投入道场义工服务的行列。

奥斯汀香云寺

奥斯汀是得州首府的所在地,城市中诸多丘陵地形,而香云寺就建在这个湖光山色的地区。一九九四年九月,我应信众的邀请前往主持动土典礼,当天,承蒙奥斯汀市议员卡斯・格尔斯亚(Gus Garcia)还代表市长宣布九月十日为"奥斯汀佛光日",并送了我一把奥斯汀的金钥匙,也就让我对得州人民的友善,印象特别深刻。经过了六年的建设,道场终于在二〇〇〇年完工落成。

奥斯汀是多所大学的所在地,二〇〇四年我前往当地弘法,在香云寺举办佛学讲座讲说"五蕴皆空"时,近千人的听众之中,就有半数以上是美籍人士,尤其硕博士乃至大学教授多达百人以上。

之所以取名为"香云寺",一方面是奥斯汀所在的小山丘,经

美国佛教"大法西来"

奥斯汀香云寺

常云雾缭绕,大片的树林里有百分之七十是檀香木,以"香云"为名自是不为过。另一方面,"香"代表心香一瓣,"云"有自在潇洒的意思,寺院取名为"香云",也就是勉励大众在人格道德上,能有芬芳香味;在生活上,能如行云流水般自由自在。

说来,奥斯汀香云寺建寺的因缘也很有趣,有一位郑女士罹患了重病,心情非常低落,但是有一天晚上睡觉时,竟然梦到了一位出家人用英文鼓励她。一觉醒来,整个人顿觉神清气爽,不再担忧身体状况了。后来当她看到我时,惊呼原来梦中的出家人就是我,但事实上,我并不会英文。她自己也觉得很奇妙,得知我们正在寻找建寺土地后,就很热心地帮忙找地。

最后香云寺在严宽祜居士出资、时任奥斯汀佛光协会会长的陈胜亭居士出力下,财、力一起,再由我发起兴建而成。尤其当时四周围的每一棵树木都有陈胜亭居士的用心编号,那么在树林环绕之中的香云寺,也就堪比二千多年前佛世时代给孤独长者献地、祇陀太子捐树兴建"祇树给孤独园"的美好因缘了。

休斯敦中美寺大殿

休斯敦中美寺

中美寺位于美国南部得州休斯敦的斯坦福市,一九九四年在时任国际佛光会世界总会副总会长严宽祜居士的推动下,休斯敦佛光协会首先成立。之后几经现任会长辛怀箴女士的奔走觅地,终于购得建寺土地。一九九八年我前往主持动土典礼,与此同时,承蒙休斯敦市长布朗(Lee Brown)对我们的友善,还请代表颁发荣誉市民奖状给我。

中美寺建成后,景观优美,不仅绿草如茵,湖水清澈,尤其是中国式的寺院建筑风格,雄伟开阔,还一度获得斯坦福市颁赠的"最佳市容奖"殊荣,也被宗教事务部门评定为年度"最佳宗教参访圣地"。

二〇〇九年,为了促进海峡两岸的交流,我请南京栖霞山寺住持隆相和尚兼任休斯敦中美寺住持一职。隆相和尚多年前就已成为我的法子,佛学素养深厚,尤其是为人正派,是佛教界推崇的出家人。当天,我也特地飞往美国休斯敦为他主持晋山升座典礼,现场海内外嘉宾云集,有一千多人与会。

这一趟行程,承蒙美国联邦政府的厚爱,为了表彰我提倡尊美国佛教"大法西来"

占地一百公顷以上的得州休斯敦道场(今中美寺)安基典礼,有玉佛寺住持净海法师、经济文化办事处处长刘广平、副处长罗由中先生等参加(一九九八年六月二十日)

重、包容与和平对社会的贡献,再一次颁发褒奖令给我,同时也颁发特别嘉奖令给佛光山,肯定佛光山在净化人心方面的付出和成就,由西来寺住持慧济法师代表接受。

目前中美寺在隆相和尚的主持下,加之赵元修、赵辜怀箴伉俪积极推动"中美文化讲坛",邀请于丹、严长寿、任祥、胡乃元等不同领域的知名人士主持讲座或演出,每回座无虚席的盛况,也就让"寺院即学校"的功能获得了充分的发挥。

达拉斯讲堂

佛光山在美国各大城市设立的道场当中,达拉斯讲堂位于三层玻璃帷幕的办公大楼里,别有一番特色。

一九九二年,我到休斯敦玉佛寺讲演之际,应宏意法师与严宽

主持达拉斯讲堂佛像开光暨甘露灌顶皈依三宝典礼(一九九四年九月)

祐居士的邀请,首先成立了达拉斯佛光协会。之后又在葛光明居士等人奔波筹募建寺基金下,于隔年购得了讲堂大楼,经过整修装潢,于一九九四年九月开光落成。

目前达拉斯讲堂积极投入教育的推展,不但在大楼内设有图书馆,供信众借阅书籍,并且成立有佛光人文学校,分有学前班、课后辅导班及周日班。道场里经常传来儿童快乐学习的欢笑声,尤其是小朋友们都彬彬有礼,见有参访团到访,左一声"阿弥陀佛",右一声"吉祥",让所有人看了,都觉得佛法教育的成果丰硕。这也应该就是我们当初成立中华学校的最大期望了。希望这许多国家未来的主人翁,在甘露法水的浇灌下,都能为国家社会奉献一己之力。

芝加哥禅净中心

伊利诺伊州的芝加哥是除了纽约和洛杉矶之外美国的第三大都会区。而佛光山芝加哥禅净中心就坐落于纳波维尔市

莅临芝加哥弘法,于约克公共高中为五百余名信众传授三皈五戒(二〇〇六年七月一日)

(Naperville),经过两年的筹备兴建,二〇〇九年七月由佛光山退居和尚心定前往主持启用典礼。当时由于我不克出席,还委由心定带了一幅我书写的"示教利喜"的题字前往,希望以佛陀教化众生的四种方式,作为道场未来服务信众的方向。

芝加哥禅净中心从最初二〇〇三年租用房屋作为弘法场所,到现在新建道场完成启用,近十年间,除了例行举办的共修法会、文教活动,并设立有"人间儿童学苑",学员都是一群九岁以下的学龄儿童,平时除了提供中文的学习,更透过生活点滴的自主参与,为他们树立品德。借由教育的向下扎根,希望这些国家未来的主人翁都能成为栋梁,为社会所用。

另外,每年芝加哥禅净中心在户外举办的佛诞节浴佛法会,也吸引了许多中外人士耐心排队等候浴佛,二〇〇八年这个活动举行时,还受到时任芝加哥参议员的奥巴马总统的肯定,亲笔表达祝贺之意。

因为佛光人长期致力于各项净化人心、服务社会的工作,二〇

佛罗里达州光明寺

一二年佛诞节当天,伊利诺伊州政府颁文公告,每年的五月十六日为伊利诺伊州的"国际佛光日"。我想,这可以说是对佛光山在美国弘法二十多年的一种肯定了。

佛州光明寺

光明寺地处佛罗里达州奥兰多国际机场附近,近郊有迪士尼乐园、环球影城和海洋世界等等世界闻名的观光游乐胜地。继宋岱夫妇奉献旅行社房舍作为"佛州禅净中心"用地后,为因应日益增多的信众,二〇〇二年在佛光会佛州协会督导叶依仁伉俪的发心下,捐赠现址给我们兴建道场。二〇〇四年,时任佛光山住持的心定和尚前往主持动土典礼,之后我便把道场更名为"光明寺",取佛州乃"佛光普照之州"的意义。

听说近几年来,道场每周举行的"英文读书会",在叶依仁居士长子叶彦浩的发心带领下,办得有声有色,当中不乏大学宗教学教授参与,尤其每年举办的佛诞节浴佛法会活动,都有数千名中外人士参与浴佛、素食园游会或文化艺术飨宴活动,也就让我觉得"寺院学校化"的功能在当地是已渐入轨道了。

美国佛教"大法西来"

迈阿密佛光山、国际佛光会迈阿密协会联合参与迈阿密政府举办的第四届南佛州龙船大赛后,于大殿一起读经(二〇〇六年一月十四日至十月十五日)

迈阿密佛光山

迈阿密是一个风光明媚的地方,过去它以选美闻名,但是在我设立迈阿密佛光山后,我则希望未来它也能以佛法闻名。

原本迈阿密的道场是承租一间住宅作为信众共修之用,后来为了因应日益增多的信众,在觅得另一处较大的房屋后,于二〇〇三年重修启用。

近年来,为了让非佛教徒也能认识佛教,迈阿密佛光山不定期举行"道场开放日"活动,安排的各项活动,如茶道、禅坐、拓印、佛学研讨、中医义诊,及舞狮、扯铃、扇子舞、太极拳、乐器演奏等文化表演,都吸引了不少当地人士前往参加。就连道场所在地坦莫洛克市(Tamarac)市长贝斯·塔拉毕斯科(Beth Talabisco)也带领全家人一起共襄盛举。

佛光山北卡道场在弗吉尼亚大学举行"瑜伽焰口法会",由西来寺住持慧传法师主法,参加者有弗吉尼亚大学宗教学院教授、学生、媒体记者(二〇〇二年三月三十日)

甚至为了落实佛教本土化,迈阿密佛光协会发起的每月"英文读书会",市长也主动参与其中,并表示希望能协助我推动人间佛教的本土化。可以说,由于大家感受到人间佛教的清净善美,都不分身份地投入道场各项活动的护持中了。

北卡佛光山

北卡是美国北卡罗来纳州州政府所在地,文教发达,学者如林,人文气息浓厚,尤其以出过三位总统闻名:第七任的安德鲁·杰克逊(Andrew Jackson)总统、第十一任的詹姆斯·波尔克(James Polk)总统以及第十七任的安德鲁·约翰逊(Andrew Johnson)总统。

一九九五年,在我要从达拉斯坐车前往下一个弘法地点时,北卡佛光协会的会长萧丽冠女士一个箭步赶上来，激动地对我说："大师！希望您也能到北卡来弘法。"惦记着她渴求佛法的样子，一九九八年我首次前往北卡弘法。当时应当地信众热烈邀请，希望我能在当地设立道场，于是二〇〇〇年我便请觉泉法师前往负责筹备工作。经过漫长的岁月，道场终于在二〇一〇年落成启用，当天由心定和尚主持洒净仪式，并由信众代表为我题写的"玉佛宝殿"匾额揭幕。

初期道场以组织读书会作为发展方向，大约分作四类：英文读书会、留学生读书会、中文读书会、经典读书会。逐渐地，便接引了许多当地的年轻人学佛，学校更是经常带领学生前来参访。

目前，北卡佛光山在永瀚法师的带领下，投入文教弘法不遗余力，道场里时常有青年学生出入参与活动，尤其"北卡佛光青少年交响乐团"自组织后至今不到三年，每每受邀参与市政厅、社区各项大型活动或宗教音乐会的演奏；虽然成员都只是十来岁的青少年，但是对于人间佛教的推展已经是小有贡献了，真可谓"四小不可轻"。

纽约道场

名列世界最大都市之一的纽约，经年没有地震发生，全市高楼林立，尤其位居交通要冲，工商业发达，佛光山纽约道场就坐落于皇后区法拉盛市。

纽约道场原本是一栋第二次世界大战期间建成的仓库，后来在当年西来寺住持心定和尚，以及在坦普尔大学修读博士学位的慧开法师等人接洽后购得。之后由负责海外道场建设督导工作的慈庄指导，装修完成，于一九九三年十月启用。想到过去纽约地区，有不少佛教大德前往弘法，但都只限于接引华人学佛，因此我期望未来纽约道场除了为华人服务，也能够有英文人才加入弘法行列。

二〇〇六年,我前往纽约道场主持"三皈五戒典礼",在近千名的信众当中,据闻多数都是社会的精英人才,甚至近百分之四十拥有大学乃至硕博士学历,也就让我更加觉得纽约道场在当地成立的重要性;纽约是一个繁荣进步的城市,生活步调紧凑,而佛法能提升人们的精神生活,当然是有弘扬的必要了。

在纽约道场,最具有代表性的活动组织应该就是童军团的成立了,早在一九九五年,纽约道场的童军团就已成为美国童军总会的分会,是纽约地区第一个由华人特别是佛教团体立案的分会。难能可贵的是,许多童军团成员都不是佛教徒,但是几年参加下来,因为家长感受到道场的热忱,都纷纷组织义工团队,协助常住各项活动的举办。

另外,自从国际佛光会成为联合国非政府组织成员后,二〇〇九年,在纽约市中心设立有佛光会驻联合国办事处,是台湾第一个在曼哈顿设立联合国专属办公室的民间社团,现在由纽约道场住

美国佛光山
纽约道场

在纽约道场与波士顿的华籍、韩籍、美籍、西班牙籍等受戒人士合影(二〇〇六年六月三十日)

持觉泉法师兼任办公室主任。

波士顿三佛中心

一九九九年元月正式启用的三佛中心,地处于学术重镇的马萨诸塞州波士顿,道场空间虽然小,不到五千尺,但是所谓"维摩丈室",意义却很大。在这座城市里有一百多所大学,我们的三佛中心就刚好位在哈佛大学和麻省理工学院之间,当初道场的成立是为了便利国际学者研究佛教而设的。之所以取名为"三佛中心",是因为这个地方,一来有佛光山,二来有佛光会,再加上哈佛,也就是"三佛"了。

在三佛中心,进出的多是当地的高级知识分子,为了服务大家,我们另外设立了一间滴水坊,供作社会人士开会或聚会之所,据说风评不错,连当地的报纸杂志都曾给予推荐报道,甚至被评为"有法味的素食餐厅"。

波士顿三佛中心

波士顿三佛中心举办"法味法谈"(二〇〇六年十一月十日)

当初耶鲁大学出身的博士依法法师在那里担任住持期间,接引了许多来自当地名校的各国青年学生,也多次办理"青年禅林生活营",带领他们回到佛光山学习佛法,在度众上可谓有所贡献。可惜的是,依法没有让这许多西方学生融入大众之中,在他们难以深入了解人间佛教的意义,各自回国之后,就甚少再有后续和佛光山大众接触往来的因缘了。

不过,有一件事情倒是值得一提,二〇〇四年十月,由三佛中心、哈佛大学及史密斯学院联合启建的"瑜伽焰口法会",首次进入了哈佛大学举办。当时由时任佛光山住持的心定和尚前往主法,会场有来自波士顿地区各大学的教授、学生和信众等六百多人参加,并有专门研究焰口法会的教授以电脑投影英文仪轨的内容,一时间,大家对于佛教法会也展开了一股研究的风气,这在西方社会中实属难得。

关岛佛光山

说起关岛佛光山的启建因缘,就要从一九八六年日月光集团负责人张姚宏影女士将关岛事业移回台湾说起。当时被公司奉派在关岛服务的冯润桩经理,在即将撤厂离开关岛前夕,梦到观世音菩萨要他跟老板说:"关岛什么宗教都有,就是没有佛法。"由于这一段因缘,虔信佛教的老板张姚宏影女士主动提供了一栋房屋,作为佛光山在关岛的道场。

后来因为信徒人数逐渐增加,道场空间不敷使用,我们只有再于距离国际机场不到五分钟的路上,购买了一块土地作为建寺用地。经过两年多的施工,于一九九九年四月三日落成,当天我应邀和总督顾提瑞斯(Mr. Carl. T. C. Cutierrez)、副总督伯罗多(Mrs. Madeleine Bordallo)等贵宾共同主持落成剪彩仪式,有二千人共同见证这历史性的一刻。当佛教教旗在关岛土地上冉冉升起的那一刹那,许多人都流下了感动的泪水,欢喜的心情真是难以言喻。

主持关岛佛光山落成开光典礼。与会贵宾有:关岛总督顾提瑞斯、副总督伯罗多、台北经济文化办事处处长李澄然、关岛议长安东尼奥、关岛高等法院院长彼得·斯库萨、天主教代表安东尼·阿普隆(一九九九年四月三日)

之后关岛总督的一席致辞,更是让人看到了关岛领导人的开阔心胸。他说:"感谢佛光山将最好的东西带到关岛,希望未来能吸引更多的佛教徒到此发展。"甚至在关岛佛光山尚未落成前,关岛政府便已迫不及待地想要将寺院的所在位置标示于地图上,以便推荐给来自世界各地的观光客。

最让人感动的则莫过于落成当天,我主持了一场皈依典礼,六百多人参加的盛况,信众渴求佛法的心情,一时间真叫我觉得佛法是迟来了,不过可喜的是,佛法也终于来了。

除了上述几个道场,佛光山在美国的道场还有:加州的南湾佛光山、奥克兰佛光寺、旧金山菩提寺、亚利桑那州的凤凰城禅净中心、密苏里州的圣路易斯禅净中心、纽约的鹿野苑、新泽西州的新州禅净中心以及夏威夷禅净中心等等,甚至在距离西来寺不远的

当地唯一的大乘佛教寺院——关岛佛光山

惠提尔市玫瑰岗墓园,我们也兴建了一座玫瑰陵,希望协助信众或亲眷往生灵骨奉安事宜,在此我就不再一一叙述了。

从最初的教堂揭开序幕后,到一九七六年开始筹备建西来寺以来,迄今也将近四十年了。在美国弘法建寺的过程中,虽然遇到许多艰难的事情,不过,一路走来,现在美洲也有三十二座别分院道场了。

很感谢来自各界的善美因缘,促成美洲佛教的发展。当然,西来寺历任的住持:慈庄、慈容、心定、依空、依恒、慧传、慧济,以及早期参与西来寺开山的依航、依勤、依照、依住、依果、永文等法师,还有近十多年来,分任美国各地道场住持或当家的依宣、依宏、依是、依法、慧光、印坚、永全、永如、永善、永瀚、满敬、满光、满普、满灯、觉法、觉忏、觉麟、觉圣、觉安、觉妙、觉凡、觉严、觉瑞、觉昭、觉行、觉淳、觉泉、觉衍、妙华、妙涵、妙西、妙弘、如扬等等,都有了不起的发心和贡献,希望后人可以知道这些得来不易的缘分,好好珍惜!

我在南美洲佛教的起跑

虽然南美洲百分之八十以上是天主教徒,
但是近年来因为佛光人在各地的耕耘,
不仅中国大乘佛教的精神,
渐渐为当地民众所认识,
"人间佛教"在这片土地上也有了新的曙光。
由于佛光会的种种善行义举,
巴拉圭前第一夫人苏姗娜‧加丽(Susana Galli),
还盛赞为"奇迹",
可见佛光人在实践"给"的过程中,
不仅福国利民,
也获得了巴拉圭社会的认同,
是名副其实的世界公民。

南美洲人情热络,蕉风椰雨,风光美妙,尤以巴西亚马逊河的风光、圣保罗的人文风情、巴拉圭伊瓜苏瀑布的景致、阿根廷"世界小姐"的光彩,以及智利铜矿的盛产等,闻名国际。

在这个人民普遍以天主教为信仰的南美洲,说起佛教传入的渊源,最早应该是在二十世纪五六十年代;那时候,日本人大量移民南美洲,而将佛教信仰带入。之后,陆陆续续地,又有来自台湾、韩国、越南及藏传、南传等地区的佛教传入。但是直到一九九二年,因缘具足,佛光山才将弘法的脚步延伸到南美洲,为南美洲人间佛教的弘扬打开大门。

巴西圣保罗如来寺

说到我与南美洲的结缘,就要从巴西说起。巴西是拉丁美洲面积最大、人口最

设于巴西圣保罗的佛光山如来寺

多的国家,过去由于历经多次移民潮,曾是一个混血的民族,也是日本移民聚居的国家。四季如春的巴西,没有种族歧视的问题,人民热情善良,尤其喜好运动,爱好足球的程度,几乎在每一个城镇都设有足球场,并且组织有足球队。目前在南美洲不少国家当中,官方语言以西班牙语为主,唯独巴西使用葡萄牙语。

一九九二年,我人在台北,听说一位南美洲的企业家许叠先生要找我,并有要事相托,虽然弘法忙碌,为了给人欢喜,我们还是相约见面。会面当天,他告诉我他在巴西圣保罗兴建了一间观音寺,希望能邀请我前往主持开光落成典礼。

当时我问他:"寺里面有出家人吗?"他告诉我:"南美洲没有出家人。"那么大的一块土地,怎么会没有出家人呢? 一听他这样说,我当即就问:"听说元亨寺在阿根廷建有寺院,一位普献法师还在那里推行断食修行,不是吗?"但是据他说,普献法师并没有长住当地,只是短暂居留。经他这么一说,我心里便动了念头,决定到南美洲一行,也为他兴建的观音寺主持开光落成典礼。不久,我们

首抵南美洲巴西弘法,张胜凯居士(二排右一)将静心精舍献给佛光山,作为南美洲弘法布教的道场(一九九二年四月二十九日)

就组织了一个小团队,准备前往南美洲进行弘法考察。

当然,人在异乡最重要的就是解决吃和住的问题,但是久住饭店总也不很适当。正当大家在为食宿问题发愁时,有一位张胜凯居士(一九四一年生,台湾台北人)传来消息说,他在圣保罗郊区有一栋花园别墅,平日作为修持之用,名为"静心精舍",容纳二三十个人应该不成问题,如果我们不嫌弃,就可以到那里挂单。大家听了之后,当然是非常高兴。

张胜凯居士是华人之光,当年年轻有为的他,在巴西发展企业,就有非常突出的表现,被推为世界台湾商会联合总会会长。他是台湾大学的高才生,毕业后负笈日本东京大学,进入营养化学研究所攻读学位,后来成为台湾声宝公司创办人陈茂榜先生的女婿。

张胜凯居士茹素,以弘扬佛法自居,是一位有修有德的人士,他不但在巴西乐善好施,也曾捐赠五千万元给母校台湾大学,是一位轻财重义的居士。一九七三年,他们全家移民巴西之后,据闻他不仅提供自家佛堂作为共修之所,梵呗更是唱得好,举凡大磬、木鱼、铃鼓、铛、铪等法器,样样都熟悉;在南美洲没有一个出家人的情况下,他还组成了一个梵呗教学班,听说有三五十人向他学习佛教的五堂功课,并且与友人筹建了"中观寺",发行《中观》月刊,弘扬正法。

　　我们住进了他的别墅之后,慢慢地,对许叠居士的观音寺有了进一步的了解。据悉,观音寺是一间神佛不分的香火寺庙,当初是许叠居士为了将来供给南美洲人士礼拜、也能收取一点香火利润而建。我听了以后,忽然犹豫起来,觉得佛教不能这么商业化,不得已只有推托,请别人前去参加法会,我也就不去了;实在说,这并不是失信,为了弘扬正法,我总要维护佛教的水平。张胜凯居士对我的决定也表示赞成。

　　那么,在张胜凯居士的别墅里住不到两三天,他就对我说:"大师!如果您肯到南美洲来弘法,或者派弟子来驻锡,我就把这一间花园别墅送给佛光山,将来可以在这里建立道场。"对于张胜凯居士舍宅为寺的发心,同时想到南美洲很需要佛教的普照,我当然是义不容辞,也就接受下来了;并且,我跟他说,届时我们在巴西成立佛光会,邀请他担任会长,他也直下承担地就答应了。

　　很快的,巴西佛光协会就成立了。但是,有一次,这许多会员集合开会的时候,却对张胜凯居士说:"这一栋别墅最好不要送给佛光山,只要作为佛光会在圣保罗的会址就好。"张居士不愧是个有远见的佛教徒,他说:"不可以!假如让别墅成为佛光会的会址,将来佛光会人事改选以后,就不知道房子的主人是谁了;送给佛光山,佛光山是寺院,所谓'跑得了和尚,跑不了庙',将来他们的出家人在这里一代一代地、前仆后继地主持寺院,才不会走样。"他心意已决,就把这一幢别墅交给佛光山管理了。

至于佛光会,他就把会址设立在距离别墅不远、走路不到三五分钟的地方。这里有六座网球场、两座篮球场,是一个休闲运动的场地。但是自从佛光会成立以后,张胜凯居士便公告一项讯息:凡是佛光会会员到此打网球,一律免费。顿时之间,圣保罗爱好网球的三百余人都加入了佛光会做会员。

张胜凯居士自从捐出别墅之后,便不再干预我们所做的任何决定,包括寺院名称也可以自由定名。当时我心里想,我们一个出家人,可以如如而来,也可以如如而去,所以就将"静心精舍"更名为"如来寺"。不久,佛光山派了觉诚、觉圣法师前往驻锡,未几,巴西协会也成为国际佛光会世界总会下有名的五大协会之一:一是台湾,二是马来西亚,三是香港,四是洛杉矶,第五就是巴西协会了。

再过了一段时日,从台湾运来了佛像,南美洲的巴西,有了如来寺的佛、佛光会的法、常住的僧,一下子,三宝俱全了;之后,我们就把别墅旁的民间土地也承购了下来,总共二十六公顷,并且开始请人绘制设计图,扩建如来寺。

二〇〇三年十月五日,如来寺终于克服万难落成了,我再度踏上巴西的土地,主持佛光山在南美洲的第一座寺院的开光启用典礼。这时候的如来寺已经成为南美洲第一大寺,启用当天,巴西总统卢拉(Luiz Inacio Lula da Silva)特别发出贺函,圣保罗州州长奥克明(Geraldo Alckmin)、科蒂亚(Cotia)市市长佩德罗索(Quinzinho Pedroso)及议员等也都亲临道贺。

巴西是一个讲葡萄牙文的地方,为了让佛教在巴西顺利发展,

主持巴西如来寺落成开光典礼(二〇〇三年十月五日)

语言甚为重要,因此,虽然觉诚法师早已从马来西亚大学毕业,我还是请她再到圣保罗大学去修葡萄牙文学分,同时教授佛学课程。也因为这一层关系,日后圣保罗大学邀请我去讲演、天主教福曼斯(Dom Claudio Hummes)枢机主教和我展开宗教对话,甚至距离巴西不远的阿根廷、巴拉圭也都纷纷要我去建寺弘法。就这样,里约、亚松森、海习飞、智利等地都陆续设立了道场,一下子,南美洲在短期间内就有了多所寺院;可以说,这就是南美洲佛教的起跑开始了!

其后,张居士创办了一所学校,虽也很乐意交给如来寺管理,但是如来寺人丁单薄,实在难以接受美意。幸好他后继有人,便由他刚从大学毕业的女儿张雅菁小姐接掌校务。张居士热心推动人间佛教,视弘法利生为己任,然而正当英年,有一次外地出差,却传来噩耗,让我们非常震惊。他的夫人张陈淑丽女士,只有抱着悲伤的心情,继承他的事业。

佛光会在圣保罗的发展,除了张胜凯居士的支助,还要感谢他的搭档斯子林居士。他一九二二年生,浙江人,一九四九年来台后落脚台中。之后移民巴西定居创业,从事石油、纺织、银行等业,是巴西商界闻人,也是一位虔诚的佛教护法。由于为人谦虚,与人相处和谐,从不轻易拒绝别人,在巴西佛光协会初成立时,大众一致公推他为首任会长。只是后来因为他高龄七十余岁,加之在台湾、美国都有事业,难以兼顾,在卸任会长一职后,便由年轻的洪慈和居士负起会务运作。

洪慈和居士,一九四五年生,台湾台中人,一九六四年全家移民巴西。他是一位虔诚的佛教徒,每天固定在家做完早课后才到公司上班,尤其和太太洪吕丽月女士每逢周六、周日就到如来寺当义工。

视道场如家、佛光会如命的洪居士,既出钱又出力,不但捐赠道场"如来禅园"土地,帮助禅园工程募款,也协助觉诚法师兴办

如来寺为如来之子成立一支足球队,给予密集的训练,希望未来能代表佛教参加世界杯足球赛

我在南美洲佛教的起跑

出席于巴西召开的"国际佛光会世界总会第三届第三次理事会议",左二为洪慈和居士(叶明亮摄,二〇〇三年十月三日)

巴西儿童教育,推动"如来之子"计划,为二百余名巴西贫民窟儿童,提供各项生活技能、才艺课程的学习,以及每周一袋米粮和一些蔬菜等生活所需,同时也鼓励他们到如来寺踢足球。

　　巴西的足球是世界闻名,我也很希望他们当中能踢出几个明日之星,只是教练难求,巴西儿童虽然对足球有兴趣,一般也是游戏而已,并没有想要当成终身职业。尽管如此,为了孩童的身心健康,如来寺还是积极培养他们的运动爱好。在美国的赵宗仪小姐,即休斯敦佛光协会赵辜怀箴会长的女公子,当她得知巴西"如来之子"的计划时,十分感动,还发心前往如来寺做义工,在那里服务了很长一段时期。

　　在"如来之子"计划开办之后,最初每期招生名额只限一百人,却来了四五百人,在场地不敷使用的情况下,二〇〇六年,政府提供了一块可以使用三十年的土地,让我们兴建"光明教育中

近四百名如来之子返回巴西如来寺大会师,经过两年的佛法熏陶后,更懂事更有礼貌。图中为觉诚法师(二〇〇四年十二月十三日)

心",从此也就扩大了如来之子的学习空间。

十年下来,"如来之子"计划已经培养了三千多位巴西的儿童、青少年,由于觉诚法师在当地弘法的成就,加之该计划受到当地政府和居民的肯定,科蒂亚市政府还特别颁发给她"荣誉市民奖",这也是巴西首次有比丘尼获得这个奖项。

谈及"如来之子"的计划,就免不了要提觉诚法师在巴西六次遇贼抢夺财物,甚至几次遭遇小偷开枪的险境;由于她的临危不乱,终得逃过一劫。尤其是她的慈悲心使然,小偷临走前,觉诚还送了几本我的葡萄牙文版著作给他们,希望他们日后改过向善。自此,她也默默在心里发下一个愿望:"我度不了你们这些贼,但一定要度你们的孩子!"因为这样的因缘,促成了"如来之子"的成立,也帮助改善了当地的治安问题。

可以说,巴西如来寺以及佛光会的成长,觉诚法师是重要的推手,她离乡背井,从马来西亚来到台湾佛光山出家,之后接受常住调派到巴西服务,一安住就是十几年。为了让佛教于巴西普遍弘扬,她与洪慈和居士等人还成立了葡萄牙语翻译中心,目前已翻译有二十一类佛学著作;《传灯》这本书的葡文译作,更成为巴西出版界的畅销书。现在佛光山派驻在巴西的法师,有些是当地发心出家的青年,语文不是问题,非常希望巴西佛光会继续传承这种"佛教本土化"的优良传统。

巴西人和佛教有缘,我们初到巴西时,当地已经有一百多万的佛教徒。二○○三年,我到巴西主持"国际佛光会第三届第三次理事会议",还和巴西圣保罗州联邦警察总监弗朗西斯科(Dr. Francisco)结下友谊。活动结束后,他问我:"佛法这么好,为什么佛教这么迟才传到巴西来?"我一听,很自然地回答:"巴西人很有佛性。"他说:"我们巴西没有人,没有所谓的'巴西人'!"乍闻此言,我大为讶异,弗朗西斯科进而解释:"巴西的一亿六千万人口,大多是外来移民,全世界的人,谁到巴西来,谁就是巴西人。"这番深有见地的话让我体会到:我们来到台湾,就是台湾人;对全世界移民人口的认同,就是对人民的尊重。

二○○四年春节,弗朗西斯科和他的夫人路易萨(Dra. Maria Luiza)特地到佛光山皈依三宝,我为他们分别提取"普智"和"普慧"的皈依法名,并鼓励两人退休后担任檀讲师。弗朗西斯科问我:"巴西有许多吸毒者,怎么帮助他们?我好像手中握有种子,却一直找不到好的土壤可以让种子发芽。"我看着他,回答说:"中国人有一句话说:只问耕耘,不问收获。"当时,弗朗西斯科点点头,似有所悟,未来想必有更多人会因他而受益吧。

现在,如来寺僧信大众无不积极推动佛光山的四大宗旨:"以

巴西警察总监弗朗西斯科和他的夫人路易萨拜访佛光山,身着修道服请益佛法(觉念法师摄)

文化弘扬佛法",出版葡文佛教图书译著;"以教育培养人才",创办佛学院,培育弘法人才;"以慈善福利社会",推广"如来之子"计划;在"以共修净化人心"方面,则有每周举行的共修会,采取华语及葡萄牙语双语进行,以实践佛教本土化的理念等等。

过去,巴西民众普遍信仰天主教,但近年根据巴西民调显示,学历越高者,对佛教的认同度也就越高。特别是二〇一二年,巴西总统迪尔玛・罗塞夫(Dilma Rousseff)还特别颁布每年五月的第二个星期日为国定"佛陀日",最是振奋人心。

甚至科蒂亚市副市长莫伊塞斯赫(Moisezinho)在出席在如来寺举行的庆祝佛诞节浴佛法会暨三好作文诗歌比赛颁奖典礼时,还向在场的近四千位贵宾及信众说:"据统计,如来寺的参访人数已经超过胜地波尼托镇(巴西著名的生态小镇),使得如来寺所在地科蒂亚市更广为人知,不但活络了城市的经济,也带动了社区的繁荣。"语末并表示："如来寺是科蒂亚市的一块大福地,欢迎大家经常前来参访,广种福田!"副市长的一席话,令所有在场人士无不感到振奋;综观佛教净化人心、改善社会风气的作用,在巴西是获得政府和人民的肯定了。

当然,这许多弘法的成就,不仅有赖第一任住持觉诚法师的开荒拓土、第二任住持妙多法师的务实发展、现任住持妙远法师的勤奋耕耘,以及所有在南美洲弘法的徒众们奋斗打拼,还需要热心佛教事业的信徒护持。长久以来,像斯子林、张胜凯、洪慈和、谢昌远、刘学琳、刘学德、陈森振、伍季麟、刘素花、斯碧瑶、石晓云、洪吕丽月、吴耀宙等众多信徒的发心,我们无以为报,只有以努力推展巴西佛教的发展作为回馈了。

与巴西圣保罗当地华裔青少年合影(一九九二年四月二十五日)

里约禅净中心

目前,佛光山在巴西除了圣保罗的如来寺,也发展到里约及海习飞等地。

里约(Rio de Janeiro)是巴西的第二大城市,风景秀丽,素有"小桂林"之称,而佛光山里约禅净中心就坐落在工厂林立、交通便利之地。一九九二年,我首次前往里约弘法,时隔一年,佛光会里约分会在热心信徒的奔走下终于成立;第一任会长由蔡正美居士担任。

最初信徒集会共修,是在吴国瑞居士提供的自家大厅进行,之后由于空间不敷使用,斯子林居士便发心提供房舍,作为弘法之用。慢慢的,在信徒积极寻觅下,才于里约北区购得一幢三层楼的房子。

目前,如来寺法师每个月至少都会前往普照一次,带领里约的信众共修、禅坐以及参与读书会等活动。尤其里约佛光会在督导蔡正美、徐堂元、黄庆鑫、赖素珠以及现任会长黄清标的领导下,积极投入当地的慈善关怀,每年定期举办年终物资发放,关怀麻风病院,邀请贫民区儿童到道场欢度巴西儿童节等等。甚至二○一一年初,里约遭受连日暴雨的侵袭,损失惨重,佛光会里约分会在第一时间就与里约红十字会取得联系,进行物资捐赠事宜的协商,并且做款项、物资的筹募。

由于佛光人在当地的服务奉献受到肯定,二○一二年六月,妙远法师受邀到里约的中国景观亭(Vista Chinesa),主持"纪念华人移民巴西二百年追思大会超荐祈福仪式"。莅临的贵宾有:台湾驻巴西代表处代表徐光普、台湾驻巴拉圭官员黄联升、"环保署"副署长叶欣诚、前"交通部长"简又新以及众多的侨界人士等。

同年,联合国"Rio+20全球高峰环保会议"在里约举行时,因为国

巴西里约禅净中心

际佛光会为联合国非政府组织团体会员,巴西佛光协会顾问斯碧瑶、里约分会会长黄清标等四位佛光人,也代表出席了此项国际会议。

可以说,里约禅净中心在里约佛光会的护持下,寺务发展渐入佳境;而里约佛光会在里约禅净中心弘法方向的指引下,更是大放异彩了。

海习飞佛光缘

一九九二年,我在圣保罗主持皈依典礼,巴拉圭最早的移民中,有一位八十岁的金潘昭华老太太为了赶赴这场典礼,特地由儿女陪同搭机,飞了三千余里的航程前来参加,从此也就播下了海习飞(Recife)佛光缘成立的种子。

不久,觉诚和觉圣法师前往海习飞弘法,老太太的儿子金佩仁居士得知,广邀华人在临时借用的场地听法。由于这一次聚会的

巴西海习飞佛光缘

因缘,海习飞佛光分会在信众的催生之下,首先成立,会长一职并由大众公推金佩仁居士担任。从此,每两三个月,如来寺都会派遣法师前往辅导会务。

渐渐地,会员信众越来越多,第二任会长刘麒祥居士凝聚信徒的力量,合力请购了一栋餐馆,并改建成道场;虽然场地不大,但是设备尚称齐全,终于,海习飞佛光缘也随之成立了。道场一成立,信徒有了慧命之家,也就更增加了他们学佛的信心,经常参与道场乃至佛光会所举办的活动。

继刘居士之后,接任会长职务的曾盛梅、陈碧云,也都是发大心地护法,举凡救苦救难、关怀慰问、烹调素斋,样样都能承担,就更增佛光缘的弘法能量了。

一点"佛光"的照耀,真是为海习飞带来了佛教发展的因"缘"。二〇一二年,在南美洲各地道场举办的"佛光山南美洲同步佛学会考",光是海习飞佛光缘的这一场,与会的巴西人就占了总人数的五分之三;尤其道场在觉曦法师的带领下,每年定期对外举办的"一日禅修",也都不乏当地出身的律师、医生、教师、工程师等知识分子参与,佛教"本土化"的程度真是一点都不逊色。

巴拉圭禅净中心

巴拉圭是位于南美洲中南部的小国,面积为台湾的十一倍大,四周被巴西、阿根廷、玻利维亚所围绕,属于一个内陆国家。

一九九二年,我应台湾信徒郭文琦的母亲郭徐玉珠女士邀请,前往巴拉圭东方市最大的会场大陆讲堂(Continental Show)讲演。当时巴拉圭还没有寺院,找不到佛像庄严讲堂,信众们还请人特地绘制了一幅大型佛像供奉。因为他们学佛的虔诚,也就让我兴起想要在巴拉圭成立佛光会的念头。

由于华人在当地的勤奋表现,以及对社会发展的贡献,当我们一行弘法团到巴拉圭时,官方警力还护送我们前往参观伊泰普(Itaipu)水力发电厂的运作情况。据中华会馆陈传庚秘书长说:"连外国官员来访,也不一定有这样的殊荣。"可见得华人在当地是受到肯定和尊重了。

同年,由于当地信众十分认同人间佛教,加上纪文祥、李云中、陈慧净等居士出面筹组佛光会,巴拉圭佛光协会终于成立,并且成为该国第一个佛教团体。

协会成立之初,每逢共修,都是借用郭徐玉珠女士的家中客厅作为聚会场所,慢慢地,才又承租了市中心玫瑰大楼的一处小空间。一九九三年,各方因缘成熟,终于购得同样位于市中心的国际大楼五楼,作为巴拉圭禅净中心的现址。

协会首任会长纪文祥居士,一九三一年生,在当地是一位声望

巴拉圭禅净中心举办全民阅读专题讲座,邀请国际佛光会中华总会秘书长觉培法师主讲(二〇〇三年十月十九日)

很高的华裔绅士,不但知书达礼,广结善缘,上自官方、下至老百姓都对他很尊重,尤其热心会务,不论国际佛光会理事会议在哪个国家召开,路途有多遥远,飞行时间有多久,他总是如期参加。海洋大学毕业的高才生觉圣法师,在纪居士以及相继接任会长一职的李云中、宋永金、陈淑芬和林本锋等带领会员大众协助之下,加之于当时派驻巴拉圭的王昇多所关心,以及巴拉圭政府对寺院的友善,使得巴拉圭禅净中心的寺务蒸蒸日上。

其中,巴拉圭佛光人本着慈悲之心,在当地做了很多慈善事业,例如,为了改善交通安全,捐建人行天桥;为了嘉惠行动不便的人士,广捐轮椅;与巴拉圭华人慈善基金会发起办理"中巴佛光康宁医院",为当地贫户义诊,并提供早产儿保温箱,救助清寒家庭不足月的婴儿;推动"零饥饿计划",捐助豆浆机,用当地价廉物美的黄豆,教导民众制造高营养的豆浆和各式各样的食品。除了赠送豆浆机,

巴拉圭佛光协会会长宋永金,出资协助巴拉圭市政府兴建两座人行陆桥,市政府命名为"佛光桥"(一九九六年十月二十四日)

也设有爱心豆浆站,每个月免费供应三千四百个家庭和两所医院。

由于佛光会的种种善行义举,巴拉圭前第一夫人苏姗娜·加丽(Susana Galli)还盛赞为"奇迹",可见佛光人在实践"给"的过程中,不仅福国利民,也获得了巴拉圭社会的认同,是名副其实的世界公民。

亚松森禅净中心

巴拉圭的首都亚松森(Asunción),因为地处南美洲内陆,比起南美洲其他国家,更难得有听闻正法的因缘。一九九二年,当我到巴拉圭东方市出席巴拉圭佛光协会举行的佛学讲座时,亚松森才有一两位信众参与其中。想到仍有广大众生未能听闻佛法,我觉得成立佛光会是刻不容缓的事;终于,隔年心定和尚前往亚松森主持有史以来首次佛学讲座之后,佛光会亚松森筹备会成立了。

再经过三年,亚松森佛光分会正式成立,首任会长由蔡丰麒担任。最初,大众共修都是借用信徒家中的车库,后来由于人数增多,共修场地不敷使用,一九九七年,在第二任会长洪鸿荣联合侨界共

由我题名的"中巴佛光康宁医院"落成典礼,巴拉圭总统第一夫人苏姗娜·加丽女士(右四)莅临剪彩。此医院乃是佛光会世界总会李云中理事(左二)及巴拉圭协会宋永金会长(左一)与当地人士合力筹建而成(二〇〇二年五月十日)

同发心下,捐赠了六百坪房舍作为道场,佛光山于巴拉圭的弘法才有了新的据点。二〇〇〇年,可容纳百人的大殿完成,有了活动中心和图书馆,这时候亚松森禅净中心的弘法功能,就更为俱全了。

目前,亚松森佛光人除了平时的共修集会,在亚松森分会傅明珠会长、詹丽华督导的带领下,对于当地的各种慈善活动也都积极参与。例如,为帮助身心障碍儿童复健治疗,巴拉圭每年会举办全国最大的慈善募款盛会TELETON,亚松森佛光分会也都会到活动现场设置素食义卖摊位,共襄盛举。

另外,亚松森禅净中心成立有"西文读书会",至今已行之四年,学员定期在道场聚会研究佛学,人数虽然不多,但大多是巴拉圭籍

巴拉圭亚松森禅净中心开办儿童舞蹈班,图为舞蹈班小朋友表演后于亚松森禅净中心与佛光会会员合影

的学员;可以说,人间佛教在当地也引起了一股小小的研究风气。

在上述两处巴拉圭的弘法据点之外,其实还有一间贝多芳佛光缘,位于巴拉圭第三大城市贝多芳(Pedro Juan Caballero)北部,一九九五年,在李云中会长的主持下,佛光缘和佛光会正式成立。贝多芳人口少,只有区区五万人,但是佛光人本着广结善缘的精神,仍然持续发挥佛教净化人心的教育功能。尤其是贝多芳分会的曾锦辉、张南隆督导,都是侨界当中发心护持佛教的楷模,相信在他们身教的示范下,必能让贝多芳佛教的发展焕然一新。

阿根廷佛光山

一九九二年,我应邀到阿根廷主持佛学讲座,这是我首次前往阿根廷弘法,当天有将近两百位听众发心皈依三宝,成为佛弟子。之后,驻阿根廷商务代表王允昌先生与夫人林淑惠女士,便积极发起组织阿根廷佛光协会,一时诸多信众纷纷响应。但是就在此时,王代表却接到回台湾述职的派令,于是林瑞兴先生在众望所归之下,接续了创会的任务,成为阿根廷佛光会的创会会长。

林瑞兴居士,一九四〇年生,在阿国经营商业,性格温文尚礼,有为有守。他曾对我说,在他的岳父往生时,同修黄富美回台奔丧,特地上佛光山礼佛,望着庄严的三宝佛默默发愿:"如果星云大师到阿根廷弘法,我们全家就皈依三宝。"没想到后来我真的去了!在一场佛学讲座上,林居士听了我的开示,觉得佛法蕴含圆融的智慧,就圆太太所愿,全家皈依了。

佛光会在林居士带动下有了好的开始,一九九三年终于正式成立。在信徒、会员日增的情况下,巴西协会会长张胜凯伉俪,发心捐出位于阿根廷首都布宜诺斯艾利斯的双层楼房作为道场。此地本为高级餐厅,价值上百万美金,我们不好意思就这么接受,便尽力提供六十万美金聊表心意,但是没想到后来张居士又把这笔款项转给如来寺作为建寺基金了。

说到佛光山在阿根廷的弘法,最为艰辛的一段时日,应该就是二〇〇一年阿根廷在无预警的情况下,突然吹起金融风暴,人民在银行的存款被政府全部冻结,有些人受不了打击而跳楼自杀,甚至大量的华人移民出走,所幸道场在这场人为的灾难中,靠着信徒们省吃俭用给予护持,而能够撑持过来。尤其是继林瑞兴会长之后,当选会长之职的王任谊居士伉俪,凭着一份对佛教的虔诚信仰,在

我在南美洲佛教的起跑

阿根廷佛光山

灾难中仍持续发心护持道场,陪伴道场走过国家财政危机带来的种种困境,带动道场新的发展局面,实在令人感佩。

王任谊居士,一九六三年生,台湾台北人,是国际佛光会中华总会秘书长觉培法师的兄长,全心全意护持道场的精神堪比觉培护法卫教的能量,是所有阿根廷佛光人公认的模范护法。王居士从事鞋业制造,公暇之余,积极投入道场活动,担任义工,尤其乐善好施,长久以来,都固定从营业收入中规划部分盈余,用以支持道场各项弘法事业。

在阿根廷面临经济风暴期间,他的公司也深受其害,但是就在许多同行宣告破产之际,据闻他因为研读我的著作而有所受用,不但帮助自己也帮助许多人渡过难关。从此,每有我的作品出版,他必定率先赞助,并且把我的小丛书摆设在公司办公室显眼的地方,任由客户拿取;为了让更多人从书中获益,他还征询往来的客户店

阿根廷佛光山受邀成为阿根廷童军总部佛教咨询单位,并参与二〇〇五年一月国际西语系童军大会师活动,为八千名童军介绍佛教(二〇〇五年一月九日)

家同意摆放我的书,购书费用则一律由他资助。甚至每年的阿根廷鞋展,每当有顾客来看鞋,他就以一本我的著作与他们结缘。

除此之外,从二〇〇九年起,在王会长的积极推动下,阿根廷佛光山开办了精致型的"佛光中文书苑",成为政府认可的第五所中文学校,不仅为华人子弟的中文能力扎根,也在加强伦理道德的教育。几期下来,学生表现深受好评,至今连土生土长的阿根廷人,也将自己的子女送到书苑来接受教育。

再说二〇〇三年后,阿根廷经济逐渐复苏,为了让"人间佛教"在当地有进一步的发展,佛光会不但到孤儿院、贫民区定期关怀;与华人街上最具历史的圣母(Inmaculada Concepción)教堂,共同承办"为世界和平敲钟祈福大会";在街头举办浴佛法会,和成千上万的大众结缘,也于国际西语系童军大会师的活动上,为八千名童军介绍佛教、倡导"三好"。

阿根廷佛光人的弘法能量,还不只展现在活动方面,也用心于以文化度众。自二〇〇四年起,阿根廷佛光山每年应邀参加南美洲最盛大的"阿根廷国际书展",是唯一参加书展的佛教团体。尤其在阿根廷佛光山国际翻译中心的主持下,我的著作至少已有四十种西文译本,如《迷悟之间》、《佛光祈愿文》、《人间佛教的基本思想》等等。在书展的会场上,据说吸引了广大民众的购读,甚至哥伦比亚、厄瓜多尔等地的出版商,也都纷纷前来洽询相关出版事宜;这些书籍后来也被引进智利、巴拉圭、乌拉圭、哥斯达黎加等中南美洲西语系国家。

在佛光人的集体创作下,阿根廷佛光山渐渐地受到当地政府的肯定。例如二〇一一年,应布宜诺斯艾利斯市市长马克里(Ingeniero dan Maunicio Macri)邀请,参加了独立纪念日升旗典礼,有妙远、妙众、王任谊督导贤伉俪及现任会长李茂勇等人前往市政厅出席,可谓华人之光。当天,也是侨界的联合运动会,佛光青年的表现可圈可点,令在场人士十分赞叹,承蒙佛光青年刘珈妗接受当地电视台访问时还说,要将我提倡的人间佛教弘扬到南美洲。我想,有了青年人的信仰传承,人间佛教在阿根廷的发扬是更有希望了。

尤其近年来阿根廷佛光青年团的发展蒸蒸日上,更让我们对西语系的弘法人才充满期待。现在佛光山长于讲说西语的,多数来自阿根廷佛光青年团,例如,现任国际佛光会中华总会秘书长的觉培法师,随团到欧洲参加佛光会理事会后,一九九六年回到台湾南华大学就读研究所,后来随我出家,成为我在阿根廷的第一位出家弟子。目前她在台北任职,经常与西语系国家驻台官员来往,并且带领他们到佛光山参加各项活动。

另外,佛光大学硕士王慧媛小姐,毕业后留校担任佛教学院助理,不仅西语会话流利,英文讲说更是流畅,凡各国代表莅临佛光山或参加凯达格兰大道上举行的重要庆典,她总是义不容辞地担任翻译的义工;到了近期,则又有刘珈妗回台就读佛光大学佛教学院。

我想,佛教的发展需要青年,希望未来能有更多的阿根廷青年加入弘扬佛法的行列!

智利佛光山

南美洲除了巴西、巴拉圭及阿根廷外,另一个正在落实佛教本土化的国家就是智利了。

智利位于南美大陆的西部,是全世界土地最狭长的国家,也是拉丁美洲最主要的工业国,拥有世界最大的铜矿储量,人民勤劳和善。人间佛教传入智利,最早是一九九五年觉诚法师在巴西弘法之余,多次前往智利考察而与当地信众结下的缘分。那时她不辞路途奔波,到圣地亚哥及北部依基克各个华人家庭,进行一场又一场的家庭普照,为智利洒下了一点佛法雨露。一九九七年,智利佛光协会终于正式成立,首任会长由吴俊仪居士担任。

吴居士旅居智利已有三十几年,多年来秉持佛光山"以慈善福利社会"的理念,持续捐赠轮椅及助行器给依基克省境内需要帮助的人,爱心受到当地人士的肯定,尤其是儿子吴善钧进一步传承父亲的信仰,担任道场的副主席,协助人间佛教在当地的弘扬,真可谓积善之家。

听说智利佛光人的发心不懈,一九九八年,我特地请时任国际佛光会世界总会的副秘书长慧传法师,在前往南美洲秘鲁、厄瓜多尔、玻利维亚、阿根廷等国访问时,也前往智利给予佛光人打气,并关怀慰问当地侨胞。

我在南美洲佛教的起跑

智利佛光山

三年后,二〇〇一年,智利佛光协会因为佛教发展的需要,在协会顾问同时也是智利侨务委员的梁政渊居士发起,以及诸多护法信众共同成就之下,购得圣地亚哥地区塔拉根特市一块土地,并捐赠为智利佛光山的道场用地。翌年,妙睦法师被派任为智利佛光山监寺。

至于我有因缘踏上智利这块土地,则是在二〇〇三年十月,承蒙当地著名的天主教圣多玛斯大学创办人若恰先生（Gerardo Rocha）的厚爱,代表全世界二十八所圣多玛斯联盟,颁发博爱和平荣誉博士学位予我,我亲自前往智利受奖。

这一趟行程,我也应圣地亚哥市长拉文（Lavin）先生的邀请,前往市政府拜访。会面时,市长致赠市徽给我,并且向我提出几个有关佛教修行的问题。其中他问:"出家人一天进行几次祷告?"我告诉他:"出家人无时无刻都在祷告,每一天的心念都要在清净与善念之中。"对于佛教时时存好心的修行,市长向我表示佩服,这

获智利圣多玛斯大学颁赠博爱和平荣誉博士学位(陈碧云摄,二〇〇三年十月九日)

么一来,也就更增加他对佛教的好感了。

　　此行最后一天,我以"六度的真义"为五百多名信众做了一场佛学讲座,作为弘法行程的圆满结束。讲座中,听众不但时时抱以热烈掌声,甚至有不少人流下了感动的泪水;我想,这必然是他们长期渴求佛法的反应了。当天与会的贵宾有:台北驻智利文化经济代表处孙大成代表、圣多玛斯大学创办人罗莎(Gerardo Rocha)、校董事奥尔特加(Jusus Gines Ortega)、参议员巩沙洛、文化中心副馆长恩斯特等。当时,我还应智利佛光协会顾问梁政渊的邀请,在位于道场隔邻的农庄种植日本枫树,作为此行圆满的纪念。

　　多年来,智利佛光山在妙睦、妙观法师的带领下,在首都圣地亚哥郊区的道场发展得有声有色,每月共修都有近百位智利人参加,佛光会也由原本只有华人的组织,到现在增加了为数不少的智利人。可以说,智利佛教的"本土化"是已渐至佳境了。尤其历任的督导、会长,如吴俊仪、吴炳煌、林爱国、叶庆和等,长期投入护持

在巴西如来寺颁发纪念品给参加佛诞节表演的演员

道场,更是值得赞扬。

目前南美洲除了上述几个国家设有寺院道场之外,乌拉圭虽然没有道场据点,但由于一九九五年王振德居士的邀请,觉诚法师多次前往乌拉圭弘法,而促成了隔年乌拉圭佛光协会的成立;首任会长由戴立群居士担任。现在,兼任阿根廷佛光山监寺的妙远法师等人,也都会定期前往乌拉圭辅导会务。

虽然南美洲百分之八十以上是天主教徒,但是近年来因为佛光人在各地的耕耘,不仅中国大乘佛教的精神渐渐为当地民众所认识,"人间佛教"在这片土地上也有了新的曙光。在人间佛教法传南美洲二十年之际,唯愿将来佛教"本土化"的理想能更为落实南美洲!

我在多伦多临时起意

因缘就是这样不可思议,
一旦播种了,总会开花结果,
佛门的有缘人,天涯海角终究不会漏失掉。
想到佛光山如果没有这许多勇敢的僧青年,
如果没有这许多发菩提心的菩萨,
海外哪里能有那么多弘法度众的道场呢?
为了让多伦多的华人移民能有一个信仰的据点,
这时候也只有鼓励她继续向前走,
常住必然会在经济上支持,
还有全世界的师兄弟,
也都会齐心来帮忙。

一九九一年,我到美国及加拿大弘法访问,其中,光是加拿大的温哥华,在这一年里,我就去了三次。有人说,温哥华有世界上最美丽的居住环境,我们实地观察了以后,真是一点也不错,就如伊丽莎白皇后公园(Queen Elizabeth Park),真是全球最美丽的市立公园之一,园中有着各种鲜花异卉,美不胜收。温哥华也是世界上华人最多的都市之一,因为北美洲的华人,多数聚集在温哥华、纽约、洛杉矶、旧金山等四大都市。因此,我们对温哥华留下了极好的印象。

后来,为了国际佛光会要在世界各大名都成立,我又有机会到温哥华去,在当地召集信徒开会,为他们解说成立佛光会的意义。其中,有一位赵翠慧居士,她是一九六九年到佛光山参加第一届大专佛学夏令营的学员,当年还是一位活泼美丽的小姐,二十年后我再度见到她,她已是一名成熟能干的中年妇女。她在加拿大非常有知名度,在侨界也十分活跃,是拥有一千多名华人学生的温哥华中华学校的校长。由于有这样的一段因缘,我就鼓励她担任温哥华佛光协会的会长,她也欣然同意了。

因缘就是这样不可思议,一旦播种了,总会开花结果,佛门的有缘人,天涯海角终究不会漏失掉。就这样,我们在当地成立了温哥华佛光协会。

温哥华讲堂

就在一面成立温哥华协会之际,我也同时请美国西来寺的住持慈庄法师,开始在温哥华筹设道场。由于一九八八年的冬季奥林匹克运动会就在邻近温哥华的卡加利市举办,因此接下来的几年,土地一直都很昂贵,所以道场的购地始终是迁延时日。后来,

在温哥华统一广场举行上梁(平顶)仪式(一九九三年四月十三日)

温哥华佛光山

有一位统一关系企业的负责人,他想在温哥华建立大饭店和超级市场,很希望我们能跟他合作,慈庄法师便与他们接洽、周旋,最后在他们公司的楼上,也就是最高的第六层楼,设立了温哥华讲堂。

温哥华讲堂于一九九四年九月落成开光,有一间能容纳三百人的佛堂,还有一间能让二三百人吃饭的斋堂、十间教室,以及十几间客房。而且讲堂又位于五楼之上,也很安全,我们就这样子有了温哥华讲堂。

道场落成后,我承诺信徒,只要有四百人能背诵得出《心经》,我就到温哥华宣讲这部经典。想不到,还未及一年的时间,永固法师便迫不及待地告诉我,讲堂里会背《心经》的信众,早已经超过五百名了。隔年,我依约飞往温哥华,以两天的时间,为这些求法心切的信众们讲解《般若心经》。

我也听说,在我们去温哥华设立道场后不久,台湾陆续有多家寺庙,如灵岩山等,也相继到温哥华来。我觉得很好,此地华人多,语言也通,相当适合华人在此建寺庙,而且加拿大人又很善良,也不排外,这是皆大欢喜的事情。

多伦多佛光山

多伦多是加拿大最大的城市,温哥华则是加国西部最大的都市,从温哥华到多伦多,如果搭乘波音七四七飞机,也要飞行五个小时才能到达。虽然加拿大的政经中心是在多伦多,可是我们对于多伦多这个城市,仍然算是人生地不熟的。

一九九一年访问加拿大的时候,是我第一次看到多伦多,实在是地大物博啊!几乎每条街都有公园。相形之下,我们台湾的台北市,如果要想建一个行政中心,几乎很难找到一块适合的土地;然而在多伦多,想要建二十个、三十个、五十个,都不为难事啊!

所以,当我一看到这么大的都市、这么可爱的城市,就开玩笑地说:"有什么人愿意到多伦多来发心筹建道场的?"当时,随车有一位依宏法师毫不犹豫地就答应了。她是弘光护理专科毕业的,我想,她既然有这样的志愿,应该要成就她,不过我还是再一次向她确认:"你是真心的吗?"她也坚定地回答我,是真心的。

我嘱咐依宏:"那就好,你待会儿下车之后,先去租一个地方住下来,然后再慢慢找地、启建道场。现在,我们这些人就要回台湾啰!"

依宏法师微笑说:"好的,我就在前面的路边下车。师父,祝福你们平安回台。"于是我们的车子又往前开了一小段路后,就停靠在路边,打开了车门,让依宏一个人下车,我看到她目送着我们扬长而去。

车子再次向前行驶。一路上,我仍旧挂念着依宏,唉!想到就这样把她一个人丢在多伦多,适当吗?不过我心里又想,她是自愿留在多伦多的,自己也有信心,而且她是一个很勇敢、很有承担力、相当有耐力的人,再加上本身会一点英文,在多伦多生存应该没有困难的。

主持多伦多佛光山的安基典礼（一九九四年九月十八日）

等我们终于回到台湾，再和她联系，她报告说，已经看妥了一处的房子，可以作为临时的佛堂，而且当地也有一位土地经纪人波罗卡小姐，愿意跟随她到佛光山来出家，那就是后来的满宜法师。

直到这个时候，我才总算真正地放心了，心里觉得很欣慰，想到佛光山如果没有这许多勇敢的僧青年，如果没有这许多发菩提心的菩萨，海外哪里能有那么多弘法度众的道场呢？为了让多伦多的华人移民能有一个信仰的据点，这时候也只有鼓励她继续向前走，常住必然会在经济上支持，还有全世界的师兄弟，也都会齐心来帮忙。后来，多伦多佛光山就在一九九二年购地，一九九四年动土，一九九七年落成。从此，我们在加拿大多伦多这个工商业的重镇，有了弘法的根据地。

其实，在建立道场之前，我们已经先成立了加拿大多伦多佛光协会，由来自香港的关保卫先生担任会长。他是一位会计师，为人非常尽责，在加拿大多伦多的当地社会也很有地位。

当时的移民，有台湾移民与较早来加拿大的香港移民，经常两相对立，所以我们这个佛光协会里面，一开始会员也形成两派，有香港的一派，也有台湾的一派。不过，由于住持是来自台湾的法师，而佛光协会的会长则是由香港人担任，因此双方最后都能没有成见，彼此和谐相处，互相尊重。

对海外的道场而言，有一件比较艰难辛苦的事，就是尽地主之谊，尤其是美国西来寺和加拿大多伦多佛光山。为什么呢？因为西来寺位于洛杉矶，那里有一个迪士尼乐园，所以每次有客人来，或者是信徒到访，不能免俗的，都会希望道场有人可以带他们游一下迪士尼。可是这一玩，不仅是一二个小时而已，往往是早上去，直到晚上才能回来，这要耗费一天的时日啊！因此，道场必须要有一个专职的人员，几乎是每天不间断地带人前往。

而在多伦多的道场，也是相同的情况。当地有一个尼亚加拉大瀑布，凡是来此的信众，因为人生地不熟，不免会要求道场有人可以带领他们，前往参观一下名闻遐迩的尼亚加拉瀑布。长此以

多伦多佛光山住持依宏法师（前排中）

多伦多佛光山寺

往,这两处道场的住持,不是为弘法利生而叫苦,反倒是为要花费这许多的时间,特地陪人参观、游玩而伤脑筋。

我忽然想起一九七六年到洛杉矶建寺的时候,遇到同样也在美国建寺的印海法师,不过他比我们早两年到达洛杉矶。那时我问他:"你在这边还好吗?"他回答说:"很好。"停顿了一会儿,他淡淡地说,两年当中,已经带七十多次的旅游团去游迪士尼乐园了。算起来,几乎是每个礼拜都要去一次,说来这也是海外弘法不足为外人道的辛苦吧。

蒙特利尔华严寺

除了多伦多的道场以外,后来我们也到加拿大的第二大城市蒙特利尔建寺。蒙特利尔有"小巴黎"之称,是仅次于巴黎的第二大法语城市,位于加拿大最大省份魁北克境内。由于魁省过去曾经是法国的属地,所以官方语言为法语,一九九五年才刚闹过独立,但是没有成功,而且经济上也还不足以独立。

蒙特利尔佛光山华严寺

我那时到了魁北克,正值大雪飘飘,天寒地冻,零下二三十摄氏度的气温,对当地来说根本是不足为奇的事。蒙特利尔华严寺,蛮有规模,每层占地就有一千五百平方公尺。道场前身曾是一个饭店,所以厨房非常之大,还真是用不了,全都让给了我们。于是在一九九五年,我们就在华严寺开始展开弘法度众的工作。

爱民顿讲堂

爱民顿,位于多伦多和温哥华之间的艾伯塔省(Alberta),是加拿大第一个设立环保部门的省份,也是加国人民教育水准平均最高的省份,一九八八年的冬季奥运会就是在这个省份举行的。

一九九四年,我到爱民顿主持爱民顿佛光协会成立大会,当时爱民顿的华人有七万,很需要有人到此地弘法。爱民顿的这些佛光干部们,其实早就急于成立佛光协会了,由于他们想等到我亲临主持,结果一等就是一年的时间。

他们再三表示,很希望我在爱民顿设立一座道场,以后就可以有法师常驻在该地,带领共修。由于先前常常只有一位马丽娟师

加拿大佛光山爱民顿讲堂

姑在此帮忙,因此他们一见到我就开始要人。可是实在是没有人呀!外语人才都来不及培养。话虽如此,一年之后,爱民顿讲堂就在信众有心、因缘也具足的情况下,于一九九五年十一月启用,正式展开了弘法工作。

其实,全世界的寺院道场都需要法师,虽然我自己办有佛学院,努力培养僧众,但是"供给"根本来不及因应信众所需呀!我知道,唯有佛教本土化,才能解决"法师荒"的问题。由世界各地将本地优秀学子送到佛光山的佛学院培训,然后再回到当地弘法,也就是由本土的出家人来负责本土的道场。希望在未来的二十年到五十年间,能实现这个愿望,让佛光能普照五大洲。

渥太华佛光山

渥太华位于加拿大东部,为加国首都,是高科技公司及精英人才的汇聚地。一九九五年,先在此成立了渥太华佛光协会,初期暂

于加拿大渥太华佛光山（二〇〇一年十月十二日）

时设立在唐人街一间租来的店面里，作为共修场地及协会活动的聚点。

一九九八年九月，渥太华协会邀我在渥太华国会中心举办了一场近千人的佛学讲座，这是我首度在渥太华公开弘法。讲座结束后，当时驻加拿大的代表房金炎伉俪，邀请我们及宾客们一同至官邸聚餐。言谈间，眼看当地人对佛法的需求渴切，心知道场的设立因缘已经成熟了。于是一九九九年初，我们在市区找到了一个闲置多时的政府办公楼，经过改建装修之后，渥太华佛光山正式于二〇〇〇年启用。

二〇〇一年九月，发生了震惊世人的纽约"九一一"事件，我特地飞往美加一趟，除了到"九一一"事件地点为罹难者祝祷，我也二度来到渥太华国会中心讲演，希望佛法能带给现场二千多位的中西人士们心灵上的慰藉，抚平人心的不安与惊恐。

与加拿大佛光缘第十七届"琼斯杯国际篮球队"全体队员合影。第一排右二为领队姚璞,右一为副领队顾璞(一九九四年七月十三日)

加拿大佛光队

我热爱打篮球,想到天主教曾经有一支归主队征战天下,我就想,佛教应该也可以有一个归佛队,以球会友,将佛法带到世界。后来,温哥华的赵翠慧会长告诉我,有一支加拿大篮球队,愿意代表国际佛光会出征,到台湾来参加琼斯杯篮球赛,我一听,真是欢喜踊跃无已。

一九九四年七月,加拿大佛光队来台湾参加第十七届琼斯杯国际篮球邀请赛。这支球队由大学明星联队所组成,拥有五名曾获得世界大学运动会银牌的队员。我记得,那一届的琼斯杯是在桃园巨蛋体育馆开打,佛光队与地主队洪国队比赛的当天,加拿大佛光队领队姚璞和副领队顾璞先生还特别邀约我前往观赛。

那一天球赛上半场时,加拿大队曾一度以九分落后,一阵急起直追，在上半场结束时，反而以四十八分领先地主队四分。我在中场休息之时，为加国队员们打气，告诉他们防守比进攻重要，只要人人都能不计胜负，全力以赴，就能打好这场球赛。下半场，加拿大队采取压迫式的防守及平均火力的进攻方式，造成急欲反攻的洪国队接连失误，终场加拿大队以九十比六十九的悬殊比分，大胜地主队。

经过连日多场的赛程之后，飘洋过海而来的加拿大男子篮球队，在这一届琼斯杯取得了第四名的战绩。

开刀后的自我挑战——落基山脉

一九九五年四月，我在台北荣总动了心脏手术，手术以来的这四个月，复原情况非常良好。八月，我便飞往加拿大，因为我早在一年前，就接受香港东莲觉苑董事何鸿毅先生的邀约，要到温哥华主持东莲觉苑的落成剪彩及佛像开光典礼。

我到了温哥华之后，承蒙信众好意，力邀我一游景色壮丽的落基山脉（The Rocky Mountains）。据闻此山险峻、酷寒，我心想，倒是可以借此测试一下心脏的复原程度如何，因此欣然率领着为我主刀的张燕医师合家，那时他正好在加拿大度假，以及华视总经理张家骧的夫人张梅子女士、巨龙文化公司负责人郑羽书小姐，连同慈庄法师等十多人，前往一睹亚热带罕见的冰河景观及像蓝宝石一般蔚蓝、由冰山融雪所形成的高山湖泊。

落基山脉是世界四大山脉之一，它跨越了加拿大及美国，不仅贯穿整个北美洲，还一路向南延伸到中美洲的墨西哥，而海拔更是从二千公尺一路攀升到四千余公尺。最让人难忘的，是我们乘坐着有十二个大车轮的冰原雪车（车轮有一个人那么高），一度还车行在四十八度的斜坡上，一下车，立即置身在零下二十摄氏度的三

在蒙特利尔主持佛学讲座(二〇〇一年十月十六日)

百米厚冰层上,我亲身感受到大自然的神奇造化,真是叹为稀有。

我在游览落基山脉期间,遇到不少来自香港、台湾的游客,要求与我照相,想到在这样的高山峻岭,还能碰到这些远道而来的有缘人,怎能不满人所愿呢?

大学讲演

除了在道场与信徒开示外,我也曾经在加拿大的几所大学做过讲演。例如,一九九四年,我先到多伦多的仙力加学院大礼堂(Seneca College Minkler Auditorium)主持了一场一千二百人的佛学讲座;紧接着又在温哥华英属哥伦比亚大学(UBC)和平纪念馆,发表了国际佛光会主题演说。二〇〇一年,我到蒙特利尔麦吉尔大学,主讲"自在人生",并举行甘露灌顶皈依典礼。也曾经在多伦多大学,与天主教瑞恩神父及基督教的第芳婷教授,就"宗教如

应邀参加多伦多大学举办的"宗教对谈",与主办单位及特别来宾会面(二〇〇一年十月十一日)

何面对全球化"的问题,进行对谈。

　　回想我们在加拿大,开拓了温哥华、多伦多、魁北克等地的弘法道场,而道场的信众,则从早期的香港移民,到目前的大陆移民,不论如何,道场一直都是这些海外移民们相当重要的精神支持力量,而人间佛教就是从教育、文化、慈善、共修等各个层面,融入他们的生活,深入到每个家庭,拓展到社会的每个阶层,进而影响全世界。特别是国际佛光会世界会员代表大会,两度在加拿大举行,足见加拿大这个国家,对宗教、文化、种族等等多元文化,有着强大的包容力。

　　欣见人间佛教在这个国度里发扬光大。

我想建立欧洲佛教中心

荷华寺建寺期间,
时任台北市长的马英九先生访问阿姆斯特丹,
也曾到访我们的寺院,
对几位比丘尼,如依照、觉能等,
在那里奋斗打拼的情形留下了深刻印象,
日后几次在佛光山举行的会议活动上,
他都不忘提起当年的感动。
荷华寺是佛光山在欧洲,
第一座具有中国寺院形态的道场。
虽然靠近红灯区,
却犹如出污泥而不染的净莲,
提供了市民精神充实的资粮。
可以说,当年荷华寺的启建,
让佛光山的欧洲弘法之路迈向了新阶段。

我与欧洲的结缘,最初是在一九八二年三月,为了开发这一块佛法贫瘠的区域,我率领"欧洲考察团"首访欧洲。而一直到了一九九〇年,我应巴黎净心禅寺住持明礼法师之邀,前往主持道场落成,由于侨民求法若渴,才在他们的协助之下,于隔年在法国首先成立了巴黎道场。

　　与美洲相较起来,欧洲的道场并不大,但是设立的过程却备尝艰辛,因为欧洲天主教信仰的历史甚为悠久,尤其对佛教较为陌生,所以当佛光山要在欧洲设立道场时,也就受到各国的严格审查。但是二十年来,虽然历尽千辛万苦,却也在当地信众的齐心努力之下,于法国、英国、德国、瑞士、荷兰、比利时、奥地利、瑞典、葡萄牙、西班牙等国,成立了十四间道场及十七个佛光协会。

　　自从我们在欧洲有了弘法据点之后,

佛光山欧洲代表寺院——法华禅寺,设于法国巴黎,二〇

六年六月奠基 (蔡荣丰摄)

二十年当中，我几乎每两年都会到欧洲弘法一次，看到当初播下的人间佛教禾苗，在佛光人的悉心浇灌之下，逐渐展现成果，也感到很欣慰，祈愿未来人间佛教能对欧洲人民作出更大的贡献，为普世带来幸福与安乐。以下我就将自己和欧洲佛教的因缘略为一说。

法国

在佛光山建设期中，我知道不能少了台北信徒的支援，所以在经济万分拮据之下，还是非常积极地在台北建立了"台北别院"。一九七八年，坐落于松江路"青年救国团"总团部对面的台北别院终于落成了。

自从有了台北别院，四方宾客就陆续地和我们来往。其中，由于越战越演越烈，中南半岛一些出家人流落到世界各地，尤以欧洲和美洲居多，当时旅居欧洲的禅定和明礼法师，经常往来台湾化缘、求助，同时也一再向我们表示好意，欢迎我们到法国一起打拼，弘扬佛法；可以说，他们就像是佛光山在欧洲的先遣部队，为我们在当地打前锋。

那么，在这样的因缘下，我就请了台北别院的住持慈容法师和明礼法师联系，表达希望透过他们提出邀请，促成佛光山组团前往法国访问的意思。就这样，一九九〇年十一月十日，在我的率领之下，与团员慈庄、慈惠、慈容等僧信八十人浩浩荡荡地到了巴黎，参加越南净心禅寺的落成典礼。

明礼法师确实真有办法，还邀约了几个国家地区的法师与会，如香港佛教联合会会长觉光法师、印尼大丛山寺住持慧雄法师，以及许多来自日本、斯里兰卡的法师等。不过，那时他也还没有能力招待我们，所以我们一行就由旅行社安排住到饭店里。

访问期间,一批侨民再三请求佛光山到巴黎创建道场,他们那种恳求的神情,在我回台后,依然萦绕在我的脑海里,因此,一九九一年我就请了慈庄和依晟两位法师先行前往筹设购地、建寺相关事宜。

那时候,明礼和禅定法师在当地都还没有打下弘法基础,难以助成我们的理想,倒是一位黄玉珊老太太,为人热忱、慈祥,她和她的女婿钟胜利先生,极力要帮助我们寻找落脚的地方。

在这期间,我们起初想要先在巴黎租一栋房子,但是在巴黎租房子实在比登天还难,慈庄找了好几天,才勉强在一间百货公司旁的小楼上,租到一间大约十多坪的小屋。初期我们到巴黎弘法,经常是一二十个人围挤在里面聚餐,尤其要委屈萧碧霞师姑在一个小小的空间里为我们张罗三餐,也真是为难她了。

不过,法国不愧是世界名都,到处都是名胜古迹,凯旋门、香榭丽舍大道向来最为台湾游客欣赏,卢浮宫则是我们多次参观、探寻中国敦煌书画遗迹的据点;在两岸往来不易的时代,能观看到中国佛教的文化遗产和佛像文物等等,心情的激动可想而知。

一直到后来,黄玉珊老菩萨为我们找到了距离巴黎东面八十公里远的卢努瓦雷诺古堡,才以一百万美金承购下来。据说这座古堡建筑于十四世纪,房屋都已古旧,不过有护城河,林木蓊郁,风景幽美,环境宁静,我去过两次,都是在严冬时去的。实在说,在大雪飘飘、寒风刺骨的天气里,屋内没有暖气,真感觉到这不是在台湾居住惯的人所能长久居住之处。

有了据点之后,进而我就想在巴黎成立"巴黎佛光协会"。巴黎市区的区域规划很科学,从一区、二区、三区……一直到二十区,我就依此分别先成立了一区分会、二区分会、三区分会……一下子

法国巴黎佛光会成立，江基民会长致辞

也就组织了二十个分会。由于最初在巴黎十三区租赁的小屋附近有一个潮州会馆，潮州人在这里居住已经有多年历史，再加之中南半岛难民迁居到巴黎，所以我们得到了各方的支持，很快地，佛光协会就成立了。

只是巴黎地区的这许多华人，平常都互相不来往，潮州的、梅县的、海南的……各社团分庭抗礼，互相较量，没人肯让步。当然，我知道这样的情况，要想从中选出一个共主担任佛光协会会长是很困难的。因此，就请慈庄法师从美国前来坐镇巴黎，担任巴黎协会会长，并请依照法师担任秘书长。依照法师性格外向、热情，和巴黎信徒也能契合。

一九九二年，我在法国华侨文教中心主持巴黎佛光协会成立大会，上台讲话时，忽然觉得很感慨，就说："我们中华民族在世界上到处迁徙，从这个地区到那个地区，从这个国家到那个国家，好像已经成为世界难民，但实际上，我们不灰心，我们要做共生的地球人。"

这一席话后来获得位于十九区的"新中国城大饭店"负责人江基民先生的热烈响应,觉得在异地飘泊了多年后,终于可以将地球作为安身立命的根据地。所以,从那一次之后,江基民、陈梦膺、许尊训、蔡有娣等人就成为我的"粉丝",也成了佛光会的忠实干部。

其后,有其他教派的信徒跟江基民先生说,把门口张贴的星云大师的照片拿下来,就有四十桌饭菜在他经营的饭店办理。江基民对他说:"即使是四百桌,我也不能把星云大师的照片拿走,那是我的师父,也是我饭店的财神爷,不稀罕你的四十桌客人!"语气之肯定,证明他决心护持佛教的心意。

那一次大会结束后,会员大众席开数十桌庆贺,饭食间,一些绅士流着眼泪,引起我的好奇。为什么要流泪?他们告诉我:"大师!我们这许多人过去在中南半岛的时候都是朋友,如兄如弟,但是到了法国来,却彼此分裂,连交谈都不敢,怕给自己人看到要被责怪;我们互不来往多年,是你来了之后,才又把我们团结在一起,让我们能再度如兄如弟。"这番话也就让我感觉到,佛教对于华人社会的团结、友谊的促进是有很大贡献的。

巴黎佛光山法华禅寺(蔡荣丰摄)

渐渐地，因为佛光会的成立，会员、信徒不断增加，因缘际会，听说距离巴黎市中心不远的意大利广场附近，有一间从前街大门一直通到后街大门、长度至少有半公里之长的房屋，经过勘察之后，觉得合适，就把它接收下来了。

不过，十余年后，由于政府进行都市规划，道场面临土地被政府征收的困境，加上房屋老旧，难以修补，我们只有另寻他处。觅地期间，真要感谢热心助人、在侨界有目共睹的台湾籍新任市议员黎辉先生，当他知道佛光山有意觅地兴建寺院时，便向碧西市（Bussy Saint Georges）市长宏多（Hugues Rondeau）引介。由于他的居中促成，二〇〇四年，市长主动邀请本山前往巴黎兴建道场，几经磋商，最后我们选定了一块位于巴黎迪士尼乐园附近大约二千坪的土地，作为筹建法华禅寺的基地；"法华禅寺"之名，取意于中"华"和"法"国联谊的意义。

初期，法国佛光会的数千会员多数来自中南半岛的佛教国家，对于佛教信仰的虔诚，自不在话下，每次巴黎道场举行法会，都不必烧煮饭菜，全数由各个侨民经营的饭店自动发起哪一家送饭、哪一家送菜，就是道场稳定发展后，信众们也都是主动前往道场负责烹煮饭菜，和大众结缘，多少年下来都是维持这样的情况。因此，在那里服务的法师只要负起接待信徒、讲说佛法的责任，生活杂务就都由信徒包办了。

不过，那时候要从台湾移居到巴黎，办理签证很困难，所幸慈庄、依照等法师人缘很好，一些有缘的青年人，如牙医师出家的满容法师、东吴大学毕业的妙希法师、铭传大学毕业的觉海法师等，都纷纷投身到巴黎道场服务。在那里，信徒真诚拥护，法师热情传播佛法，由此也就展开了巴黎佛教新的一页。

自从一九九二年国际佛光会世界总会在美国洛杉矶成立以

后,"第五次世界会员代表大会"也在依照法师的争取之下,一九九六年于巴黎会议中心召开,参与的代表有五千余人,盛况热烈。到了这个时候的巴黎,可以说东南亚各地的佛教比起华人佛教,也就望尘莫及了。

说起那一次大会,最让人怀念的是每个人都获得了一瓶巴黎香水,尤其是舞狮表演,更是我前所未见的精彩,十几头狮子在来宾面前舞动,一头一头地堆叠上去,少说也有五层以上;甚至还将桌子翻转过来,舞狮的人一面舞动狮头狮身,一面从这一只桌脚跳到另一只桌脚,真是让观众叹为观止,直呼惊险。

大会圆满后,他们把所剩的香水通通都送给我,我就把它们带回台湾,哪个人来参加佛光会的开会,我就送他一瓶;我想,当初也有不少人不是为开会而来,而是为香水而来的吧。

到了千禧年,又有大批的温州人从大陆移民到法国,他们也都

一九九六年,国际佛光会世界会员代表大会于巴黎会议中心召开,有五千余人参加(国际佛光会提供)

虔信佛教,但多数以讲说温州话为主;于是,项丽华、林翠香等人便主动充任翻译,引领温州信众护持道场。可以说,这一批温州来的信徒是佛光山在巴黎弘法新的生力军,尤其是他们为了请我到巴黎弘法,拼命学习普通话,这份盛情和用心,实在令人感动。

再说法华禅寺确定建寺之后,二○○六年我亲自前往巴黎主持安基典礼,不久,又责成满谦法师担纲工程筹建。满谦法师,台湾桃园人,在澳大利亚南天寺做过住持,也在佛光山担任过丛林学院院长,她到了巴黎之后,大展宏才壮志,带领满让法师及工程团队觉容、妙达法师、郑丽珠居士等僧信二众积极争取、共同努力,终于让法华禅寺在二○一二年六月顺利完工启用。

想到二十余年来,巴黎道场的历任住持、监寺,从慈庄到依照、妙祥、妙希、满容、满让等,以及历来的巴黎协会会长、干部,乃至现任的王裘丽会长,无不全力领导信众会员护持三宝,弘扬人间佛

主持巴黎佛光山新址洒净奠基典礼(二〇〇六年六月十八日)

教;尤其是许多信徒护持道场建设不遗余力,如胡懿君、黄学铭、郑锡超、郑高秋、翁惠妆等,其中更有不少从年轻护持到老的信徒,像黄秋兰、黄玉叶、陈雪娟、陈淑卿、蔡舜珍、蔡舜贤、蔡秀英、李淑希、周南粉、庄淑鸾、翁普量等等,他们学佛修道的恒常心,实在令人感佩。因此,启用典礼时,虽然我年龄老迈,不克前往主持,还是用录影带录影,于启用当天播放,以表示支持和感谢。

欧洲佛教在我心目之中,当然是以英国、德国、法国三地取其一,作为佛光山在欧洲发展的中心为理想。征求信徒的意见之后,大家一致认为从地理位置上来说,以巴黎为中心作为总部最合适,只是巴黎讲法语,相较于英语,佛光山长于讲说法语的人才就少了。

说到语言,我想,欧洲的分裂,语言是重要的原因,举凡英文、法文、意大利文、德文、西班牙文、葡萄牙文……这么多的语言,也

我想建立欧洲佛教中心

法华禅寺固定举办共修法会(蔡荣丰摄)

就使得欧洲难以统一。但是很不可思议地,现在"欧盟"还是成立了,游客只要进入其中一个国家,到其他国家都不必签证,真是非常便利。

对于法国,在我的记忆里,有几件令人好奇的事情:

第一,法国人欢喜户外休闲,尤其是走在香榭丽舍大道上,走廊上到处都是咖啡馆,许多法国人都欢喜坐在那里聊天。

第二,在巴黎,各国餐馆林立,其中又以华人开设的最多,但是让我印象深刻的是泰国餐。有一次,泰国华侨陈梦腐要我去他开设的泰国餐馆普照,会后,他以泰国菜招待大家,那味道的鲜明、强烈,真是至今没有再吃过,就连中国菜都要不如它了。当时我还见识到食客大排长龙的盛况,尤其以当地的法国人居多。我想,他能煮出那样的美味来,已经超越泰国厨师的手艺了。

第三,由于"新中国城大饭店"的负责人江基民待人很四海、很慷慨,信徒会员上千人聚会,到他的餐馆吃饭,他从不收费,所以人缘也就越来越广。后来慈庄法师要把会长的职务交给他时,不但干部彼此相安无事,大家也都肯定他可以做领导人。

不过,在巴黎弘法,也有让我感到遗憾的事情,曾经担任世界佛教僧伽联合会副会长兼越南世界佛教服务社社长的心珠法师,是越南出家人参与革命的领导者,后来旅居巴黎,我每次到巴黎都是来去匆匆,只和他会过一次面,他虽然来过佛光山,但是由于语言不通,彼此也就难以表达共同的意志了。

总说现在的法华禅寺,除了大雄宝殿以外,观音殿、地藏殿、禅堂、五观堂、美术馆、文化教室、滴水坊等,也都已经展开弘法功能。而原设于韦提市的道场,也获得了市政府的准许重建,于二〇一三年初动工,我将它取名为"巴黎禅净中心";据闻现在公车地图上已将道场所在地标示为"Temple",这也说明佛光人的努力是受到当地政府肯定了。

英国

关于英国佛教,最早是以学术研究为主,一直到了一九〇六年,杰克森在海德公园宣扬教义,佛教才渐为一般民众所知。只是陆续传入英国的佛教多以南传、藏传乃至日本佛教为主,汉传佛教除了太虚大师于一九二八年到英国弘扬佛法,就是数十年后佛光山到英国建立道场,设立佛光会协会、分会所推广的人间佛教了。

说到佛光山在英国的开拓,一九九〇年七月先有依益、永有两位弟子前往英国留学。她们两个人后来分别在牛津及伦敦大学得到博士学位,依益的英文讲说非常有节奏感,在大学里主修宗教,而永有研究的是心理咨询,这一门科目在台湾非常吃香,所以当她学成归来后,南华大学就很急于要把她聘请为教席。

在她们留学期间，我嘱托兼办两项任务，一是在伦敦设立道场，二是成立佛光会。所以，在课业繁忙之余，她们就到伦敦市区收集资料。后来靠着两人的同心协力，找到了一间有一百二十多年历史的修道院，地点不错，就在牛津街旁，尤其是拥有可供一百多人集会的礼堂、十几个人住宿的房间，客厅、图书室也都一应俱全，举办小型的活动不成问题；可惜四周

伦敦佛光寺

都是道路，道路是公家的，所以每次停车都要先投钱，也就觉得不是那么方便。不过，虽然直到今天，伦敦佛光山连一个停车场都没有，但是当地社区很友善，知道我们对社会的贡献，在了解我们的困难之后，还主动提供一个停车位给我们。

在英国有了道场之后，接着于一九九二年就成立了伦敦佛光协会。会长是非常出色、能干的倪世健女士，每次我们到伦敦弘法，都是由她开车接送。在她的领导之下，佛光会发展得很快，一下子就有了好几百个会员，尤其是会员之间经常齐聚开会，所谈的皆是如何发展佛教文教事业的理想，可谓是一群具有使命感的护法信徒。

主持伦敦佛光山开光落成典礼(一九九二年九月二十八日)

现在倪世健女士已升任协会督导,同时担任国际佛光会檀讲师,经常到欧洲各道场演讲,每个月至少九次到监狱布教,尤其是笔耕不辍,身兼人间通讯社记者,协助道场及佛光会活动撰稿,也曾代表英国佛教界到大陆参加过两次"世界佛教论坛",并且发表论文。可以说,只要道场有需要,倪世健女士都是无怨无悔地付出,奉献的精神真是堪以一句"了不起"来赞美了。

在她担任首任会长期间,副会长是在伦敦大学修学音乐、美丽大方的新加坡侨民陈慧珊博士。她曾建议我,要在伦敦发挥力量,就需要和当地宗教的领导人来往。当然我们也希望能够广结善缘,所以在她的促成下,我和伦敦各宗教代表,在电视上进行了一场"与全英各宗教代表之和平对话"。由于陈慧珊小姐的表现优秀,后来倪世健到台湾佛光会中华总会服务的那一段时期,会长一职就委由她担任了。

我想建立欧洲佛教中心

英国伦敦佛光协会督导倪世健（前排左二），与国际佛光会中华总会秘书长觉培法师（前排中）、人间佛教读书会妙宁法师（前排右四），以及佛光人合影

音乐素养深厚的陈慧珊，博士论文写的是《佛光山梵呗源流与中国大陆佛教梵呗之关系》，还多次参与我们所举办的大型音乐活动。例如，一九九九年，"佛光山梵呗赞颂团"在欧洲巡回演出，于伦敦皇家剧院的演出造成轰动，她也是幕后的功臣之一；二〇〇三年起，佛光山文教基金会主办"人间音缘征曲比赛"，在世界各地广为征曲，她不但积极邀请当地的作曲家参与，并发心负起参赛歌曲的评鉴工作。甚至二〇〇九年，首届"欧洲人间音缘歌曲创作比赛"在伦敦斯坦纳剧院（Rudolf Steiner House）举行总决赛，她也都热心参与筹备工作。

一般来说，和英国人打交道并不容易成为朋友，不过一旦成为朋友，就很长久。多年来，伦敦佛光山在满让、觉彦、觉如等法师的带领之下，也让社区乃至市政府对我们释出了善意。例如，一九九

伦敦佛光山监寺觉彦法师偕同妙谛法师、伦敦佛光青年参加在伦敦西敏市圣马里波恩大教堂举行的"年度跨宗教感恩晚祷会",为唯一以佛教身份出席的团体(二〇〇六年十一月十四日)

六年,西敏市市长大卫(Robert David)将浴佛节订为唐人街的公定假日,之后每年伦敦佛光山都应邀在伦敦市中心举办全英国最大的佛诞节庆祝活动;二〇〇五年起,每年更受邀出席伦敦西敏市的"年度跨宗教感恩晚祷会"。甚至二〇〇八年,觉彦法师还成为英国皇家军事弘法佛教领袖的执行委员;二〇〇九年,伦敦佛光山成为西敏市跨宗教委员之一;二〇一一年,西敏市署理市长马歇尔(Harvey Marshall)特地来到台湾,出席在佛陀纪念馆举行的"爱与和平宗教祈福大会"等等。

尤其是二〇一二年在伦敦盛大举行的奥林匹克运动会,觉如和觉芸两位法师从二十五万位义工申请人当中脱颖而出,成为五十六位宗教辅导师中,仅有的两位汉传佛教代表,得以在选手村里为选手们服务,更是难能可贵。

二〇一二年适逢英国女王伊丽莎白二世登基六十周年,当伦敦佛光山住持觉如法师向我提起此事时,为了感谢女王在英国推行多元文化、融和各民族,使得佛光可以普照当地信众,我特地请她代表我前往白金汉宫赠送一笔字书法"仁政仁心",当时由总书记山达马斯(Christopher Sandamas)先生代表女王接受。

当然,在英国,除了伦敦佛光山之外,一九九三年在信徒陈慧莲等人的邀请之下,我们也于英国第二大城、距离伦敦约三百公里外的曼彻斯特市成立了"曼城佛光山"道场。曼彻斯特佛光山所在的建筑已有一百多年历史,原本是为了纪念英国维多利亚女王而建的一所公立民众图书馆,后来改办专校,当初卖方出售的唯一条件是必须办教育,这正好符合我们以文化、教育弘扬佛法的理念,他也就欢喜地将建筑出让给我们了。此后,在觉灯、妙恒、妙训法师等人的带领下,道场文教活动兴盛,果然是不负众望。

说起英国的特色,它在欧洲是一个非常特殊的国家,向来的表现都不是很合群,例如一九九九年"欧元区"成型后,其他"欧盟"成员国都纷纷加入,而英国仍然使用英镑。不过,英国在十九世纪时

曼城佛光山

主持曼城佛光山开光典礼（一九九九年九月五日）

殖民地遍布全球的雄风虽已不在，但是到处都是名胜古迹，绅士淑女亲切有礼，文化水平很高，也真不愧昔日"日不落帝国"的美誉了。

比利时

位于西欧的比利时，是一个多语系国家，主要语言为法语及荷兰语，而英语在当地也能通行。拥有世界密度最高的铁路交通、乘坐火车就能到达各处小镇的比利时，在工业及科技方面也占有全球一席之地。

说起我与比利时佛教的因缘，最早是一九九〇年到欧洲各地考察途经比利时。记得那一天的行程，早上在荷兰，中午前往比利时，晚上到达法国，真可谓走马看花，不过我还是有缘一睹首都布鲁塞尔的地标"尿尿小童"（Manneken Pis）的真面目。那是观光客不愿错过的景点，十四世纪外国侵略军准备炸毁布鲁塞尔，恰巧引信被这位五岁小孩撒尿而熄火,无心之举拯救了数以万计的人民,后人为了纪念他的恩德,便树立了这座铜像。

之后就是一九九四年,我在荷兰玛肯帝音乐厅,主持佛光会荷兰协会和比利时协会成立大会,而与比利时信众结下缘分。相继地,一九九七年我又应信众之邀,在比利时第二大城市安特卫普主持安特卫普协会成立大会。不久,佛光山派驻当地的依照法师,在胡振兴、陈瑞英伉俪以及协会会长陈瑞凤居士等人的协助之下,终于让比利时佛光人在唐人街拥有了一栋四层楼的慧命之家,并于隔年举行落成启用典礼。一九九九年我率领梵呗赞颂团前往欧洲巡回演出时,也把比利时列为其中一站。

比利时佛光山与安特卫普市政府于安市中央火车站前布鲁德广场,联合举办庆祝佛诞节"浴佛祈福法会暨园游会"(二〇一二年四月二十八日)

当地儿童到比利时佛光山参访(二〇一一年)

比利时佛光山位于安特卫普市中心,距离火车站只需五分钟脚程,交通非常便利。据悉,当年侨界获知法院要拍卖这栋房子,都争相参与竞标,最终是陈瑞英女士一句"寺院从事公益慈善,以普利大众为业",感动了所有竞标者,纷纷退出竞标,转而支持我们标得房屋,设立道场。

据统计,安特卫普市有三万多名犹太人,是世界上犹太人口最多的都市之一,加上大量移民的进入,使得当地文化多元丰富。因此,每年比利时佛光山与安特卫普市政府合办"浴佛祈福法会暨园游会",都有近千人参加,甚至不同民族的当地人士也都穿着传统服装,组团前来参加游行。另外,自二〇〇六年起,安特卫普市政府举办的"各宗教巡回参访团",比利时佛光山也被指定为宗教参访场所。

目前道场由徒众妙谛领导,除了例行的法会,也办有中文班、佛学班、绘画班、烹饪班等社教课程,可以说,道场的规模虽小,但是也为人间佛教在比利时的弘扬播下了一点因缘。

荷兰

过去乘坐飞机到欧洲访问,因为华航与荷兰航空有往来关系,所以第一站都是先到荷兰,而抵达荷兰的时间大部分都是在清晨,所以下了飞机之后,我们就到罗辅闻居士在中国城开设的饭店用早餐。不过当时彼此都还互不认识,只觉得与这家饭店很有缘分,因为里头竟然供有韦驮菩萨,好像是一间寺庙。

多年后,我到巴黎弘法,才听巴黎协会的江基民会长说起,多少年来,罗辅闻先生已经找过我们多次,希望佛光山能到荷兰建寺院,并且已透过朋友阿姆斯特丹华商会会长文俱武先生,向荷兰政府申请了一块土地。但是我心里想,欧洲那么遥远,尤其当时佛光山也还没有国际化的力量,到荷兰建寺院实在不敢想,所以之后有一段时间,我都没有再关心这件事情。

后来听说大陆、台湾其他的教派,例如真佛宗等等,都曾向罗居士争取这一块土地,但是他都给予拒绝,并表明这一块地只有给正派的佛光山才可以。当我听到这句话的时候,心里觉得很感动,因此当我再到欧洲弘法时,就特别注意他的意见。

在依照法师和江基民会长的陪同下,我们照样是在罗辅闻居士的餐馆用餐,这也是我们首度见面。这一次,罗居士亲自接待了我们,同时带领我们巡视建寺预定地,一谈投机,我就决心在荷兰建寺了。

最后让我决定在荷兰建寺院的主要原因,是罗辅闻告诉我荷兰没有佛教、没有出家人,有一位旅居荷兰的老太太死前跟儿子说,没有佛教人士替她诵经,死在荷兰实在不甘心。这个儿子听了以后,引以为憾,但听说罗辅闻有一卷《普门品》,就特地找他去诵

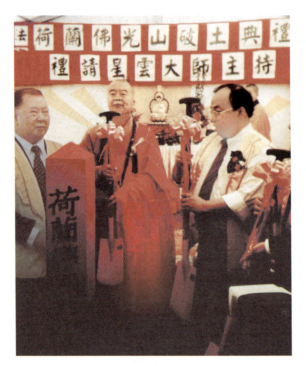

主持荷兰佛光山安基典礼,左一为罗辅闻居士

念。虽然他一再说自己不是出家人,不会念经,但是经不起老太太儿女的诚意纠缠,还是勉强答应,跑去为老人家诵了一部经。

罗辅闻说,当时他拿起经本,就像宣读圣旨一样地念诵。就因为这一段话让我深受感动,感受到一个中国人居住在海外没有佛教信仰的痛苦,而决心要为他们建一座中国寺庙。

谈话中,他还告诉我一段奇妙的人生际遇。一九四五年,就在抗战即将胜利时,罗辅闻十八岁,是国军的情报员。有一天,他奉命从重庆飞行到浙江轰炸钱塘江的大桥。三更半夜,他和同事黄沛堂少尉驾机出任务,原本已从侦察机顶头射出两枚炸弹,但因觉得不够理想,又再回航。可是却在这时被敌军给发现,以高射炮猛烈射击,忽地,两人的驾驶座被击中着火,在仓皇之中,只得跳伞逃生。

途中,黄少尉被追赶的日本兵一枪打死,他则逃进了一座荒废的寺庙——绍兴"东岳寺",并躲进一尊韦驮菩萨像石雕后方。

这时日本兵依然穷追不舍,大队人马追到了寺内,挥舞着刺刀搜查,甚至以狼犬闻嗅找寻,当时他心里已经不存生还的希望,可是没想到,因为官兵遍寻不着他的下落,转头就走了。在耳朵贴地倾听确认日本兵走远之后,他摸黑走到了大雄宝殿,在佛陀座下找到一个栖身之处,才安心地睡去。

隔天清晨一觉醒来,听到墙外有中国人讲话的声音,知道那是"救国军"来了,才敢肯定自己得救了。可是他心里却很纳闷,昨天晚上日本官兵乱刀挥舞,为何自己能不被刺刀刺中?于是就再回到韦驮菩萨像旁一探究竟。这一看,发现菩萨像嵌在石壁上,这样的雕刻手法,恐怕连蚂蚁都爬不进去,为何他能进去?直到现在他还是想不透。

国共战争之际,他来到了台湾。世事难料,正当越南处于南、北分裂局面时,他又被奉派到越南任职。临行前,一位在台北办理《朝明晚报》的王海涛先生送给他一本《普门品》,并且告诉他,遇到危难时,可以诵念这部经。他照着这番话做,果然在越南的十一年中,虽也出生入死,最后都能平安度过。

回台后,他又外调到荷兰从事工作,退役后便定居荷兰。想到当初韦驮菩萨曾救过他一命,再想到小时候母亲带他看戏,戏中有一句台词说:"重修寺庙,再塑金身。"于是就请了一尊韦驮像供在自己经营的饭店里。后来因为生病,无力经营,决定将饭店出售时,他唯一的条件就只是对方要能继续供奉韦驮菩萨。

在荷兰期间,他先后中风,半身不遂,甚至罹患了严重的肺结核、高血压,但都很快地就痊愈。不过有一次因病开刀,血压陡降

于荷兰荷华寺与中荷人士举行座谈会(二〇〇四年十一月一日)

到五十左右,始终无法回升,就在弥留状态时,他听到太太刘美珍哭求医生挽救,医生说:"我们已经尽全力,除非奇迹出现!"听到"奇迹"两个字,他的太太灵机一动,想到过去韦驮菩萨曾经救过他,赶紧叫儿子再到饭店把韦驮菩萨请回来拜。不可思议地,骤降的血压竟然慢慢回升,人也渐渐醒过来,于是他再一次从死亡边缘捡回了一条命。

听了罗居士的故事之后,再看看饭店里供奉的韦驮菩萨,忽然想起自己过去到荷兰时,曾经在这家饭店用过早餐。没想到今日竟然重返旧地,让人不禁觉得因缘际会不可思议。

经过这次见面,两年后,也就是一九九六年的八月十七日,我亲赴荷兰首都阿姆斯特丹主持安基典礼。当天阿姆斯特丹副市长方德阿先生(Van De Aar)并代表荷兰政府表示欢迎佛光山之意。

我想建立欧洲佛教中心

荷兰荷华寺启用典礼由心定和尚主持,荷兰女王贝娅特丽克丝亲临祝贺、剪彩(二〇〇〇年九月十五日)

此后,四年的筹建期,在文俱武、陈木南、罗辅闻、林清池、毕传有、冯瑞昌、罗伯芳斯(Rob Fens)等百千信徒的大力护持之下,荷华寺于二〇〇〇年九月十五日终于落成,首任住持由依照法师担任。

落成启用典礼由时任佛光山住持的心定和尚主持,当天,荷兰女王贝娅特丽克丝在国际佛光会荷兰协会文俱武会长联合侨界的邀请之下,也亲临现场剪彩。由于寺院所在的善德街,地处红灯区,并且是贩毒及吸毒的温床,女王致辞时感慨表示,自己已经四十多年没有到过善德街,现在有了佛寺才敢再来。

"荷华寺"的命名,取意于希望佛法能在"荷"兰开"华"结果,同时为了借此促进亚欧文化交流,在荷兰政府登记时,又命名为"荷兰国际佛教促进会"。寺中的设施功能多元,除了具备传统寺院提供信徒礼佛共修的功能之外,更设置了教室、会议室、阅览室、活动中心等,以利文教推广的需要,让寺院成为信徒一生修身养

荷兰佛光山荷华寺

性、净化心灵的信仰所在。

寺院落成之后,二〇〇四年十一月初,我终于有因缘一睹荷华寺的建设,在来去匆匆的行程中,我还主持了一场佛学讲座,讲题为"自觉与行佛"。

自从荷华寺展开弘法后,便受到荷兰政府的肯定,二〇〇五年荷兰佛教广播协会还特地到荷华寺拍摄我们在欧洲的弘法概况,并且播出了《净土——阿姆斯特丹》纪录片,作为阿姆斯特丹中国文化节的一项成果展示;二〇〇七年,即将于翌年举行的北京奥运圣火经过荷兰时,也来到了荷华寺。

荷华寺建寺期间,时任台北市长的马英九先生访问阿姆斯特丹,也曾到访我们的寺院,对几位比丘尼,如依照、觉能等,在那里奋斗打拼的情形留下了深刻印象,日后几次在佛光山举行的会议活动上,他都不忘提起当年的感动。

荷华寺是佛光山在欧洲第一座具有中国寺院形态的道场，虽然靠近红灯区，却犹如出污泥而不染的净莲，提供了市民精神充实的资粮。可以说，当年荷华寺的启建，让佛光山的欧洲弘法之路迈向了新阶段。

德国

德国人性好沉思，是西方国家中最早崇尚佛教的国家，尤其研究佛学的风气兴盛，早年佛光山成立英文佛学班，曾经邀请印度国际大学（University of Visva-Bharati）的穆克基教授（Biswadeb Mukherjee）上山授课一年，他也就是在德国汉堡大学取得佛学博士学位的学者。

不过，在德国由于亚裔的佛教徒大部分都是来自越南、柬埔寨、老挝，因此佛教信仰仍以南传佛教为主。其后，藏传佛教才随之在当地展开。但是北传的大乘佛教则是一直到了一九九二年，佛光山在德国成立道场及佛光会，才首度传入德国。

说到柏林佛光山的启建，一九九二年先有弟子满彻只身前往柏林弘法。当初在德国，一

柏林佛光山冬天雪景

法兰克福佛光山、法兰克福协会和慕尼黑中文学校联合参与在慕尼黑举办的世界宗教活动。左二为满彻法师

个信徒也没有,一来要了解德国的风情,二来要寻找道场的位址,所以她每天都抱着一尊佛像在街头流浪,靠着坚定的信仰支持,皇天不负苦心人,才终于租用到一间小公寓成立道场。

经过三次的搬迁之后,道场于一九九八年迁到现址,在信众的邀请下,隔年我也亲自前往主持开光启用典礼,同时宣布柏林佛光山为欧洲总部的所在地。

柏林佛光山的成立也是众缘所成,而其中主要的推手当属国际佛光会柏林协会顾问丁张贵珠女士了。早年她跟随先生丁文龙到德国创业,在柏林开设餐厅,成为第一批创业有成的华侨商人。为了道场的筹设,丁张贵珠不但出钱出力,一家人包括儿子丁政国、媳妇丁李燕燕也都成为建寺委员。甚至后来丁政国居士在众

主持柏林佛光山落成暨佛像开光典礼(一九九九年九月二十五日)

人的推选之下,还当上了柏林协会会长。

丁政国居士是柏林地区著名的"龙门素食餐厅"老板,在全球金融风暴时,他的餐厅能安然渡过难关,据他表示,是自己把参与道场大型活动所学的组织能力,用在经营餐馆上,也就显得小事一桩了。令人佩服的是,他说开设素食餐馆是理想,只为了希望更多人能吃得健康、长养慈悲心,并不是全以利益为目的。直到现在,他已升任督导,仍经常在道场里穿梭,对于大大小小的事情,都别无拣择地承担下来,可说是信众的模范。

德国人欢喜听闻佛法,记得一九九四年八月,我在柏林国家博物馆为柏林协会主持授证典礼之后,又主持了一场佛学讲座,讲题为"佛教的真理是什么",四百多位听众当中,德籍人士就占了一半。当时,大家要求不要用英文翻译,我就请了柏林佛光会创会会长车慧文博士为我翻译成德文。

国际佛光会柏林协会会长丁政国(中)(二〇一〇年)

车慧文女士在柏林学术界占有一席之地,是柏林中华妇女会的会长,在德国多所大学任教,她曾发心将我的《心甘情愿》等著作翻译成德文,每有法师举行佛学讲座,她也都欢喜担任即席德语翻译。

那么,自佛光会成立以后,会员大众便积极投入社会服务工作,渐渐地也受到各界的肯定,一九九六年柏林协会十位代表还应总统赫尔佐克(Roman Herzog)之邀,到总统官邸参加文化活动,成为华人团体首度获得的殊荣。

尤其是多年来,柏林佛光山一直在当地从事文化交流的工作,现在已经被政府列为文化参观处,也是当地中小学及教师经常参访的寺院,甚至市府还将佛教纳入中小学必修课程,经常在柏林佛光山举办佛教师资培训营。

为了配合欧洲人对艺术文化的喜好,柏林佛光山陆续以各种活动接引当地人士,诸如举办佛教文物展、三十三观音特展、"云水三千"弘法摄影展、"人间佛教"系列德文学术会议及佛学禅修营等,并以"佛门开放的一天"敦亲睦邻,为访客作殿堂巡礼、禅修入门讲解及座谈,吸引了上千位德籍人士到访;从二〇〇四年起,柏林佛光山举行的短期出家修道会,更创下了欧洲佛教史上的新纪录,有来自欧洲十三个国家的一百四十四位中、德、法、奥、英籍的戒子同沾法益,课程以中、英语同步进行。

在柏林,还有一件令我难忘的事,是一九九九年我率领佛光山梵呗赞颂团前往欧洲巡回演出时,九月二十一日忽然传来台湾发生大地震的消息,获悉重大灾变,我立刻指示于柏林佛光山成立"救灾办事处",展开动员全球佛光人联手救助台湾的工作;当时,分处五大洲的佛光人无不发挥慈悲爱心,投入募款赈灾活动,所谓"爱心无国界"的精神,让人深深感佩。

柏林佛光山举办短期出家修道会,图为法师带领戒子跑香

柏林佛光山举行欧洲佛教史上首次短期出家修道会。禅净法堂堂主慧昭法师担任开堂和尚,心定和尚主持熏坛洒净仪式,有欧洲十三个国家、一百四十四位新戒参加(二〇〇四年七月二十日)

犹记得随团演奏的台北市立国乐团团员听闻台湾灾情惨重,人心惶惶,几经联络得知家人平安,都觉得是发心参与演奏的功德,因此一个个地都参加了之后我在欧洲各国主持的皈依典礼,成为佛教徒。

去一趟欧洲,路途遥远,并不容易,自一九九九年与柏林信众阔别之后,再见面已是五年后的事情,二〇〇四年,我应读者与信众的盛情邀约,才又前往柏林佛光山出席"与大师有约"读者座谈会,和六百多位读者见面。

虽说人间佛教在德国的起步较晚,但是二十年来,在满彻、妙希、妙祥、永超、妙衍等僧信大众的播种之下,寺院本土化已经略有所成。例如,在国际佛光会柏林协会的会长选举中,曾选出德籍会长连斯(Linse)及沃夫冈(Wolfgang),也产生了第一位德籍檀讲师

我想建立欧洲佛教中心

与慈容法师在柏林佛光山主持由欧洲佛光会举办的"与大师有约"读者座谈会,与欧洲地区六百余位佛光会干部及读者座谈(二〇〇四年十一月七日)

伯托(Roland Berthold),他在莱比锡国际书展(Leipzig Book Fair)中,多次朗读我的德文书籍,更协助将我的许多人间佛教著作翻译成德文;甚至佛光会非汉语系的代表海菲尔(Haefele)医生,也多次代表参加宗教对话,并且在校园里讲述基础佛学。

除了柏林佛光山之外,二〇〇四年我也为坐落于法兰克福市中心的法兰克福佛光山主持开光典礼及举办佛学讲座。现在法兰克福佛光山不仅是人间佛教在德国弘扬的据点,也是协助台湾办事处服务侨胞之所。尤其是全世界规模最大、已举办六十四届的"法兰克福书展",佛光文化连续十三年受邀参展,当地徒众每每以我的著作的各国译本于书摊上推广,据悉也获得民众广大的回响。这当中,文藻语专出身、熟谙德语的妙祥法师可以说颇有功

于法兰克福佛光山为信众开示佛法（二〇〇四年十月三十一日）

所著有各国译本数十种，在法兰克福国际书展展出

劳,尤其在她的穿针引线之下,德国当地出版社 Schirner、Goethe 和 Kreuz 还为我出版了德文《佛光菜根谭》、《人间佛教经证》、《迷悟之间》等书。

其实,在德国,我们应信众的邀请,也曾于北部的汉堡、西部莱茵河畔的杜塞尔多夫以及南部的慕尼黑,设有小型的布教所及佛堂,这也都是为当地华人及德国社会播下学佛因缘的方便。

德国的柏林围墙已经倒塌,东西德终于和平统一,希望人间佛教在德国的弘扬,也能进一步打破人心的藩篱,促进社会的和谐发展。

瑞士

地处欧洲中央、素有"欧洲十字路口"之称的瑞士,是一个湖光山色的国家,全国三千公尺以上的高山有将近四十座,大大小小的湖泊更是遍布全境,尤其以发展精密工业、钟表制造业闻名,像众所周知的劳力士表就是产自当地。不过瑞士的好表都是外销,当地人民生活很简朴,戴的都是廉价表。

目前,瑞士佛光山所在的位置是瑞士重要都市之一的卢塞恩(Luzern)。在还没有设立道场之前,一九九二年佛光会瑞士协会首先成立,后来在依照法师与何振威顾问、关湖会长等人的协助下,于哥尔芬根镇(Gelfingen)租下了一间旧锯木工厂作为佛堂,历经四年向政府申请,一九九六年终于正式取得批准成立道场;同年,我前往瑞士主持佛学讲座及皈依典礼时,将道场命名为"瑞士佛光山"。

何振威居士是华人联合会会长,他曾对我说,他们全家所以能够在越战时移民到瑞士,幸亏是自己有个智障的儿子,才优先获得瑞士政府的批准。

出席国际佛光会于瑞士琉森市明士运动场举办的瑞士协会成立活动,为四千人传授皈依典礼(慈容法师提供,一九九二年十月三日)

  瑞士政府对于难民的收容,不同于其他国家都是挑选精英人才,负担越少越好,它特别申明只收容家中有残疾成员的家庭,每个月还可以领到政府的特殊教育补助津贴。所谓"祸兮福所倚,福兮祸所伏",人世间遭遇的好好坏坏都是没有绝对的,如同何居士的儿子,不就是他们家中的菩萨吗?

  自从瑞士佛光山成立以后,多年来,觉如、觉心等徒众积极以素食、禅修及文化展览度众。例如,二〇〇五年,于苏黎世万丽饭店(Renaissance Zurich Hotel)举办的慈善斋宴,吸引了上百位瑞士人首次品尝佛教素食;隔年,于苏黎世著名的里特堡博物馆(Rietberg Museum)举办中德文"诗与禅"文化活动等,也让与会人士颇为惊奇。

  在瑞士第一间道场成立之后,相隔十年,二〇〇六年佛光山日内瓦会议中心也相继落成。关于日内瓦会议中心的启建,源于二

我想建立欧洲佛教中心

率佛光山梵呗赞颂团至瑞士佛光山,于梵呗演出后,为信众开示(一九九九年九月十八日)

〇〇四年瑞士佛光山在日内瓦参加书展时,当时觉如法师巧遇国际佛教学府成员福瑞(Nicola Furey)女士,后者向她提起日内瓦政府拨出一块土地给他们作为国际佛教用地,但如果年底兴建期内无法履行计划,就必须归还;由于组织遇到困难,听说佛光山是个服务社会、弘化全球的寺院,国际佛光会又是 NGO 非政府组织成员,所以希望我们能协助接管。

最后在寸土寸金的日内瓦,州政府同意签下五十年使用权合约,租借这个地方给我们兴建会议中心,也算是对我们的一种肯定了。

日内瓦是一个国际组织林立的地方,有"和平之都"的美誉,佛光山日内瓦会议中心就位于日内瓦四十五个区域的大萨孔内区(Grand Saconnex),距离联合国驻欧洲总部、帕莱克斯堡国际展览中心只要十五分钟路程,附近还有日内瓦国际机场,是一个交通很方便的地点。

二〇〇六年六月,佛光山日内瓦会议中心完工,我应邀主持开光落成典礼,当天贵宾云集,除了日内瓦州长慕提诺(Laurent Moutinot)、日内瓦圣彼得大教堂主事史密德牧师(Pasteur Schmid)等当地政要及宗教团体代表参加外,台湾驻日内瓦代表处处长沈吕巡、高雄县长杨秋兴率领的市政考察团,以及中国驻瑞士大使朱邦造等人也都一同出席。

此行,我还前往日内瓦联合国国际会议中心做了一场专题演讲,讲题为"融和与和平",现场以英语、德语、广东话同步翻译,并以远距视讯,同时在台湾、香港和新加坡、菲律宾、巴西、关岛与瑞典等地定点做转播。当时,我以佛教的观点提出包容观、无我观、平等观、慈悲观等四点看法。另外,我也受邀到世界十大名校之一、有一百五十年历史的爱因斯坦母校苏黎世联邦理工大学讲演,主题同为"融和与和平",现场年轻学生提问踊跃,展现出欧洲人喜好思考的性格。

佛光山日内瓦会议中心

我想建立欧洲佛教中心

主持日内瓦会议中心开光落成典礼。右一为中国驻瑞士大使朱邦造(二〇〇六年六月二十三日)

二〇〇六年,欧洲总部由柏林迁移到日内瓦会议中心,常住调派满谦法师前往担任欧洲地区总住持一职,因为路程遥远,不克往还,当年我就在"国际佛光会世界会员代表大会"上为她布达。她就任后积极推动各项文教活动,隔年(二〇〇七年)率领觉彦法师等人,在日内瓦会议中心承办"国际佛光青年干部会议",有来自台湾、香港和日本、美国、加拿大、澳大利亚、新西兰、巴西、南非及欧洲等二十多个国家和地区的两百位青年参加。

另外,二〇〇八年起,欧洲各道场及协会联合主办"日日是好日——茶禅悦乐"心灵飨宴活动,从日内瓦总部出发,在欧洲十一个主要城市举办了将近四十个场次,有超过三千人参加,其中当地人就占了一半以上。我想,"茶"与"禅",是成功搭起文化交流的桥梁了。

有鉴于日内瓦人民都有为人类的和平、团结而奋斗的心愿,因此,我希望佛光山日内瓦会议中心能够持续响应联合国促进"世界和平"的宗旨,以人间佛教致力于世界的和平!

奥地利

过去由于移民潮,使得世界到处都有中国人,但是移民却不一定日子都过得很好,有的人不得志,有的人不如意,如何让佛法充实大家的内心世界,也就更为重要了。尤其奥地利维也纳是一个人杰地灵的地方,也是很多音乐家、艺术家的故乡,如果再有佛法的陶冶,人的精神内涵必定更为丰富。

说起维也纳佛光山在当地建设的起始,要追溯到一九九六年,那年适逢奥地利建国一千年之际,我到维也纳弘法,在希尔顿饭店的礼堂里,为信众主持了一场皈依典礼和佛学讲座。之后,一位信众洪梓源居士表达了想要提供场地作为大众共修之处的心意。见他诚意殷殷,我们也就同意了。在简单的装修之后,不久,"奥地利维也纳布教所"正式成立。当时,佛堂规模虽小,但简单庄严,每每共修集会,总是挤得水泄不通。

逐渐地,由于信徒人数增加,空间已显不足,只有先做租赁的打算,再一面找寻建寺土地。一九九八年租屋启用,经由奥地利政府审核通过,维也纳佛光山成为了当地政府唯一正式核准的正信中国佛教寺院。一年后,我率领佛光山梵呗赞颂团到欧洲巡回演出,首演在维也纳,同时也主持了佛光会奥地利维也纳协会成立大会,首任会长由朱俊宇先生担任。到了这个时候,如人之两臂、鸟之双翼,相辅相成的僧信组织都建立了。

在多年的寻觅土地之后,二〇〇四年,维也纳佛光山终于举行了动土洒净典礼。典礼上,我对与会的信徒说:"虽然今天仅是小小的安基典礼,但力量不可小视,因为,这将是未来奥地利宗教发展史、佛教史上的一大盛事。就像阿姆斯特朗登陆月球,虽然只是踏出一小步,却是人类历史上的一大步。"带着这一份创造佛教历史的使命感,僧信二众日后无不兢兢业业于建寺工程。

这一趟行程,我也应奥地利"全球能源奖"(Energy Global Award)主办单位邀请,颁发"地"奖项,并代表亚洲及文化团体,以"人类与地球同体共生"为主题,发表有关佛教的地球生命观与环保观演说。典礼全程由奥地利国家电视台 ORF 录影,向全球做转播。

建寺的这一段时期,除了满谦、觉容、如群等徒众投入工程筹备,更是少不了信众的护持。例如,一九九一年就与佛光山结缘的佛光会维也纳协会理事邱钰雯,可以说始终护持道场不遗余力。十余年前,遭逢先生飞机失事往生后,她化悲伤为力量,积极投入佛光会筹备及道场建设事宜,为了让更多人学佛,甚至从自己以往雇用的员工开始,一一打电话鼓励他们到道场参与活动。一路来,尽管事业忙碌,几乎全年无休,但是对于道场的需要,她却是有求

维也纳佛光山

维也纳佛光山安基典礼（二〇〇四年）

必到，在她认为："只要有心就不难！"对于信仰的坚定令人动容。

终于，在信众十五年漫长的引颈企盼之下，二〇一〇年十一月维也纳佛光山落成开光了。由于我弘法行程匆匆，不克前往，便录制了简短谈话，给予信众祝福，并委由心定和尚代表主持。据闻此次落成，受到奥地利当地媒体瞩目，踞龙头地位的《新闻报》、《标准报》、地铁报《今日报》等，都大篇幅地报道相关新闻。尤其国家第二电视台 ORF 还出动人马拍摄，于中午精华时段的"世界宗教"节目，播出半小时专题报道。

同时，我的"一笔字"书法展也在妙祥、满纶法师及所有佛光人的筹划安排下，顺利于维也纳联合国总部及奥地利国家美术馆（Oesterreichische Galerie Belvedere）展览，创下了佛教文化首度在该馆展出的纪录。

由于维也纳素有"音乐之都"之称，所以，坐落于全球知名市区的维也纳佛光山,在道场规划设计时,我特别提出要有"音乐教室"的构想,希望以当地人最熟悉的音乐来接引当地人士。现在,徒众们也都不负当初的理念,陆续举办了多场音乐会及钢琴学习营。期望未来维也纳佛光山能再为奥地利佛教的发展作出进一步的贡献。

葡萄牙

说起佛光山在葡萄牙的弘法,要追溯到一九九六年佛光会里斯本协会成立之后,由于信众求法心切,经由顾问庄传成伉俪发心捐赠四十平方米的住屋,成立"葡萄牙布教所",大家才有了聚会共修的据点。不过最初没有法师驻锡,欧洲其他道场的法师也只能每月前往主持一次共修会,因此其他的三个星期,庄顾问阖家及阎洪玉雪顾问全家便主动发心领导大家跟随录音带共修,会后并聆听或观赏我讲话的录音带、录影带。

庄传成顾问一家都是虔诚的佛教徒,护持道场甚力,女儿庄寅彩后来也荣膺协会会长。佛光会刚成立的时候,他们为了凝聚信众,每个星期都主动以电话联络大家到佛堂共修,法会结束,又把所有人接送到自家开设的餐厅,以素斋结缘,最后还不辞路途奔波,一一送每个人回家。许多人被他们的身教言行感动,见识到佛光人的发心,都陆续加入佛光会,也因此开启了人间佛教在葡萄牙的弘法因缘。

几年后,由于信众人数增加,共修空间不足,几经寻觅,终于在首都里斯本一九九八年世界博览会馆旁的根蒂瓦(Centieira)街,找到了现址,二〇〇四年四月由心定和尚主持落成启用仪式。

同年十一月,我应信众邀请,生平第一次踏上葡萄牙的国土,在萨纳饭店(Sana Hotel)举行了一场佛学讲座;场地虽然不大,信

于葡萄牙佛光山主持佛学讲座,与信众接心(二〇〇四年十一月三日)

众闻法的热情却不减,当天涌进了四百多位听众,有一半是葡国本土人士。甚至讲座前,葡萄牙国家电视台、广播电台、各大报社等十余家媒体,有感于我弘扬人间佛教、让佛教走向人间化的理念,很能适应现代人心所需,还特别安排了一场记者会。

我在葡萄牙停留的时间只有两天,但是当地信众为了尽地主之谊,还是抓紧时间安排了市区游览(City Tour),带领我参观老城罗西欧广场(Rossio Square)及贝伦(Belem)区的贝伦塔和航海纪念碑。尤其此行他们还送了我十二只葡国的吉祥物——公鸡,据说这是源于过去一位朝圣者被误认是小偷,遭受死刑的判决,当他求见法官时,向法官表示:"如果您晚餐中的烤鸡复活啼叫,就代表我是清白的!"没想到,这不可思议的事情果然发生,终使得他免于一死;从此,鸡子也就成了葡萄牙的吉祥象征。

现在葡萄牙佛光山平日除了道场的例行活动,也积极投入慈善关怀和社会服务。过去几年,在佛光协会金毅督导的带领下,每当葡萄牙发生重大灾难,如二○○三年葡萄牙因气候异常引发的森林大火,乃至二○一○年葡萄牙属地马德拉岛遭受十七年来最大的暴风雨等,葡萄牙佛光人无不发挥"人饥己饥,人溺己溺"的精神,发起救灾募款活动。除此之外,每年都由协会举办寒冬送暖活动,关怀里斯本各地的孤儿院、孤独老人以及流浪汉,并且为联合国儿童基金会募款,以帮助改善贫困国家儿童的生活。

为了帮助葡萄牙移民提升语言水平,以便融入当地社会、创造就业机会,甚至申请永久居留或考取葡籍,里斯本协会还特地向欧盟苏格拉底教育计划单位及葡萄牙移民署申请语言学习经费补助,驻葡萄牙执行单位PPT也派了两位葡文师资,以半年时间提供学习课程,目前已有一百多人受惠。

葡萄牙佛光山一景

另外，道场每周定期举办的葡文读书会，参加的人数虽然不是最多，却都是各专业领域有心研究人间佛教的人士，其中有佛教联合会的主席、货币厂的总裁、流浪汉之家的主席以及当地大学的教授等等。尤其是这个读书会有一个很大的特色，他们不仅聚会研讨佛法，并且一面进行翻译工作，我的几本葡国语法的葡文译著，如《佛学入门》、《佛教教理》，就是他们从我的巴西葡文译著翻译过来的。对于他们每个星期不辞舟车劳顿，甚至风雨无阻地往返参加读书会，也让我觉得精神可嘉。

当然人间佛教在葡萄牙的发展，还有许多努力的空间，但是在佛光人的集体创作下，葡萄牙佛光山也逐渐受到了社会和其他宗教团体的肯定，例如葡萄牙清真寺建寺二十五周年时，特别邀请觉心法师去参加纪念活动，成为唯一受邀的佛教团体；这么说来，人间佛教在葡萄牙的弘扬也算是跨出一大步了。

西班牙

回想起一九九四年，由于我在荷兰欧华年会上开示的因缘，结识了信仰天主教的侨选"立委"王鼎熹、吴金兰伉俪，从此两人就与佛光山结下了深厚的法缘，吴金兰女士更成为人间佛教在西班牙弘法的先锋。据吴会长的说法，当初是被我的开示所感动，所以向我提出让佛法流布西班牙的心愿。感动于他们求法的真诚，我随即交付给她成立佛光会的任务，并请她担任创会会长。

那时，她对于佛光会这个组织完全不了解，面对突如其来的任务，有些惶恐，但是在使命感的驱使之下，还是一头栽进筹备工作，很快地，马德里佛光协会便成立了。往后，为了让会员们能有一处集会共修的地方，她也主动提供了一间佛堂作为共修之所。

为了感念她的发心，一九九六年我在前往法国巴黎主持"国际

我想建立欧洲佛教中心

西班牙佛光山一景

佛光会第五次世界会员代表大会"时,特地前往西班牙为马德里协会的成立授证,会后并为当地信众主持了一场佛学讲座及皈依三宝典礼。当时前来观礼的台北驻西班牙代表章德惠先生特地带来了两封贺函,一为正在美国亚特兰大城代表西班牙参加奥运残障运动会各项仪式的爱莲娜及克里斯汀娜公主的祝贺,另一为因事错过大会的西班牙驻台北商务办事处路培基主任的庆贺。

今年,在台湾举行的"国际佛光会第十四次世界会员代表大会",年近八十的吴金兰女士,仍不辞飞行辛劳,千里迢迢地来到佛光山参加大会。闭幕典礼上,她送了我一个金制的法物;实在说,我并不在意她送了我什么,但是她对于信仰的坚定及护法的恳切,我则已认为是超越物质的价值了。

说起一九九六年那一次西班牙弘法行,除了为马德里协会授证,巴塞罗那协会也在会长林隆势的领导下成立。不久,又有萧木梁伉俪提供个人于尼加拉瓜(Nicaragua)街的住宅作为共修场所,

393

应邀至西班牙马德里佛学讲座,为佛教首次于西班牙举行的盛大集会(一九九六年八月十六日)

"巴塞罗那布教所"因而成立。此后,即使法师只能一两个月到当地弘法一次,他也因为"受法师之托照顾佛堂"的承诺,引领会员聆听录音带共修,甚至当大家都无法来时,就一个人精进修持。尤其是在《人间福报》创刊后,为了让更多人了解人间佛教,不懂美工的他,还亲自剪贴报纸,印制成《佛光世纪》,发送到各地。

可以说,西班牙虽然地处偏远,但是由于会员信众一如吴金兰、林隆势督导信心坚固,所以在十多年觅地建寺的等待之后,二〇〇九年十一月十五日,位于马德里市区的西班牙佛光山在妙训、如海法师带领信众的共同努力下,终于落成启用。

落成典礼由佛光山住持心培和尚主持,有马德里警察总局长卡马乔(Camacho)、中国驻西班牙大使朱邦造、塞尔维亚省巴尔未尔德·莫哈诺市长劳伦特(Rafael Casado Llorente)，以及来自欧洲各地的六百位信众共襄盛举。西班牙当地对角线电视台及《华商报》、《中国报》、《欧华时报》等二十余家媒体记者也都前来采访报道。

这几年在会员信众的齐心努力之下，现在西班牙佛光山受到了当地社区的肯定，例如马德里强贝理区(Chamberi)文化服务部主办的"二〇一二年社区儿童文化日"活动，为了让社区青少年认识东方文化，也力邀西班牙佛光山前往参加，由监寺妙多法师带领了马德里佛光青年团响应这次活动。

虽然与欧洲许多道场比起来，西班牙佛光山不大，但也为人间佛教在西班牙的发展播下了种子。

意大利

说到意大利，就要说起位于首都罗马的梵蒂冈，面积虽小，只有四十四公顷，却是全世界天主教徒的信仰中心；它在一九二九年成为政教分离不受意大利管辖的独立国家，内政全由神父组成的委员会"罗马教廷"负责，各国也都派有"教廷大使"。一百三十二公尺高、举世闻名的圣彼得大教堂，是梵蒂冈的行政中心，广场可以容纳将近二十万人。

在台湾，我和天主教的往来频繁，尤其和单国玺枢机主教有深厚的友谊，每当有天主教的贵宾造访高雄，他都会安排大家到佛光山参访。一九九七年二月二十八日，我更在单枢机主教的促成下，搭机前往梵蒂冈与教皇约翰·保罗二世(Pope John Paul II)进行宗教对话。

那一天，我们在教皇的私人书房见面。年近八十的教皇，和蔼

应邀至意大利和平之城阿西西市之圣方济各教会参访,并与院长及神父们合影(一九九七年三月一日)

慈祥,对于我的谈话,总是适时点头回应,甚至当我就宗教融和的问题,向他提出五项建议时,教皇听后也表示赞同,并表达会将建议转由相关单位研究。

当时我提出的建言有:一、请教皇登高一呼,联合世界各个宗教成立"国际宗教联谊会";二、邀请教皇到亚洲牧灵访问时顺道访问台湾;三、日后佛光山和教廷加强交流;四、佛光大学与南华大学,愿与梵蒂冈或罗马的图书馆办理图书交换,并提供教廷或意大利大学推荐的学者和学生做研究或选课就读的一切协助;五、二校可承办天主教委托的各项宗教会议,或"宗教与高等教育"研讨会。

这一次会面,我送给教皇一尊观世音菩萨,推崇教皇对于世界和平的贡献,教皇则以梵蒂冈的纪念币相赠,并表示希望有机会到台湾访问。

欧洲总住持满谦法师(右二)代表大师参加意大利圣方济各举行的"世界和平正义反思・对话与祈祷日活动"

宗教融和一直以来都是我积极推动的工作,我认为,宗教之间虽然教主、教义不同,但是教徒却可以相互往来交流;此次和教皇的会面,可以说为宗教的互访写下了历史性的一页。

继这一次梵蒂冈的访问之后,二〇〇六年六月二十一日,在杜筑生先生的陪同下,我再次前往梵蒂冈,于圣伯多禄大教堂与继任教皇本笃十六世(Pope Benedict XVI)会面,那时我对教皇表示,我是以朝圣的心情来罗马访问,希望借此增进佛教与天主教的相互了解与合作,同时也邀请教皇访问台湾,之后并以我在台湾弘法五十年的影像专辑《云水三千》相赠;教皇也要我代为转达对台湾人民的问候,并表示会为台湾人民祈祷,更希望未来有机会与台湾人民见面。会后我与教廷宗教协谈委员会主席普帕尔枢机主教会谈,也到罗马华人圣堂参加"心灵座谈会"。

于意大利米兰瑞达酒店传授皈依三宝典礼(一九九七年三月二日)

除了两次受邀到梵蒂冈是我亲自前往以外,也有几次因为弘法行程已定或身体不适,委由弟子代表出席。例如,二〇〇二年一月,由约翰·保罗二世发起的"世界和平祈福大会",在意大利阿西西举行,三十余个国家一百三十多位代表当中,依益法师代表我出席,并在"宗教对和平的贡献"论坛中发表演说。

二〇一一年十月,于意大利圣方济各举行的"世界和平正义反思·对话与祈祷日活动",由于我年龄老迈,医师叮嘱不宜长途飞行,所以我委请佛光山欧洲地区总住持满谦法师及法堂国际组的妙光法师代表出席。当教皇在梵蒂冈与各宗教团体代表见面时,两人代我向教皇致意,并以同年于佛光山佛陀纪念馆举行的"八二三爱与和平宗教祈福大会"DVD 和我的著作赠予教皇。

这一次的活动,有来自世界五十多个国家的三百多名代表出席,满谦法师是当中唯一的女性代表;在教皇甫宣布女性不得担任主教的情况下,"男女平等"的理念在佛教里是更为被发扬了。

其实,我到意大利,最早是在一九八二年,当时令我印象深刻的是参观一座地下墓场,据说那是过去埋葬天主教殉道者的地方。墓场占地面积恐怕比佛光山还要大,地下总共有五层楼,每一层楼都停放了众多的棺木,听说有人进去之后,由于没人引导,找不到出口,就此葬身在墓场中。

佛光山在意大利至今虽然仍没有道场,但有鉴于许多欧洲佛光会员在意大利的亲友渴望听闻佛法,我们也安排了法师及佛光人前往座谈或主持讲座,希望人间佛教也能带给当地信众一股心灵安定的力量。

瑞典

在我走访的世界各个国家之中,瑞典可以说是"社会主义"实践得最好的国家,每一个国民都不自私,尽管税金很高,还是欢喜缴税。在他们认为,瑞典社会福利健全,自己蒙受国家诸多照顾,不应再和政府计较。尤其瑞典的和平为举世所皆知,至今已经有两百多年没有卷入战火之中,首都斯德哥尔摩更是诺贝尔奖及红十字会的发源地,对世界和平以及人道救助都有极大贡献。

瑞典佛光山就坐落于斯德哥尔摩的北部,是世界五大洲中,地理位置最北的人间佛教道场。一九九二年,由于在英国深造的徒众到瑞典拜访老师,而种下了法传瑞典的因缘。直到一九九四年,得力于斯里兰卡班那拉丹法师(Ven. Pannaratana)的发心,"斯德哥尔摩非汉语系协会"及"奈斯分会"首先成立,人间佛教在瑞典的弘扬才算渐露曙光。虽是南传佛教比丘,但是他们对于北传佛教的到来,不仅给予尊重,还协助发展,这份友谊实在令人感佩。

之后,一九九六年,许多瑞典信众前往法国巴黎参加"国际佛光会第五次世界会员代表大会",有感于欧洲各地都有佛光道场,唯独瑞典没有,便发起集资,承租了一栋房屋作为共修场所。但是由于地处住宅区,活动空间有限,信众礼佛相当不便,经过两年的觅地,才找到了符合寺院建设基础的现址,于一九九九年正式成立"瑞典佛光山"。

在瑞典,国际佛光会相继还成立有"斯德哥尔摩协会",最早是由刘福松居士担任会长。由于他为人热忱,富有正义感,又乐于奉献,虽然平日寡言,但是人缘极好,因而当年被公推为创会会长。

之后续任会长的是裴海蒂女士,现在已经升任督导,以厨艺精湛闻名,无怨无悔奉献道场近二十年的她,秀丽大方,尤其富有观世音菩萨"千处祈求千处应"的精神,家务、公暇之余,便主动到道场服务,举凡行政、典座、布置、知宾、表演,样样都愿意与大众结缘;偶有公务出国,总也设想道场活动所需,一并带回。尤为人称道的,国际佛光会每一次召开世界会员代表大会或理事会议,她都不曾缺席,从事业上退休后,更是全心全意投入道场工作,以烹饪

瑞典佛光山举办夏令营,佛光儿童活动一景

专长,从瑞典结缘到全欧洲各道场。

裴海蒂的发心也感动了瑞典籍夫婿安德斯(Anders)先生,二〇〇三年,当SARS疫情在台湾大流行时,为了提供口罩给严重缺乏口罩的台湾,两人不但遍寻斯德哥尔摩地区,安德斯先生甚至还特地打电话到邻国询问,最后终于购得五千个口罩寄回台湾应急。

多年来,为了让当地人士认识"人间佛教",瑞典的这许多佛光会员,无不积极推广。特别是在文化交流的工作上,大家付出诸多心血,除了捐赠《禅藏》给隆特大学(Lunds University)、哥本哈根大学(Kobenhavns University)、丹麦大岛奥胡斯大学(Aarhus University)及斯德哥尔摩大学(Stockholm University)等大专学校,基于瑞典教育制度的自由、开放,且明文规定凡受教育的儿童、青少年必须对世界各地宗教有确实认知,因此瑞典佛光山也将陆续译出的《佛陀的一生——画传》、《佛光菜根谭》、《迷悟之间》以及《人间佛教的经证》等书,赠予各级学校、图书馆,并且借由"哥登堡书展",将人间佛教介绍给当地民众了解。

由于早年派驻瑞典的徒众拜访斯德哥尔摩大学所结下的善缘,也促进了日后双方的交流往来,在觉彦多次的联络下,二〇〇五年,诺贝尔文学奖评审委员马悦然(Goran Malmqvist)教授以及汉学家罗多弼(Torbjorn Loden)教授来到台湾访问,和我共同主持了三场"当东方遇上西方"对谈会,就"佛教与中国文学"、"佛教与世界和平"及"人间佛教与世界宗教"等主题进行对谈。

翌年,我则应他们之邀到斯德哥尔摩大学访问,以"融和与和平"为题,发表演讲,有专家学者近八百人与会。会后,我致赠《佛光大藏经》、《法藏文库》等四百余本佛教书籍给该校,由罗多弼教授代表接受。

我想,诸如此类的文化交流活动,在瑞典佛光人的推广之下,未来人间佛教必能发扬光大,普利更多的瑞典人士。

俄罗斯

俄罗斯土地辽阔,横跨亚洲和欧洲,是世界上国土面积最大的国家。在佛陀的慈光照耀下,一九九三年七月我率团到达了这个禁闭一百多年的国度,进行了八天的弘法。

在俄罗斯期间,每天无论是参观、吃饭、讲演、开会或坐车,都有六位秘密警察形影不离地保护我们;看到大家为我忙碌,心中真是过意不去,但是想到一味拒绝,也不尽人情,最后只有随缘了。

这一趟行程,我是应圣彼得堡大学陶奇夫、索罗宁、斯大里宁、安德列耶夫、鲁多义等教授之邀,前往圣彼得堡大学,主持他们共同发起的圣彼得堡佛光协会授证典礼。典礼上,会长陶奇夫教授将他的数十种佛学著作送给我。致词时,他说:"俄国佛教界一直希望能与世界各国的佛教团体保持联系,可惜苦无管道,直到佛光会的讯息传到俄国,才为俄国的佛教带来了希望……"一番话道尽了他们对佛法的渴求。想到沙皇时代,从女皇叶卡捷琳娜二世宣布可以弘扬佛教,进而引起学者重视,却在事隔二百多年之后,俄罗斯才真正蒙受佛光普照,内心真有说不出的感慨和感动。

之后,我又应邀前往莫斯科,在戈尔巴乔夫中心大礼堂主持了莫斯科佛光协会成立大会。会中,促成这一趟俄国弘法行的重要推手廖泓毅会长,以及干部刘广兴、莫斯科大学安德烈教授等人穿上了整齐的会服,郑重地从我手中接过会旗、证书等信物。由于俄罗斯正为严重的通货膨胀所笼罩,米达莎馆长在典礼上发表的谈话,也引起了全场的共鸣,他说:"目前俄罗斯正是人心空虚的时候,佛光正好普照而来,这真是全俄罗斯人的福气!"慷慨激昂的致词,让我深信俄国佛光会的成立,将会为当地佛教的发展带来希望。

我想建立欧洲佛教中心

于俄罗斯圣彼得堡大学,为圣彼得堡佛光协会授证。右一为圣彼得堡大学陶奇夫教授,右三为泰国法身寺国际发展部总干事弥达难陀法师,左一为索罗宁教授(一九九三年七月十四日)

在安德烈等三位教授一路的带领之下,我们在俄罗斯第二大城圣彼得堡的行程,还造访了全世界最古老、最大博物馆之一的"冬宫"(Hermitage Museum),据说里面光是房间就有一千多间,若将全部房间连接起来,少说也有三十公里之长。尤其馆藏之丰富,每天就是花上十小时观赏,也要十一年才能全部看完。

在莫斯科,我们则参观了当地最具代表性,也是苏联政治权力运作的中心——红场,也到了曾是沙皇住所的克里姆林宫参观,当我见到由黄金打造的沙皇宝冠时,不禁想着:人的负担已经够重了,为什么还要增加累赘呢?

其实,地域广阔的俄罗斯,除了有华丽的建筑遗迹,文学在人民生活中也占有显著的地位,因此孕育了许多闻名世界的作家,如:屠格涅夫、托尔斯泰、高尔基等等。其中,当代文学作家,诺贝尔文学奖得主索尔仁尼琴,于一九八二年到台湾访问时,还曾到过佛光山。当他参观大雄宝殿时,自然地合掌礼敬,流露出对宗教与文化的虔敬，对于佛教学院及各项建筑艺术也都赞叹有加，临走前还留下了亲笔签名作为纪念。

由于当年在俄国成立佛光会的因缘，圣彼得堡佛光协会发起人之一的索罗宁教授，现在也来到了我创办的佛光大学佛教学系担任教授，对于西夏学、华严思想甚有研究的他，一口流利的中文，颇受学生的尊敬和爱戴。

我想，在以东正教为国教的俄罗斯，信仰佛教的人口比例相当少，当中能有几位教授和人间佛教结下缘分，也是稀有难得的因缘了。

其他

除了上述欧洲各国设有佛光山道场，另有几个国家，虽然只成立了佛光会，但是信众的发心，也值得肯定。例如在气候严寒的北欧，挪威及丹麦也分别成立有奥斯陆协会及哥本哈根协会。目前，觉彦法师等人在瑞典繁忙的法务之余，都会定期前往两地辅导会务。一如欧洲各地的佛光人，两个协会也积极推展人间佛教，甚至哥本哈根协会还与瑞士佛光山共同合作，将我的"一笔字"带进了丹麦国家博物馆展出。

另外，位于东欧捷克的布拉格协会，虽然成立得晚，但是由于会长、干部的用心领导，以及妙益法师等人的关心辅导，会务蒸蒸日上，尤其会员对于本山及欧洲各道场举办的活动，无不积极组团参与，充分展现了佛光人学佛的热忱。

在遥远的欧洲，驻锡当地的徒众往往一人身兼数职，但都很卖力地领导信众共同弘扬佛法。过去，电视节目"八千里路云和月"名主持人凌峰先生到欧洲访问，亲睹他们的付出时，还曾经公开赞扬："为欧洲华人写下辉煌历史的，是佛光山的比丘尼！"

总说欧洲的佛光人，发心者真是不计其数，除了上述，又如：英

我想建立欧洲佛教中心

"一笔字"在丹麦国家博物馆展出,欧洲总住持满谦法师(中间)代表剪彩

国伦敦的黄坚、黄华娟、黄凤琴,曼彻斯特的叶少芬、俞才安,比利时的欧阳滋远、邓葵喜,荷兰的温戊生、邱玲珍,德国柏林的黄家羚、萨突·艾赫德,法兰克福的高晴宏、殷泰兰,奥地利维也纳的汤素贞、贾莹、托马斯·菲德尔,瑞士的陈玉明博士、柯国强、李希珍,日内瓦的褚峻、海因茨,西班牙巴塞罗那的朱镇平、邱凤娇,马德里的龚安泉、苏秀琴,瑞典斯德哥尔摩的吕慧芬、夏碧婵,哥本哈根的郑高飒、林梅凤、李洁、王景瑶,挪威奥斯陆的袁银女、孔培德、马俊发,布拉格的何莲萍等佛光会督导、会长,以及更多默默发心的护法信徒等,他们对佛教的奉献都是功不可没。但是碍于篇幅,实在不及一一叙述,于此便不再提。不过,我想佛光山的功德碑墙,必然是已经把这许多信徒的功德芳名都给刻上了。

"欧盟"的成立,是人类同体共生的良好示范,跨国界的整合,让各国处于相互依存的状态,同样地,远在欧洲的佛光山道场,虽然人力资源有限,但是相信在欧洲各佛光协会、道场之间的互相支援,以及全球五大洲佛光人的共同护持之下,团结就有力量,发心就有未来!

我在澳新开创佛教道场

有人说澳大利亚是"人间最后一块净土",
确实不错,
它是一个非常重视环保的国家,
行走在街道上,一眼望去,
无论是大厦或民宅的窗户、阳台,
都置有盆栽,
政府也会把最好的地段保留做公园。
可以说,
澳大利亚人民的富贵,
就在于到处都能享受到大自然的风光,
民众的生活水平相当高。
尤其承蒙当地政府的大力支持,
以及人民对佛教的高度接纳,
而使得人间佛教在当地的发展加速生根。

澳洲，又称澳大利亚，是南半球最大的岛屿国家，也是全球陆地面积最小、历史最悠久的一洲，与新西兰、巴布亚新几内亚等国家，合称为"大洋洲"。

一九〇一至一九七五年间，澳大利亚在英国的统治下，施行"白澳政策"。因此在那个时期，东方人要移民澳大利亚，简直是难上加难。直到一九七〇年代后期，政府废除"白澳政策"，开放各国移民，台湾、香港和马来西亚、新加坡、印尼、越南等地民众，纷纷举家移民澳大利亚，各种宗教信仰也随之带入，从此为整个国家带来莫大的变化，进而塑造了澳大利亚多元文化的形象。

基于"白澳政策"给我不好的印象，再加上我对这个国家了解不深，早期有信徒多次邀请我前往澳大利亚兴建道场，我都没有答应，总认为这个地方不是华人可以

与澳大利亚前总理霍克夫妇

安身立命的地方。

但是数年后,因缘际会,当我踏上了这块土地时,发现澳大利亚人其实很友善,个性和平,尤其是当时正值经济衰退时期,但是他们仍旧安贫乐道,自在欢喜地过生活,再加上他们已不排斥华人,甚至欢迎各个宗教的加入,也就使我对澳大利亚的印象完全改观。

特别是,有人说澳大利亚是"人间最后一块净土",确实不错,它是一个非常重视环保的国家,行走在街道上,一眼望去,无论是大厦或民宅的窗户、阳台,都置有盆栽,政府也会把最好的地段保留做公园。可以说,澳大利亚人民的富贵,就在于到处都能享受到大自然的风光,民众的生活水平相当高。

尤其动物与人友善来往,伫立海边,常见大鱼游到水边,仰起头来跟人玩耍;飞鸟飞到人的肩上,向他分一点米谷的画面。这也就更让我感觉到澳大利亚是一个适合人居的环境。

基于这些好印象,我决定到澳大利亚开拓佛教。在澳大利亚发展佛教期间,尤其承蒙当地政府的大力支持,以及人民对佛教的高度接纳,而使得人间佛教在当地的发展加速生根。如今想起佛光山在澳大利亚顺利发展的种种好因好缘,心中不胜感激!以下略述佛光山在澳大利亚各地的发展因缘。

南天寺

我在澳大利亚弘法的因缘始于一九八九年,旅居澳大利亚卧龙岗市(Wollongong)的华侨寸时娇女士到台湾访问,邀请佛光山前往澳大利亚兴建道场。相隔一年,"中国钢铁公司"在佛光山召开国际钢铁学术会议,澳大利亚卧龙岗国营的 BHP 钢铁公司董事

与国际佛光会悉尼协会会长廖德培(前排左一)等人前往南天寺工地巡视(一九九三年十月二十七日)

我在澳新开创佛教道场

亲临南天寺主持安基典礼

长及市长亚开尔(Frank Arkell)先生前来与会;他们参观了佛光山的各项弘法事业后,非常欢喜,也向本山提出希望派人到澳大利亚建寺,发展佛教。

既然有这么一个因缘,我便派时任都监院院长的慈容,带领永妙前往距离悉尼市一小时车程的卧龙岗市勘察,虽然一度挂念她们的安全,但据她们回来报告澳大利亚当地的状况,那里社会安定,民风朴实,生态环保做得非常成功,和我所知道的澳大利亚完全不同。

不久,经卧龙岗全市议员决议通过,表达全力支持佛光山在澳大利亚建寺之意,市长亚开尔先生还捐赠了二十六亩土地;再加上游象卿、邱美惠、廖德培、寸时娇等旅居澳大利亚悉尼的信徒们,一心想要成就佛光山在当地建寺发展,我想,自己一生的愿望,就是"佛光普照三千界,法水长流五大洲",既然有这个因缘,就不应该退缩。于是隔年(一九九○年)便亲自率领慈庄、慈容、永全、满可等徒众到澳大利亚勘察。

澳大利亚南天寺工程,建筑师报告工程概况(一九九三年十月二十七日)

同年,慈庄与卧龙岗市政府正式签约,由于澳大利亚位于南半球,且素有"天堂"之称,于是我便将寺院定名为"南天寺",意为南半球的天堂。

一九九二年,我和卧龙岗市长坎贝尔(David Campbell)、台湾驻澳大利亚代表李宗儒博士,新南威尔士上议员沈慧霞,新南威尔士移民部长欧文,悉尼副市长曾筱龙(Henry Tsang)、卧龙岗前市长亚开尔,新南威尔士佛教会会长葛雷恩(Graeme Lyall),佛光会悉尼协会会长廖德培,功德主游象卿、游象乾、谢宪豪等居士,建筑师布鲁斯特先生等十多人,一起为南天寺主持动土典礼。典礼上,我题赠法语"卧龙岗上法门开,十方大众感应来;弘法利生南天寺,菩提花果遍地栽",和现场与会的四千多人共同见证佛光普照澳大利亚大地。之后便请永东、满可负责筹建工程与弘法工作。

为了确保南天寺将来能有一个宁静的环境,后面数百亩的小

佛光山澳大利亚代表寺院——佛光山南天寺，一九九二年。

基,一九九五年开光 (佛光山馆藏,林艺斌摄)

我在澳新开创佛教道场

澳大利亚总理基廷特派移民部长鲍格斯当场捐献澳币一百元,作为南天寺后山园林用地一百年的租金

山丘,尽管不供人使用,但政府还是以象征性的每年澳币一块钱,租借给我们九十九年。我曾开玩笑地问市长:"九十九年之后怎么办?"市长幽默地回答我说:"到时候我们发愿再来吧!"

　　南天寺筹建之初,为了就近关心工程状况,便以附近一座农场作为开山筹备处。农场主人史密斯(Bruce Smiths)的家族在澳大利亚已经有百年历史,传到他是第六代,政府特别明令他的住屋已属国宝级,不准拆除。想到佛光山只有二十年的历史,却能住在百年历史的房屋里筹备建寺,因缘实在很奇妙!后来南天精舍又迁至建地后山,伊拉瓦拉湖(Illawara Lake)旁边的一栋小屋,环境清幽,只要步行十分钟便能到达南天寺。

　　一九九五年,南天寺建筑工程完成,并于当年十月八日、九日举行落成启用暨佛像开光典礼。之后的数日相继举行了"国际僧伽研习会"和"国际佛光会第四次世界会员代表大会"等活动,一

南天寺落成典礼

时之间海会云来集,海内外贵宾近六万人共同参与盛会,为澳大利亚佛教史写下了辉煌的一页。

开光典礼当天,澳大利亚总理基廷(Paul Keating)特别派了移民部长鲍格斯(Nick Bolkus)前来表示祝贺。部长先生当场捐献了澳币一百元,作为南天寺后山园林用地一百年的租金,体现了澳大利亚政府对佛教的认同与肯定,而各家电视媒体也都称誉南天寺为"南半球第一大寺"。此后,参与寺院建筑的工程公司及相关人员,也由于这个因缘而荣获多个奖项,如:最佳设计奖、最佳灯光奖、最佳建筑师奖、最佳花园设计奖等等。

尤其"国际佛光会第四次世界会员代表大会"在南天寺才举行,便创下了几项纪录:

一、在南半球最大佛寺南天寺举行会议。

二、在澳大利亚最大国际会议中心(Harbourside Room)开幕。

三、澳大利亚史上最大的餐会,备办有三百桌宴席;澳大利亚国庆酒会最多是一百二十桌。

佛光山梵呗赞颂团是第一个登上澳大利亚国家殿堂的佛教团体,澳大利亚移民部长菲力浦·罗达克上台致意(二〇〇〇年十一月十九日)

四、第一次在澳大利亚国际会议中心举办素斋。由德裔澳籍厨师主厨,已准备好几个月。

五、除了澳大利亚国庆外,首次在海上施放烟火。

六、首次发行纪念币。

七、澳大利亚警政署特别谱迎宾曲,奏乐欢迎。

八、南半球首度梵呗音乐表演。

九、首度邀原住民表演,充分显示尊重与包容。

十、穿着佛光会服,过海关享有快速通关的礼遇。

南天寺创建至今,在慈容、满谦、满信、依来、满可等历任住持的带领下,已有数百万访客及居民前往参访,不仅带动了澳大利亚观光旅游事业的发展,每年更吸引来自当地新南威尔士各大学、中小学及各界人士二十万人以上来此禅修、研究佛学或做东方文化参访,并有无数澳大利亚当地人士投入寺内义工服务。

南半球首次三坛大戒于南天寺举行,有十六个国家和地区的南传、藏传、北传二〇六位出家人受戒,为澳大利亚佛教界的融和再创新猷(二〇〇四年十一月六日至二十四日)

除了"国际佛光会第四次世界会员代表大会",还有不少大型活动也在南天寺举办,或由南天寺协办。例如:一九九八年"第二十届世界佛教徒友谊会"在南天寺召开;二〇〇〇年,佛光山梵呗赞颂团登上澳大利亚悉尼国家歌剧院;同年,南天寺还成为悉尼奥林匹克运动会圣火传递的界标;二〇〇四年,佛光山在南天寺传授国际三坛大戒,有来自十六个国家和地区、二百多位出家戒子受戒,不但是澳大利亚史上规模最大的佛教盛会,也写下南半球首度传授汉传佛教三坛大戒的历史等等;可以说,近二十年来,在澳大利亚各地佛光人尽心尽力发展之下,南天寺写下了许多佛教殊胜的纪录。

此外,为了促进澳大利亚多元文化融和,一九九四年起,每年佛诞节在世界知名的观光胜地悉尼达令港举行浴佛祈福法会,至今年年不辍,已成为达令港重要的年度节庆。甚至一九九八年起,在南天寺举办的"南天文艺季"活动,每年也都吸引数万名中外人士前来参加。

于南天寺会见由悉尼协会廖德培督导接待之"中华台北奥运考察团"(二〇〇〇年九月二十日)

现在,我们又在澳大利亚南天寺的对面土地兴办南天大学。二〇〇一年,卧龙岗市政府通过议会决议,有鉴于南天寺自一九九五年落成以来,积极宣扬佛法,推动东西方文化交流,致力于各项教育的推展,带动当地观光事业的发展,促进市政的繁荣,因而捐赠二十九英亩土地给南天寺作为美术馆及南天大学建筑用地。

二〇〇七年十月,我亲自前往主持"南天大学安基动土典礼"。典礼上,我以"大学命名为南天,青年在此学圣贤;中澳文化交流日,多元种族见太平"一偈作为祝福。想到澳大利亚政府对华人的厚爱,同意我们在这里兴建大学,让佛光山有机会可以回馈世界,我真是对他们由衷地表示感谢。

经过十年的规划,二〇一一年二月,南天大学应用佛学研究所终于正式启教。我想,南天寺有会议室、禅堂、教室,也是一所学校,未来南天寺、南天大学在相互成为助缘之下,前途应该是无限了。

尤其早期参与南天寺建设的满可法师,是马来西亚人,很能干、有毅力,胸量也大。南天寺建设即将完成前,她推荐满谦法师前往担任住持,当时我就问:"那你到哪里呢?"她跟我说:"都不要紧!"后来常住就派她到新加坡弘法。在新加坡十多年间,满可虽然历经种种磨难,却接引了很多青年学佛,共同为佛教的发展尽心尽力,并且在她的辛苦奋斗下,二〇〇八年,终于完成了一项艰巨的任务——"新加坡佛光山"道场落成开光了。

我想,现在满可再度回到澳大利亚,她对于当地的情况很熟悉,加上长于语言,在教育方面也有理想,南天大学在她的规划之下,未来必然是会发展得更快了。

南天讲堂

在等待南天寺开山建寺期间,据心定告诉我,南天精舍的空间仅足以作为安单用,有必要再寻觅一处信徒共修的场所。于是我就请他到悉尼视察,找寻据点,最后他在西部帕拉马塔(Parramatta)地区火车站旁边,找到了一间原本制造新娘服装的工厂,约莫可以容纳数百人聚会。承购下来之后,我将它定名为"南天讲堂",还写了一副对联"南天佛堂施教化,讲堂法雨润群生"。

一九九一年,悉尼佛光协会成立大会在南天讲堂大殿举行。由于担心停车困难,所以事先并没有宣传,可是当天与会的信众竟多达千人。会长廖德培、副会长王思淮、顾问游象卿等三十多人看到信徒如此虔诚后,都一致表示要把悉尼佛光协会带动起来。

于南天讲堂为佛光会员授证

一九九九年,因为南天讲堂建筑老旧、空间不敷使用,便拆除重建。二〇〇〇年完工的那一年,适逢悉尼奥运会举办,中华台北代表队的跆拳道选手正苦恼找不到训练场所,我听闻后即刻将讲堂提供出来,不仅让他们有宽阔的练习场地,连淋浴、更衣等设备,也都让选手们自由使用。后来中华台北跆拳道队伍在奥运比赛中,获得一面银牌、四面铜牌的佳绩,我也感到与有荣焉。

承蒙当地的华人代表说,佛光山就像台湾在世界各地的家,到了海外,遇上困难,只要找到当地的佛光山或佛光会,一切就不用担心了。我想,能有这个机会为大家的往来服务,所有在地的佛光人必然也是很乐意尽地主之谊了。

悉尼佛光缘

悉尼位于澳大利亚东南海岸,享有"世界上最好的住址"美誉,是全球三大美丽的港埠之一。尤其因为它具有自然景致,又是全澳大利亚人口最密集的城市、新南威尔士省的首府,也被视为澳大利亚的第一大城及商业中心。

一九八〇年代,澳大利亚政府兴起所谓"投资移民",吸引了数十万亚洲人移居悉尼。这许多移民初到澳大利亚,人生地不熟,再加上语言不通,其实最需要的,除了同乡的协助和关心以外,就是能向佛菩萨诉说心事的寺院道场。

一九九五年国际佛光会世界会员大会由悉尼协会主办,为使筹备工作顺利进行,督导廖德培居士在中国城租用了一间办公室作为佛光会办事处,并布置成佛堂,成立悉尼佛光缘,终于让许多人有了共修之处。

廖德培居士,生于一九四七年,台北树林人,原本在王永庆的台塑公司担任会计主任,后来离开台塑,到澳大利亚发展事业。澳大利亚第一个佛光会——悉尼佛光协会成立后,就由他担任第一任会长。他信仰非常虔诚,发愿要以弘法护教作为毕生的责任。借由本身是财务管理专家的因缘,他也接引了许多当地华人投入护持南天寺的建寺,终于在一九九五年,让南天寺工程顺利完工落成。

再说悉尼佛光缘,后来因为场地不敷使用,佛光会悉尼协会西一分会会长何灼垣夫妇便发心租借住宅给佛光缘,作为会员共修之处。悉尼佛光缘位在市中心中国城,距离机场只要二十分钟车程,到中央火车站也只需步行十分钟,不但交通便利,而且悉尼大学、新南威尔士大学、悉尼科技大学等顶尖学府也都在附近,可以说是文教相当发达的地区。

因应佛教徒人口的快速增长,后来北悉尼佛光缘、南悉尼佛光缘也相继成立,同样都是地处交通便利之处,让信徒免去舟车劳顿的辛苦,就近便能前往道场礼佛,参与活动。

中天寺

一九八九年,我前往悉尼勘察时,已定居澳大利亚东部布里斯班的邱锡宽、陈春龙等人,得知佛光山要在悉尼建寺,便打电话给

在中天寺圆通宝殿传授皈依三宝典礼,当天有五百多人皈依(一九九五年十月二十一日)

我,热心地邀请我也能到布里斯班去弘法;有感于信徒的求法若渴,我当下就答应前往普照。

到了布里斯班后,我为信众做了一场佛学讲座。会后,他们纷纷向我表示要筹组昆士兰佛光协会,并且希望我能到那里兴建道场;基于信众的热切,我便请慈庄前去负责当地寺院的筹划工作。

初期,为了让大众有一处研习佛法的地方,慈庄先是在距离机场二十五分钟车程的地方筹备了一间精舍,作为临时共修的场所。当时我想到佛陀的另一个德号"中天调御释迦文佛",便将布里斯班的精舍取名为"中天精舍",也将筹划中的寺院定名为"中天寺"。

中天精舍位在一个小山丘上,四周都是翁郁的树林,视野非常开阔,是一个静修的好地方。在中天寺还没有正式兴建之前,我和慈庄及负责筹建工程的永全、满信等人商议,决定先由信徒们筹组"澳大利亚佛光人会",以便信众之间能够联谊交流,互相鼓励。

中天寺佛像开光,陪布里斯班市市长吉姆·梭利、洛根市市长罗德葛利在舞龙舞狮引导下,来到大雄宝殿前,共同主持剪彩(一九九三年十月三十一日)

那么这段时间,中天精舍就暂时成为他们聚会、活动的地点了。

因为每逢周六信众都会来到精舍参与共修,为了大家用餐的方便,我们还特别加盖了一间厨房;当时请来的四个工作人员,分别来自香港和加拿大、马来西亚、澳大利亚四地,我还开玩笑地对徒众说,这间厨房是由四个国家地区的人完成的,将来在"开山史"上可以记上一笔。

在慈庄马不停蹄地寻觅下,终于在布里斯班与洛根市(Logan)交界的地方,找到了一处山丘地,作为中天寺的寺址。这一块林地,本来是基督教昆士兰浸信联合会的教堂建筑用地,因为他们遭遇建设上的困难,有心想要转手,正好遇上佛光山觅地建寺,便让手给我们改为佛祖的寺院。

一九九一年元月,中天寺开始动工兴建,经过两年的筹建,一九九二年年底硬体建设终于大致完成;这时,我们便把弘法重心从精舍移到了中天寺。

中天寺坐落于国家森林公园和无尾熊保护区内,四周围都是尤加利树,不但经常看到无尾熊悠闲漫步在森林里,偶尔清晨醒来,还会看见袋鼠趴在窗口向人讨饭吃;这种人与动物、人与大自然融为一体的景象,真是堪比天堂的美好。

一九九三年十月,中天寺举行"佛像开光法会暨三皈五戒典礼",我应信众的邀请,特地飞往澳大利亚布里斯班主持。当时我与洛根市市长罗德葛利、布里斯班市市长吉姆·梭利(Jim Soorley)共同剪彩,同时依来也从南非调派到了中天寺担任住持。

典礼上,洛根市市长赠送我三面旗子:澳大利亚国旗、昆士兰州州旗、洛根市市旗,表达澳大利亚人民对我们到来的竭诚欢迎之意。尤其没想到,初来乍到的我们,对于当地也还没有什么建树,政府竟然就已经先在公路指标上加注"佛光山中天寺"的中文字样;在讶异之余,对于政府面对外来文化的包容,也让我觉得很受感动。

为了感谢政府和人民释出的善意,中天寺与佛光会积极投入社会公益、文教交流和慈善救济等活动,希望能进一步加强与澳大利亚人民的友谊关系。相继地,在刘招明夫妇等许多发心的信徒热烈护持各项弘法事业下,短短几年内,中天寺就受到社会的肯定了。

中天寺在历任住持慈容、永全、依来和觉善的耕耘建设下,平日除了例行的法会,还经常举办中文、英文、广东话佛学班、禅坐班,乃至办理中国民俗文化活动、敦亲睦邻、慈善捐赠、艺术展览以及专题讲座等等活动。尤其从建寺开始,就致力于教育事业的推广,至今每年都有上万名学生来访。

其中,值得一提的,一九九〇年由昆士兰州政府批准成立的

澳大利亚学生于中天寺,唱颂李白诗词(二〇〇三年六月二十六日)

"中天学校",在执行校长陈秋琴女士的悉心办理下,学生人数增加快速,经常为了名额超出,空间不足以容纳,今年报名的人必须等到明年、甚至后年才有机会入学;据闻人数最多的时候还达到近千人。不得已,后来只有陆续设立了五个分校,这么一来,中天学校也就成为昆士兰最大的中文学校了。

另外,自一九九七年起,中天寺在南岸公园(South Bank)举办佛诞节庆祝大会,从一开始历经重重考验,到二〇〇二年开始,昆士兰政府每年拨款赞助,举行时间由一天到现在一连三天,人数从三万人到现在二十多万人次,甚至不同宗教、种族的人士也前来参与盛会,已经成为昆士兰州最有文化特色的六大庆典活动之一了。

中天寺佛光人二十年来,为了推展人间佛教,努力奋斗,尤其对于当地文化交流、社会服务,多所贡献,经常受到政府肯定,不但颁发"社会贡献奖"、"澳大利亚百年英雄榜"等奖项给依来,授权她成为合法的宗教人士主礼人,是澳大利亚佛教界第一位获得这项殊荣的人士,中天寺也荣获昆士兰州政府颁发的"多元文化贡献团体奖"。

而我则得益于佛光人在当地的优良表现,二〇〇五年十月,澳大利亚昆士兰格里菲斯大学副校长康纳(Ian O'Connor)教授致函给中天寺,表达该大学经由会议推荐审核通过,肯定我推展人间佛教对世界的贡献,而要颁发荣誉博士学位给我。隔年五月,校长琳妮·福德(Leneen Forde)亲自来佛光山颁赠这个学位给我。

现在接任住持的觉善,继往开来,也因为热心带领佛光人投入公益活动,获颁澳大利亚联邦政府莫顿地区的"义工贡献奖"、洛根市市长颁发"洛根市政府多元文化团体奖",乃至国际佛光会昆士兰协会也获得了昆士兰州政府颁发的"杰出社会服务团体奖"以及"洛根市教育奖"等等。

可以说,佛光人虽然不善于宣扬自己对社会的付出有多少,但是澳大利亚政府却从不轻忽这许多民间团体对社会的贡献,总是不吝给予佛光人的善心义举表扬。

说到近年来天灾频传,就连澳大利亚这个人间天堂,也不免遭受波及。二〇一一年一月,澳大利亚昆士兰连日豪雨,造成严重水灾,当我得知灾情惨重时,特别指示国际佛光会世界总会捐助澳币十万元。当时昆士兰州政府由资源、矿业、能源及贸易部长斯蒂芬·罗伯森代表州长前往中天寺接受捐款。另外,为了表达对社区的关怀,我们也捐赠澳币五万元给布里斯班市政府,作为救灾基金,由市长坎贝尔·纽曼接受。

现在我已经老迈,不得办法经常到澳大利亚弘法,只有这么聊表一点我对昆士兰人民的帮助心意。不过,据闻目前担任国际佛光会昆士兰协会会长的卢姝锦、顾问傅显达、督导刘招明以及友爱服务队队员等佛光大众,对于中天寺的弘法工作,护持不遗余力,也是让我感到很宽慰的了。

黄金海岸世界佛学研究中心

澳大利亚海岸线绵延三万六千公里之遥,其中从布里斯班东南方九十公里处,向南延伸三十二公里的整个海岸地带,就叫作"黄金海岸",是澳大利亚最著名的海滩休闲胜地。

黄金海岸风景优美,因此,当年为了让佛光会员在公暇之余,能有个休闲度假的场所,我就在那里设立了一间禅净中心;里头设备一应俱全,可以提供六十个人住宿,屋外则是古木参天,如同世外桃源。尤其踏出门口,仅十步的距离就是码头,停靠有游艇,随时想要出海游玩,引擎一发动,就可以出游去了。

由于这里环境清幽,很适合作为艺文人士及学者创作进修之处,所以我一心想要把这个地方作为"世界佛学研究中心";二〇〇五年四月,心定和尚前往举行洒净奠基典礼,未来兴建完成,将供给各界有心研究佛学者到那里做研究。

墨尔本佛光山、尔有寺

说到墨尔本,一九五六年夏季奥运会就已经在那里举行,可见得当时墨尔本的文化、教育就已经相当普及。

那么,佛光山在悉尼及布里斯班稳定发展后,维省佛光协会(现称"墨尔本佛光协会")创会会长杨文鎏很有心,每个月都定期邀请法师前往墨尔本华侨文教中心主持共修活动,慢慢地我们也就发展到墨尔本去了。而随着参与共修的人数越来越多,我们就在墨尔本亚拉维尔区(Yarraville)买下了一座二层楼高,原是天主教女子学院的房舍,作为墨尔本佛光山道场。一九九六年十月举行开光典礼后,住持坚宽法师便负起在当地积极推动佛学教育的弘法使命。

此外,余文杰、张丽施居士也将位于市区的场地提供出来,作为市中心信众及佛光会员集会之处,名为"墨尔本佛光缘",于同年启用,并且陆续开办中华学校、都市佛学院及各种技艺班。

二〇〇一年,接任墨尔本佛光山住持的满谦法师,为了实践"佛教与艺文"的结合,继一九九五年在南天寺设立宝藏馆后,又在墨尔本设立新的佛光缘美术馆,带动当地佛教的艺文活动,让人间佛教在澳大利亚的弘传更加多元化。甚至为了让维省东区信众方便学佛,又相继在东区成立了"博士山佛光缘"(Box Hill)。

同年,澳大利亚为庆祝联邦建国一百周年纪念,举行花车游行

墨尔本佛光山

活动,维省佛光会和墨尔本佛光山道场也应邀参加,当时由满谦、满信、维省杨健会长等人率领维省、悉尼地区的佛光会员出席,成为澳大利亚政府百年来第一次允许华人代表参加,也是佛教团体首度参加这个盛会。可以说,那个时候墨尔本佛光人的表现是受到政府肯定了。

二〇一一年,在依来的带领下,墨尔本博士山佛光缘重建,更名为"尔有寺"。二〇一二年十一月十日,在现任住持满可的指导下,尔有寺举行落成开光典礼。我因为身体老迈,无法亲自前往主持典礼,只有透过录影来祝福大家。其中我说,之所以取名"尔有寺",表示"墨尔本有个寺院";又因为"尔"是"你"的意思,也表示"你有寺",你们大众都有个寺院可以修行了。

期许尔有寺的未来能成为墨尔本人民心灵的加油站,为人生的旅途加油;希望它像一间学校,兼具文化、艺术、教育的功能,让人们可以在里面学习到佛法的智慧;也希望它能像百货公司,提供众生心灵上的需求,让大家把慈悲、喜舍、智慧带回去。

西澳道场

说到西澳道场的启建因缘,就要从移民海外多年的邹苏琼珠伉俪和昆士兰协会副会长黄陈素兰师姐讲起。一九九二年黄陈素兰到西澳首府柏斯(Perth)开会,认识了邹苏琼珠,两人在谈话中,深感人间佛教对人生的重要性,而发愿要在西澳传播佛法。不久,一九九三年,西澳佛光协会在他们的筹组下顺利成立。

之后,邹苏琼珠、邹希曾夫妇主动提供场地,作为会员共修之所,并且积极邀请我们到柏斯兴建道场。听闻西澳信众求法心切,加上永东应邀前往弘法时,在距离市区及国际机场只要五公里的

与珀斯市、贝斯沃特市的市长在市政府会面并留影(一九九九年十一月二十三日)

梅兰兹(Maylands)找到了一块土地,因此,一九九五年我就请永全前往监督建寺工程。

过不多久,我也应邀到西澳道场主持皈依三宝典礼。比起其他城市,在华人人口较少的珀斯,当天发心前来皈依的信众竟也有近三百人,在道场帮忙的义工,更是人人都相当尽责,一致表示,只要道场有他们可以出力的空间,或者有需要他们服务的地方,他们都会像为自己的家庭付出一样,无私奉献。

如今,西澳道场在信徒的发心下,人间佛教在当地的发展也是蒸蒸日上,举凡佛诞节、慈善福利、公益活动的推动都受到西澳多元文化部部长约翰·卡斯特里(John Castrilli)、珀斯市市长丽莎·斯卡菲迪(Lisa Scaffidi)、贝斯沃特市市长特伦斯·肯扬(Terrance Kenyon)的赞许。

回想佛光山和佛光会初履澳大利亚时,全澳只有十四万名佛教徒,而今佛教已经有百万以上的信众,成为澳大利亚的第二大宗教,廖德培、刘招明督导等人数十年如一日的参与,领导历任会长、理监事和会员大众,共同护持澳大利亚各地的佛教发展,实在功不

佛光山西澳道场（陈碧云摄，二〇〇〇年十一月十一日）

可没。

新西兰南岛、北岛佛光山

有了澳大利亚的据点之后，佛光山在新西兰也相继兴建了道场。

新西兰位于南太平洋上，是大洋洲一个土地不是很大的国家，分为南岛和北岛，总面积比台湾大七点四倍，但是和台湾的情况类似，新西兰本土也有原住民毛利人，一直到了十八世纪白人不断迁入后，才共同参与了新西兰的建设。

首先说到佛光山在新西兰南岛的发展。当我们在南岛尚未成立道场前，其实佛光会南岛协会就已经率先成立，当时由古捷廉医师担任首任会长。古捷廉居士，生于一九四七年，移民新西兰后，在自家佛堂带领莲友们共修，并于一九九一年起积极筹设佛光会，夫人古陈素兰女士后来也成为优秀的檀讲师。二〇〇八年，在住持满信法师及佛光人的祝福下,为古家的第三代新生儿举行毓麟之礼,从此古家便成为"佛光家庭"的代表。

那么南岛佛光协会成立之后,会员大众为了邀请佛光山法师驻锡当地,便决议设立道场。最初,道场是一座位于基督城(Christchurch)的老旧基督教堂,经过整修后成为佛教的寺院。但是后来由于空间不敷使用,便迁址重建。

经过佛光人多年的努力,坐落于基督城里卡多商业区中心的南岛佛光山,终于在二〇〇六年完成竣工。

南岛佛光山以绿建筑为设计重点,曾经获得新西兰国家建筑奖,以及公益团体公民信托基金颁发的优良建筑奖,是一座兼具艺术、文化、教育及共修功能的道场。应信众的邀请,二〇〇七年十月三日,落成开光典礼我也特地前往主持。

目前南岛佛光山积极投入当地社会的服务工作,尤其二〇一一年,基督城发生里氏六点三级大地震,酿成严重灾情时,在国际佛光会世界总会于第一时间率先捐款十万元新币(约新台币两百二十一万元)给基督城市政府后,新澳各道场也同时发动赈灾募款

新西兰南岛佛光山,外形的建筑概念源于龙门石窟(二〇〇七年一月七日)

活动。

　　位于灾区的南岛佛光山并且将滴水坊、美术馆等空间开放,用以安顿来自各地的救援队伍,同时提供民众心灵关怀、饮食、医疗等援助,另外,举行"新西兰佛光人为基督城大地震诵经祈福暨超荐法会",借由法会解除当地居民在地震中突然失去亲友的惶恐和哀伤。

　　可以说,在这一次灾难中,新西兰佛光人总动员,不分彼此、奉献所长,带给灾民爱心和温暖,充分发挥了人间佛教给人信心、给人欢喜、给人希望、给人方便的"四给"精神。也因为新西兰佛光人在大地震期间的爱心付出,受到当地人民的肯定,二〇一二年十二月,住持满信荣获基督城市长鲍勃·帕克(Bob Parker)颁发"基督城地震赈灾英雄奖",代表佛光人接受市政府的感谢。

新西兰南岛佛光山在基督城市中心的大教堂广场举行佛诞节园游会,天主教、基督教、伊斯兰教各派代表参加,欢庆佛诞(二〇〇五年四月十六日)

新西兰北岛佛光山

至于北岛,来自台湾员林的赖耀森居士是北岛佛光协会创会会长。赖居士生于一九三九年,个性谦和、热心护教,是本山功德主赖义明居士的兄长,也是慧宽法师的伯父。他曾说:"如果我在美国的子女有因缘,我也会很欢喜他们能追随大师出家。"

为了在新西兰北岛能有一处可以听经闻法的地方,赖耀森和赖义明居士首先发心提供一幢房子作为佛光会会址;随后,又有功德主黄明泰、蔡素芬夫妇发心捐地建寺。在多方善缘成就之下,二〇〇七年十月二日,北岛佛光山终于落成启用,成为奥克兰最大的佛教道场。

犹记得典礼上,我提取法语:"北岛佛光道场里,护法虔诚起欢喜,佛光道风菩提心,人间佛教永相续。"并且致词说:北岛佛光山不只是一座寺院,更是民族交流文化的场所,不论是土著人、新西兰人、澳大利亚人还是华人,进到这里都是平等的。当天与会的贵宾有:代表新西兰总理出席的民族事务部部长克里斯·卡特(Chris

Carter)、代表毛利国王出席的索菲亚・姆鲁(Sophia Muru)、玛努考市市长巴里・克蒂斯(Barry Curtis)等近六千人,可谓海会云来集。

目前,北岛佛光山在北岛佛光协会历任会长卢建勋、杨比得、蔡素芬等人的护持下,法务可谓蒸蒸日上。尤其他们乐于喜舍,又欢喜为人服务,每每道场有需要,总是发心不落人后,护法护教的精神值得赞叹。

如今,北岛佛光山在当地的奉献也受到了政府的肯定。二〇一一年,当奥克兰举办世界杯橄榄球赛时,市政府为了让全球数十万球迷认识新西兰多元文化,还将北岛佛光山列入十大必看的胜地,也是旅游交通手册中唯一的华裔社团。

其实,在新西兰的南岛、北岛佛光协会,除了成立有华人的分会组织之外,也设有南岛、北岛英文分会,并由新籍人士担任会长,他们经常举办活动,接引当地人士了解人间佛教,可以说是佛教本土化的推手。

尤其为了因应新西兰人民重视生活品质,在工作与休闲中力求平衡,因此,南岛、北岛佛光山在道场内均设有佛光缘美术馆,以便提供民众一个文艺欣赏的平台。至今馆内已举办过无数的展览,例如:中国旗袍特展、陶艺展、刺绣展、竹编展、抽象画展、油画展、瓷艺彩绘展,以及"丰子恺和丰一吟人间情味散文漫画展"等,甚至我的"一笔字"书法在满信的筹划下,也于当地展出过。

新西兰南岛及北岛佛光山现任住持满信是马来西亚人,她能说英语,汉语中的普通话、福建话、广东话及马来语等多种语言,由于她在当地广结善缘,每次举行集会活动,都有千人以上参加。尤其二〇一〇年二月,她还受聘为"新西兰皇家警察学院终身心灵辅导师",成为新西兰皇家警察学校有史以来,第一位佛教比丘尼辅导师,实在是佛教之光。

奥克兰曼努考市府官员借用新西兰北岛佛光山海会堂,举办高级主管论坛(二〇〇六年十月十八日)

经过这些年佛光人的同心协力,佛光山、佛光会无论是在南岛或北岛,都已成为佛教的代表。不只是佛诞节,道场举行的各种祈福法会,都有国会议员、市长及大陆和台湾驻新西兰代表参与其中,甚至总理约翰·基(John Key)也出席我们举办的活动。我想,这一切的成就都是南、北岛佛光山和佛光协会,僧信团结一致,集体创作的成果。

巴布亚新几内亚文殊精舍

巴布亚新几内亚位于澳大利亚东北部,距离布里斯班三小时航程。文殊精舍就位在首都莫尔兹比港(Port Moresby)的工业区,是岛上唯一的佛教寺院,由马来西亚籍的钟志强居士于一九九五年购置兴建。

依来法师(前左二)、觉传法师(前右二)与修女们走访村庄,赠送礼物给贫困儿童(二〇〇二年十二月五日)

一九九六年,亚洲太平洋地区资源开发基金会董事长刘佳钦至佛光山请法,有意将精舍交由本山管理。当时负责海外人事的慈庄找到觉传,对她说:"现在有一个地方,名字很长,那里有黄金、有钻石,人都是黑黑的,跟非洲很像,你就到那里吧!"于是觉传就这样被派往当地弘法了。

虽然处于人口百分之九十三为基督教、天主教信仰的国家,但是觉传努力不懈地度众,每周六共修法会都吸引了近百名信徒参加。尤其佛诞节在依来法师带领中天寺僧众前往协助下,每次都有千人参与,活动盛况还成为当地报纸的头条新闻;另外,她还在当地举办急难救助活动、成立中华学校,为佛法的弘扬注入了一股活力。

觉传只身在异国弘法,与邻近梵蒂冈宗座外方传教修女会(PIME Sisters)的六位修女也时有互动,并且建立友好的宗教情谊,平常都会互相关心,守望相助。修女们知道有佛教的比丘尼在当地弘法,都非常爱护她,为了她的安全,还特别建议当地枢机主教,要把觉传纳入安全保护名单之中,每年的圣诞节都会请她一起过节。因此,觉传法师便成了唯一一位被纳入天主教修女体系的比丘尼。

如今文殊精舍虽已交还当地人士管理,但也期许佛教得以继续在当地发扬光大。

过去二十余年来,佛光人积极弘扬人间佛教,将人间佛教的理念在澳新地区具体实践发展,使得佛教成为澳新地区成长最快速的宗教,信仰人口也逐渐扩增,再加上澳大利亚、新西兰人民天性善良,对善美的事物总是欣然接受,不排斥外来的种族和宗教,相信未来在佛光人同心协力下,澳新佛教的本土化是指日可待的。

我要让非洲从黑暗走向光明

在当时是佛法沙漠的非洲,
我看到的不是沙漠,
而是非洲人的纯真、和善,他们的心地朴实,
很容易接受佛法,更让我坚信,
只要有佛法必然有办法,佛化非洲并非难事。
有不少人对我说,
大师终于踏上非洲的土地,
实现"佛光普照三千界,法水长流五大洲"的理想了。
其实,早在许多年前,
我已经到过非洲境内的埃及首都开罗,
那算是第一次到非洲,但不是第一次到南非。不管南非也好,
非洲也好,
在我心里是"法界一如",都是美好的地方!

非洲久远以来,一直都存在着种族歧视、贫穷饥荒、战乱动荡等问题,不过,我也有心想在非洲广结法缘。因此,一九九〇年,当佛光山宗务委员开会时提到亚洲、美洲、欧洲、大洋洲等地都已经兴建了道场,独缺非洲大陆,是否有因缘到非洲弘法时,适逢依来法师的俗家兄长吴锡富先生在非洲农耕队服务,于是我就委派时任佛光山高雄普贤寺的住持依来前往南非了解情况。

一九九一年元月,依来抵达南非后,便前往最多台湾人居住的新堡(Newcastle)勘察,据闻在这个地方,台湾人多以开设成衣工厂为业,不过彼此很少互动,听到最多的还是同行竞争,互相敌视,想来是因为缺少佛法的信仰吧。

当时,依来逐家逐户拜访侨胞,最先认识了举家移民南非的黄士豪居士。黄居

南非布朗赫斯特市议长汉尼·幸尼柯尔博士邀请佛光山在南非建寺（一九九二年三月八日）

士，一九五八年生，台南人，是南非新堡市议员，他的夫人赵羚如女士对华人第二代的中文教育也出力甚多。黄居士没想到在南非可以见到出家人，非常欢喜，事母至孝的他，还把握因缘礼请依来为卧病的母亲诵经祈福。

经过了将近一年的筹划，依来于一九九二年元月再度前往南非，一方面与当地的华侨座谈，并且在新堡市政厅礼堂主持了一场人间佛教讲座，当天有两百多人与会聆听；一场讲座下来，也就更增加了旅非华人对于佛教信仰的信心。

同年三月，布朗赫斯特市议长汉尼·幸尼柯尔（Hennie Senekal）博士与市政府秘书长兰毗·兰波切（Lampies Lampecht）及驻南非驻台代表林宗远先生等人，代表南非政府，带着三公顷土地的合约书上佛光山，希望我能在南非布朗赫斯特市（Bronkhorstspruit）建寺。

勘察南华寺工程

没想到,当他们亲睹了佛光山的建设,以及各项弘法事业对社会的贡献之后,深受感动,就在赠地的签字仪式上,当场宣布要把赠地增加为六公顷,甚至后来又增加为十二公顷。于此,我就把寺名取为"南华寺",希望未来能成为华人的荣耀。

布朗赫斯特市位在南非北部,台湾的姊妹省特兰斯瓦(Transvaal)的中心区,距离南非行政首都比勒陀利亚(Pretoria)以及第一大城约翰内斯堡(Johannesburg)都大约五十公里。当地工业相当发达,尤其都市规划完整,是南非的经济心脏地带。

当时,我和汉尼·幸尼柯尔议长在佛光山的檀信楼礼堂,共同主持了这场赠地签约仪式。议长致词时表示,南非以良好气候、盛产钻石、黄金及没有空气污染闻名,当地有三万多名华侨,台湾是南非五大贸易伙伴之一;南非的土地是台湾的三十四倍大,但人口只有二千七百五十万。并且强调说,他先后来台湾十三次,这次签

我要让非洲从黑暗走向光明

应南非新堡市议员黄士豪夫妇邀请,至其经营的针线工厂普照(一九九四年)

约象征的是台湾与南非的密切友谊。

这一次南非政府捐赠土地给我们兴建道场,无非是希望借由佛教平等、和谐的理念,来促进非洲社会的平安、祥和。当然,佛光山也很愿意承担这个任务,将佛法带进南非,以消除当地的种族冲突,因此就派了慧礼法师前去负责南华寺的工程兴建,当时预计两年可以完工。

不久,同年的六月,时任南非新堡华人投资协会会长的黄士豪先生,因为母亲舍报往生,邀请佛光山前去为他的母亲作佛事,依来、满穆等五位法师于是前往新堡为黄老夫人主持梁皇法会及告别式;一场佛事真是可以做到"生亡两利",那时仪式的庄严,让当地许多华侨都感动不已,也就让他们更加期待佛光山在南非的道场能够早日兴建完成。

当黄老夫人的灵骨回到台湾安厝时,黄士豪居士特地上佛光山探望我,除了感谢,也表达寺院道场的兴建对侨民非常重要。他认为如果南非也有人间佛教,大众的精神生活必定可以更加提升。并且说,他的朋友有一个办公室,愿意提供给佛光山无限期无偿使用,希望我们能够接受。

印象深刻的是,黄居士告诉我:"只要自己在政坛一天,一定会尽全力护持佛教!"难得有从政者对宗教的发展如此开明,所以我就嘱咐依来前往南非全责筹办道场设立事宜。

于是依来再次带领着永嘉、满穆、觉仲等人前往南非,展开非洲弘法的第一步。他们在一望无垠的高原大陆来回奔波,挨家挨户地拜访,终于在一九九三年农历春节期间,成立了非洲第一座佛光山道场"新堡禅净中心",同时还成立了佛光会筹备会,也在德本成立布教所,委由黄士豪居士担任顾问。

此后不久,位于高原上的"花泉之都"布隆方丹(Bloemfontein),也陆续成立了布隆方丹禅净中心以及展开布隆方丹佛光协会的筹备会。甚至远东企业徐旭明、王誉秀夫妇因为儿子在南非读书,知道华人对信仰的需求,因而发心提供住所,成立佛光山约堡讲堂,同时他们也对南华寺的护持不遗余力。

经过一年半的时间,依来等人马不停蹄地在新堡、布隆方丹、德班(Durban)、约堡、开普敦(Cape Town)等地相继成立了道场。有了这些据点作为弘法的基础,我又在一九九三年九月,请时任国际佛光会中华总会秘书长的慈容法师前往南非,为约堡、比勒陀利亚、布隆方丹、新堡、德班等佛光协会主持成立大会。

从此,佛光会便正式在南非展开各项文化、教育和慈善的活动。我也期许这些协会的佛光人都能本着佛心,促进非洲走向种

佛光山非洲代表寺院——佛光山南华寺，一九九二奠基

在佛光山南华寺为乞求出家的当地青年剃度(一九九四年十月十五日)

族融和,让人民过着安乐富有的生活。

一个月后,南华寺终于举行安基典礼。那一年,国际佛光会在台北林口体育馆举行"国际佛光会第二次世界会员代表大会",中非刚果代表团的热内(Rene)、古昂巴(Govamba)、比库阿(Bikoua)、基芒古(Kimangou)、奥科尼亚(Okogna)五位学者,也代表非洲前来参加会议;会后并且留在佛光山受持三皈五戒,研习人间佛教。一回到非洲,他们旋即就组织了刚果佛光协会,并由热内担任会长。

那么,在依来、慈容等徒众不辞辛劳地到南非开拓、弘法之后,一九九四年十月,我应南非各地信众的热诚邀请,也前往南非主持佛学讲座、皈依典礼以及斯威士兰等佛光协会的成立大会。那是我第一次踏上非洲陆地,当中最感殊胜的,就是我为十名来自刚果的青年主持剃度典礼,这应该是二千五百多年来佛教史上首批出家的非洲人,也是佛教在非洲首次举行的剃度典礼。

记得那时我勉励这许多黑人徒弟:"黑"是世界上最美丽的颜色。也期许他们发心法传非洲,让更多非洲人获得佛法甘露的滋润。当然,看到这么多当地人士发心出家,顿时,也让我觉得非洲佛教的本土化是大有希望了。

另外,当时还有许多莱索托(Lesotho)的华侨也特地组团前来参加皈依典礼,由于求法心切,他们向我表示要合资购买一幢房屋,捐给佛光山作为信徒共修集会的场所。后来我把它定名为"妙觉佛堂"。

这一趟弘法行程,我也再次与布朗赫斯特市议长汉尼·幸尼柯尔先生见面。我告诉议长:"两年前的签约,是'愿心的起点',今日的见面,则是'愿心的成就'!"汉尼议长听后也欢喜地答说:"两年多的等待,换来今天稀有难得的聚会!"两次与汉尼议长的接触,让我深深感受到非洲人对不同宗教的包容和友善,尤其当地

勉励弟子:"黑"是世界上最美丽的颜色。也期许他们发心弘传人间佛教于非洲

我要让非洲从黑暗走向光明

前往非洲斯威士兰王国捐赠轮椅，由该国国王母恩彤碧（右一）接受（二〇〇一年四月十五日）

人民纯真善良，很容易接受佛法，也就让我觉得，未来佛教在非洲的弘扬，前景宽广。

一九九四年后，直到二〇〇一年四月，"国际佛光会第三届第一次理事会"在布朗赫斯特市召开，我才又有因缘踏上南非土地。其实会议前几天，我就已经抵达南非，在约堡协会郑金梅会长等人的带领下，驱车前往斯威士兰。当天在国王官邸主持了两百辆轮椅的捐赠仪式，但是因为国王身体不适，不克出席，而由王母恩彤碧（Ntombi）代表接受。

回程中，郑会长等人还顺道带我到南非最大的野生动物园"克鲁格国家公园"（Kruger National Park）参观。这一段穿插的行程，在杉腾太阳宾馆（Sandton Sun Hotel）举行的理事会开幕式上，我也对八百多位与会的代表提起。我说："我看到了狮子、猴子、豹子等十几种稀有动物,可惜就是没有看到孔子、孟子、庄子等这许多圣贤,不过想不到今天在南华寺,却看到了这么多来自世界各地的君子、佛子、佛光人。"话音甫落,现场就响起了一片掌声。

此次开幕典礼,当地的部长、教授、学者、专家也都前来观礼,我想他们或许是想要来了解佛光会究竟是一个什么样的组织吧。

其中,有一位南非大学宗教系主任克鲁格(Kruger Korbus),还根据自己的研究,介绍佛教在非洲发展的情况。他说:"佛光山的出家人是史上第三次进入非洲弘法的佛教徒。第一次是在佛陀涅槃后一二百年间,印度阿育王主政的时代;那时,已有出家人进入北非的埃及,但是最后因为沙漠阻隔,而无法进入南非。第二次是郑和下西洋,虽然有出家人随着船只到过东非,但是由于没有后援,最后还是没能让佛教在非洲生根……"说到这里,也就不免让人感到遗憾,假如当初佛教传进了非洲,非洲也就不会成为"黑暗大陆"了,佛教必然是能为非洲社会带来光明的。

此次会议,我还提出佛法"四化"的愿景,一是佛法人间化,二是生活书香化,三是僧信平等化,四是寺院本土化。其中,"寺院本土化"在我的理想,是希望将来海外的别分院都能由当地的出家人领导。总想,如果当初西来寺是由美籍的出家人担任住持,南天寺、中天寺是由澳大利亚籍的出家人当住持,南华寺是由非洲籍的出家人当住持……如今佛教的发展必然会是不同的风貌了。

就像当初印度的出家人来到中国弘法,不也只是参与经典的翻译,建寺的工作都是交由中国和尚做,才能建立起今日的中国佛教吗?假如当初都是印度的和尚在中国建寺院,那么现在的中国佛教又会是什么样的局面呢?所以,我想达摩祖师东来,传法给慧可,是有其道理的。为什么?只为了本土化!

南华寺早期工程

再说经过七年的筹建之后,南华寺高高耸立,俨然如一座中国式宫殿,但是工程却依然还在进行。大家满是欢喜赞叹,而我却心有挂念,因为我们人力不足,财力有限。所以,佛光会理事会一面进行,而我也一面做建寺工程的了解。

一听之下,问题来了,慧礼没有按照我的指示:"先求有,不宜大",他的心实在太大了,一个南华寺居然要盖五个城门,工程没有如期进行,还要赔上好几亿元。我立即要他将工程告一段落,先有普贤殿可以拜佛就好,不一定要大雄宝殿。

为了解决问题,在理事会中,我还是集合了前来参加会议的各地住持、当家,共同商讨因应之道。当时我提出了两个方案,一是宣布破产,二是大家一起拯救南华寺。当下,在各地弘法的徒众都于心不忍,纷纷举手希望同心协力来援助南华寺的财务困境。

手书"法传非洲",表达将佛法弘扬非洲的心愿

尤其会议期间,还承蒙国际佛光会世界总会副总会长吴伯雄居士给予支持,率先就将准备好为太太购买钻戒的一万美元,捐作南华寺的纾困经费。他的一席肺腑之言更是感动了所有与会的理事,他说:"心中的钻石比起手上的钻石,是更有意义、更有价值的了。"话才讲完,现场便响起如雷的掌声,陆陆续续也有人表示要响应。

真是感谢全球佛光人的大力协助,没有他们的发心,也就没有现在的南华寺;二〇〇五年,南华寺终于度过建寺的关卡,举行了大雄宝殿落成开光典礼。

经历了这一场困境之后,在南华寺导师依淳法师的指导下,多年来住持慧昉法师带领着依岸、依宽、永福、永嘉、满穆、慧行、慧祥、慧培、慧了等僧信二众秉持佛光山的四大宗旨:"以文化弘扬佛法,以教育培养人才,以慈善福利社会,以共修净化人心",作为在非洲推展人间佛教的准则,寺务也越来越兴隆,是最让我感到欣慰的了。

以文化弘扬佛法

慧昉法师为人正派、明理,很有忍耐力,在南非奉献已经超过十五年,就任住持以来,他在文化方面,透过寺院里的一砖一瓦,让民众了解中华文化,也从一花一草、雕像艺术中传播佛法,每年定期举办的"中华文化嘉年华会"、"光明和平节",以及"跨

南华寺成立非洲佛学院,除了培育佛教本土化的种子弟子,也积极推动社会教育(一九九四年)

年迎新放天灯祈愿"等活动,也都吸引上千甚至上万的中非人士前来参加。

其中,为了推动宗教间的交流对话,消除种族间的对立,南华寺与佛光会约堡协会、比勒陀利亚协会等共同举办的"光明和平节"活动,至今已举办了十一个年头,每一次都有南非当地的宗教团体,如:泰国法身寺、日莲正宗、希腊东正教、赛巴巴教、伊斯兰教、巴哈教、天主教、奎师那教、藏传佛教等十多个团体代表出席,千人与会的盛况可谓空前。尤其活动中并举办有"宗教论坛",各宗教针对当前全球关注的贫穷、人权、环保等问题进行讨论,气氛和谐、热络,可以说达到了促进宗教融和的目标。

另外,每年中国新年举办的"中华文化嘉年华会",深具中国文化艺术特色的舞龙舞狮、中国功夫及画纸伞、茶道、书法、剪纸、拓印等活动的演出或推广,也都吸引数以万计的人潮参观。

乃至于近几年来,由南非比勒陀利亚协会主办、各佛光协会协办的"南华杯摄影比赛",也吸引了上百位摄影专家参加;由佛光山文教基金会主办的全球性"人间音缘征曲比赛",在南非举行初赛时,更听说当地许多著名的音乐家、歌手也都热烈响应,并且以当地多元文化的歌曲风格呈现,增添了比赛场中的欢乐气氛。

基于南华寺不只代表佛教文化,也是中华文化的理由,二〇一〇年,驻约堡办事处裁撤时,在部分藏书捐赠给中文学校或侨团后,时任驻南非代表处代表傅迪先生,几经思考,决定将一套珍贵的文渊阁版《四库全书》交由南华寺收存,以发挥它最大的功用。

我想,文化是超越种族、肤色和语言、文字的,它是人类文明的传承。未来希望南华寺能更进一步透过文化的交流,促进各宗教、种族间的相互了解,以增进非洲人民的幸福与安乐。

以教育培养人才

在教育方面,非洲佛学院自一九九四年成立至今,已经录取了将近三百位来自南非、莱索托、津巴布韦、坦桑尼亚、纳米比亚、斯威士兰、博茨瓦纳、马达加斯加、马拉维、刚果、肯尼亚等非洲国家及以色列、巴西等国的学生,他们有的在南华寺学习中文和基础佛学之后,因为表现优秀,被选派回佛光山丛林学院进修。可以说,他们每一个人都是非洲佛教本土化的种子部队成员。

那么在僧伽教育之外,南华寺也积极推动社会教育。有鉴于南非学费昂贵,黑人教育不普及,失业率和犯罪率偏高,为了协助贫穷地区的青年习得一技之长,以便改善他们的生活,进而减少社会问题,南华寺于二〇〇五年专为黑人住民成立"电脑基础班",并于二〇一〇年正式成立"南华教学中心",每年定期举办电脑训练营,每一期三个月,经检定合格的毕业生可以获得微软公司颁发的国际认可证书。

为了帮助"南华教学中心"的顺利成立,当时南非佛光青年团还发动募款餐会,希望能够借由善心人士的力量,帮助更多非洲需

非洲佛学院

要帮助的人。尤其在约堡协会副会长陈养衡居士率先响应捐赠电脑后,更加速了教学中心电脑班的成立。

除了南华教学中心,在许多黑人乡村,以及国际儿童村(SOS Children Village)也都设有电脑教室,以便就近照顾当地居民和青年学子。这许多学生都很努力,甚少上课缺席,目前已有近两千人受惠,大部分的青年都顺利找到了工作,有的担任超市收银员,有的担任市政府行政人员,有的从事银行工作,也有的人自己创立事业。听说他们的种种成就,我也很替他们高兴。

尤其这些学员经过三个月的学习之后,都会主动现身说法,鼓励大家不要放弃自己,更不要做一个只会埋怨政府不提供工作机会的人,而要自己替自己争取机会。我想,这就是我常说的"做己贵人"的意义,很欢喜他们在学得技能之后,也同时学得了做人处事的积极态度了。

国际佛光会于西非塞内加尔捐建"迦士迦士地球村中学"(二〇〇一年十月十五日)

另外,南华寺每年除了为儿童、青少年举办才艺营,也为当地的非洲儿童专门开办"非洲儿童营",由南非的佛光青年和比勒陀利亚大学、金山大学等当地的大学生带领。营队举办期间,除了指导儿童学习生活技能,也教授他们佛门礼仪和禅修课程,希望借由团体活动的参与,来提升非洲儿童的自信心。

说到南非佛光青年,据徒众们告诉我,自"南非佛光青年团"成立以来,团员们对于南华寺所举办的活动,无不积极参与,举凡从厨房的洗菜切菜、宴会的知宾、讲说的翻译、活动的策划、节目的主持、事务的行政乃至寺院的道览等等,样样都能承担。

尤其在团务的历练下,如今有许多青年更已升任为佛光会干部。例如,现在担任佛光会约堡协会理事的就有:服务于财务公司的黄大维、在银行任职的招君雄、开设律师事务所的黄志博博士,以及担任协会秘书长的电脑程式设计师周广;另外还有担任比勒陀利亚佛光协会秘书长的詹铠霙博士,她同时也是比勒陀利亚大学的高级讲师。

可以说,人间佛教有了这许多有理想抱负的青年传承发扬,在当地的发展是更有力量了;他们都是佛光青年的楷模,也是佛教青年之光!

以慈善福利社会

在慈善方面,南非各地佛光协会与南华寺也以协助贫穷地区的居民、学生为目标,每年进行多项捐赠活动,例如:冬令救济、轮椅捐赠以及学校营养午餐、电脑设备的提供等,借以改善当地人民的教育水平和生活品质。

南华寺举办"艾滋关怀·药师琉璃光成长营",提供给艾滋医护人员学习佛门的慈悲观,带给患者更好的医疗照护(二〇〇六年十二月八日至十二月十日)

除了南非以外,我们也在非洲的坦桑尼亚、刚果等国家,不断推动防治艾滋病及收养孤儿的社会慈善福利工作。尤其对于非洲日益严重的艾滋病问题,南华寺也曾在梅兹韦丁(Metsweding)市政府的协助下,举办"艾滋关怀·药师琉璃光成长营",一方面提供佛教自我提升的方法,一方面也为医护人员加油打气。

想到当年我在南非出席理事会时,也是虔诚佛教徒的驻南非台北联络代表处代表杜棱先生,呼应说:佛教"五戒"是治疗艾滋病最好的药方。我想,南非的僧信大众是尽力在这方面作出呼吁和努力了。

另外,距离南华寺约莫三十公里处,有一个崇达瓦特(Zonderwater)监狱,是关闭重刑犯的地方。南华寺的职事彼得居士每三个星期一次,固定前往监狱指导禅修和教授佛法课程;受刑人长时间在佛法的熏陶下,也有不少人发心皈依三宝或受持五戒。

只是这一些事情平时都不为人所知,因为佛光山的出家众不善于宣传我们做了什么,大家都很本分,也很保守,总认为事情做了就好。

以共修净化人心

在共修方面,南华寺与各地的禅净中心除了每个星期固定举行的共修会以外,也举办梁皇法会、精进念佛会、大悲忏法会等,并且深入社会各个阶层,举办佛诞节的"浴佛法会"、观音菩萨成道纪念日的"观音巡境祈安祈福法会"、佛陀成道日(法宝节)分送腊八粥等活动,借由佛法的力量来安定人心。

当然,非洲也与全世界各别分院一样,举办三皈五戒、抄经修持、二日禅、七日禅,乃至佛化婚礼、毓麟祈福礼等,让佛法融入人们的日常生活当中。尤其二〇一一年起在南华寺举办的毓麟祈福典礼,不仅有一百多个新生儿参加,更吸引了上千名游客观礼,在当地可谓是一场别开生面的祈福活动。

除了上述道场举行的法会、活动之外,南华寺为了与所在的布朗赫斯特社区联谊互动,二〇〇九年在和社区居民数次沟通、研议后,也曾以足球赛来加强彼此的交流。当时,南华寺星期学校培养的青少年足球队,与社区的青少年足球队共同在社区中进行了一场足球友谊赛。甚至每年南华寺更联合各个佛光协会,到约堡地区非洲商贸中心、西罗町、中国城、香港城、温州城、东方商城等商

南华寺大雄宝殿落成开光典礼,由佛光山宗委会主席心培和尚主持。信众平时于此念佛共修,参与各项法会活动(二〇〇五年十月二十三日)

家店面分送腊八粥结缘等等。

佛光山在非洲的发展，除了南非各地设有道场据点外，值得一提的是在中非刚果设立的"黑角佛光缘"，现在由出生于黑角的刚果籍慧然法师担任监寺。在他的带领下，当地佛教的本土化已有显著成效，数百位来往道场共修的信徒全都是当地人士。虽然平时他们以汉语拼音来诵念经文，却不减对佛教信仰的虔诚。尤其在慧然的努力下，二〇〇八年，有两百位黑人朋友皈依在佛陀座下，成为佛教徒。

据闻皈依前的数月，前往主持皈依典礼的慧昉法师，因为刚果海关为难不得入境，许多刚果信众得知后都非常失望，甚至泪流满面。不过，在他们几个月的殷殷期盼下，慧昉终于抵达黑角市，大家见到他的那一刻，都相当地兴奋。不过，由于当天皈依的人数众多，道场小小的空间实在容纳不下，只有将典礼移往大街上举行，这么一来，也引来了许多驻足观礼的人潮。我想，有了这两百位的黑人信徒发心学佛，人间佛教在非洲大地的弘扬，是更迈向前一步了。

总说我与非洲佛教，今日佛光山在非洲弘扬佛法，之所以能有这许许多多的成就，实在要感谢长久以来，南非各佛光协会历任督导、会长的发心，他们领导会员大众全心全意护持南华寺的精神，实在让人感动。例如：国际佛光会世界总会的陈阡蕙理事，约堡协会的江升达、郑金梅、游国昱、黄清男、冯德满，开普敦协会的李升隆、苏保全、廖曹淑贤，德班协会的林伟煌、薛燕福、林政升，比勒陀利亚协会的杨纯明、李传铿、江正国，莱索托协会的颜美枝、王莹莺、颜美珍，布隆方丹协会的陈伟信、黄忠永、吴姿莹，新堡协会的林聪富、张顺宽、唐赖秀兰等等，都可以说是人间佛教的行者。

我人虽然不常到非洲,但是经常关心起徒众在当地的安全,心系着信徒对佛教信仰的信心是否坚固,尤其希望人间佛教在当地的发展,能帮助非洲居民生活得更幸福、更安乐。是所为盼!

大肉満足

我感念佛陀的祖国——印度

清晨五点多左右,到达菩提伽耶,
下了火车不远的地方,
就是菩提伽耶佛陀的正觉大塔。
我们非常兴奋,甚至连早饭都不想吃,
就急忙去金刚大塔拜佛。
守塔的工友叫我们必须脱了鞋子,
才可以入园礼拜。早晨的露水很重,
地上泥土都是湿的,
我们也不以为意,
觉得只要在佛陀的故乡,什么都是好的,
甚至连泥土都是芳香的。
那一刻,我好像忘记了时空,
忘记了人间的一切,当下觉得:
"佛陀啊!我找到您了!
原来您就在这里,
就让我也死在这里陪伴您吧!"

在我还没有出家的童年时,除了知道我们的国家"中国"外,我晓得世界上还有另外一个国家叫"印度"。我当时那么幼小无知,怎么会晓得有印度呢?这是源于我们当地不少的乡亲在上海服务。我不知道上海在哪里,但是,我知道上海是我们中国的一个地方。

据说上海有很多的大楼、公司,都是由印度人来看守,担任门卫。印度人大都留着胡须,头上围着红头巾,所以大家都叫他们"红头阿三"。我对于这许多奇异的人物,生起了好奇心。真惭愧!那时候的我,还不晓得印度有佛祖,只知道印度有许多的"红头阿三"。

有一次,印度的"红头阿三"到我们的家乡来访问,围观的人,重重叠叠的把他们包围起来,他们个个高大威武,两眼炯炯有光,胡须飘飘,年龄也不大,我一看这"红头阿三",大概就等于看到我们中国的武侠人物、神明一样,于是对印度留下了深刻的印象。

后来,我跟外婆到佛堂里去拜拜,知道有个观音老母,但也还不知道有释迦牟尼佛,只有在我童玩的时候,我们打的战钉、洋片里,最大的武器就是"如来佛",于是我就知道这世界上还有个"如来佛"。

到十二岁时在南京出家了,我才知道有佛祖。佛祖是什么样子?就是大雄宝殿里供奉的圣像。我觉得他和我有关系,但好像又没有关系;佛祖也没有跟我讲过话,他端坐在那里,又没有动作,我在想,他就是我当初幼儿时所知道的如来佛吗?有一天当我长大,我一定要询问:佛祖究竟是什么?为何会有万人崇拜他?从此,我也就随顺着大家学佛,信仰佛教,教主是释迦牟尼佛,我皈依三宝佛法僧,我也受过比丘戒两百五十条,真正成为一个佛弟子,我以为这就是人生最高峰、最究竟的境界了。

直至一九六三年,我才有因缘拜访佛陀的故乡——印度。当时,"中国佛教会"有一个访问东南亚各国的计划,由于当时台湾与印度之间已没有"邦交",所以没办法办签证。我是访问团的秘书兼发言人,必须负责找门路办手续到印度去。后来我听说,印度在台湾没有"领事馆",只有英国的"领事馆"可以代办签证,于是我们就跑到淡水找"英国领事馆"办理。但是当时"英国领事馆"的服务人员态度非常的傲慢,没有礼貌,当面就拒绝我们,不肯办理。后来我们从"领事馆"出来,才听人家说:没有"外交关系",都会这样的。

我不肯放弃,又再去了第二次、第三次,他们就说,要打电报拜托印度签证,电报费二百块美金。在那时候,二百块美金是很大的一笔钱啊!但是为了要到印度去,也只好忍痛付这笔二百块美金的费用。结果缴了钱以后，从此再无消息，即便我跑了多趟的"英国领事馆"，到最后，也不了了之了。

我心想，印度是去不成了，但是原定访问东南亚的行程，不能不照常走，于是我们仍按原定计划，如期出发。

我们第一站去了泰国。这是由泰国国家出面邀请的，因此我们也算得上是国宾，同时接受了旅泰华侨佛学社的招待。我记得，当初住在中华佛学社里，每天还有四个泰国警察替我们守卫站岗，据说是国家宗教厅派来保护我们的。

中华佛学社总干事杨乘光居士告诉我，台湾驻泰国的官员杭立武先生可以帮忙；假如你们要到印度，可以跟杭先生提一提，请他拜托驻印的大使，说明你们想去印度的计划。

我听了这个消息，觉得有希望了。于是，在访问台湾驻泰国"使馆"时，就向杭先生提出我们想到印度去，可惜没有办法去等等。

他听了之后，点了点头便说："我来想办法！"

第二天，就叫我们把护照送到印度驻泰国大使馆去办签证。就这样，印度行能去了。

我们把原先预定的行程都延后，就在一九六三年七月八日飞往印度。临行时，"中央社"的记者还交给我一张名片，他说，如果有重要的新闻，这个通讯地址可以联系。我记得这张名片上只有地址，好像没有电话，连电报也不知道如何个打法，只能靠信件通讯。在这样的情况下，我们就出发前往印度了。

那是艳阳高照的七月天，飞机起飞时，眼看太阳就要西下了，但是飞了二个半小时，抵达印度加尔各答的时候，看到太阳还隐隐地靠近地球的底端，好像这二个半小时我们是追着太阳跑一样，似乎到印度的航程并没有花太多的时间，只觉得很兴奋。

当时有百余位侨胞来迎接我们,当中有叶幹中侨领、谭锐燦侨领和张崇铭侨领。他们三个人是侨界的领袖,引导我们住到旅馆去。印度的华侨看到我们很欢喜,因为印度和台湾已经久无"邦交",突然看到有来自台湾的中国人,非常的高兴,一直邀请我们吃饭,光是在加尔各答,就花了四五天的时间。但是我们的目的,除了访问侨胞以外,最重要的,当然就是去朝圣,要去礼拜佛陀。

七月十二日夜里,我们从加尔各答坐火车到菩提伽耶,火车站里、月台上,到处挤满了人,可以说睡满了人。真的要很注意脚下,深怕一个不小心,便踩到别人的身上去。上到火车里,听说我们已经没有座位了;但是有一对新婚夫妇,一看到我们立刻就说:"他们都是'爸爸',我们到别的车厢去挤一挤。这里让给他们睡吧!"

原来在印度,称出家人为"爸爸"(印地语:Baba),这是他们对所有修行人的尊称,表示对师长像父母一般的恭敬。由于路途还很遥远,他们就让给我们睡了。

印度的火车,一般设备是一个车厢里有好多张床,它是出了名的又慢、又不守时,一路经过的山洞又多、路途又长;总之,印度火车的名声不好。

尽管如此,只要我们乘上印度的火车,还是觉得很好。清晨五点多左右,到达菩提伽耶,下了火车不远的地方,就是菩提伽耶佛陀的正觉大塔。我们非常兴奋,甚至连早饭都不想吃,就急忙去金刚大塔拜佛。守塔的工友叫我们必须脱了鞋子,才可以入园礼拜。早晨的露水很重,地上泥土都是湿的,我们也不以为意,觉得只要在佛陀的故乡,什么都是好的,甚至连泥土都是芳香的。我们把鞋子脱了,走到塔前,向佛陀圣像跪下来顶礼。

那一刻,我好像忘记了时空,忘记了人间的一切,当下觉得:"佛陀啊!我找到您了!原来您就在这里,就让我也死在这里陪伴您吧!"

我真的是有这样的情怀!

不知过了多久,队里的团友叫着:"走啦,走啦!"

我心里极不愿意,为什么要走呢?这里多么清凉,多么安详,多么自在,这里这么美好,为什么要走呢?

万分不得已,只得跟大家一起走了。我发愿,将来我一定还要再来。

之后的行程,我们到了佛陀修道的圣地尼连禅河。适逢干季,河里没有水,我抓起河底的泥土,想看看有没有佛陀的脚印;我慢慢地在村庄的四野游走,想看看有没有带着羊群的牧羊女。

就在这时,一群穷苦的儿童一哄而来,向我们要东西,当下我很高兴,身上所有的东西,都愿意给他们。因为这是佛陀的祖国,这是佛陀成道的地方,这些是佛陀故乡的儿童。

我们又访问了灵鹫山,想起佛陀当初在此为百万人天说法的盛况,我万分景仰。我感到每一个圣地,即便是一块砖头、一片破瓦,都比钻石来得名贵,都是无比重要,都得小心翼翼,不能破坏它。

带着这样的心情,我们也到访竹林精舍、波罗奈斯的鹿野苑,这是佛陀初转法轮的圣地;访问了拘尸那城,这是佛陀涅槃的地方;接着访问了佛陀诞生处——蓝毗尼园。

总之,那一次朝礼佛陀的圣地,每到一个圣地,仿佛没有我肉身的存在,就只有佛的世界。我从此想着,我一定要发现佛陀,我要和他见面。

这就是我第一次和印度佛陀圣地相遇的因缘。

想不到的是,我们此来,没有见到佛陀的真身,却为华侨同胞做了两件很有意义的事情。在加尔各答,临行前往新德里朝圣的

摄于印度灵鹫山(一九六三年)

时候,当地的侨胞们告诉我说,假如你们在新德里可以见到尼赫鲁总理,请务必要求他两件事情:

第一件,我们在印度居住的七百多位华侨,也没有犯罪,却都被印度政府给拘留了,请他务必要把我们的同胞释放出来。第二件事情,台湾有两艘高雄的渔船被印度扣留了,也请他们一并释放。

我一听,我们哪里能有这么大的办法?我们与印度又没有"邦交",一个小小的访问团,能做成这种大事吗?

但世间因缘很奇妙,也蒙佛加被,竟然就让我们见到了尼赫鲁总理。我向他提出后,他立刻答应。第二天,华人们都被释放了。

在印度佛陀初转法轮说法台静坐（一九六三年七月十五日）

当二个月后行程结束，我回到台湾高雄时，在火车站，几百位渔民来迎接我们。最初，我也忘记了这件事情，后来想，必定是那二条渔船上的渔民都回来了吧！

这就是我第一次到印度朝圣的过程。此后我还有访问印度的因缘，有许多值得纪念的回忆。

我第一次到印度是一九六三年，由于对印度的思念，之后一直想找机会要再去。终于经过了十年的时间，我如愿再度到了印度。

我实在是很思念印度，印度在我的心中，是一个圣洁的地方，是一个佛国世界。由于我曾经访问印度的关系，这十年来，印度的华侨们每一年都会来台湾参加"双十节"。他们每年一来，大多是数十人到百余人不等，都住在佛光山台北别院。

虽然台北别院不是很大，但我也很乐意成全他们，我们把印度当成第二故乡，当然故乡来的人，我们把他们当成上宾一样，乐意提供他们各种接待。由于这样的因缘，他们催着我到印度去建寺

我感念佛陀的祖国——印度

率团到印度朝圣

院,但是我们语言人才不够,光是在当地度一些华人,实在没有什么意义。我们应该要找懂英文的人去印度,能复兴印度的佛教,这才最有意义。

在这其中,有人说,印度这个地方很肮脏,但我看到的是印度人的心地很善良;有人说印度人很贫穷,但我说印度人精神世界的富有无人能比;有人说印度人很懒惰,但我看印度人很知足,一块面包、一个馒头、一杯水,一天就过去了。有人说印度人不讲信用,其实我看印度人是最值得信赖的,不然你看那些上海人找守门的人,为何都要找印度的红头阿三呢?

我认为印度是个很美的地方,尼赫鲁先生说得对,他说:"印度是世界的文化古国,但假如没有佛教,印度还有什么文化可言呢?"

可惜的是,印度出了这么一位大圣者、大觉者——佛陀,却没能改善印度的阶级制度纷争,真如佛陀所说:"我如良医,知病予药,汝若不服,非医咎也;我如善道,道人善路,闻之不行,非道过也。"

后来,我也禁不起华侨们的再三催促,说要把位于波罗奈斯鹿野苑里,由李俊承居士所独资捐建的中华佛寺,交由佛光山来管理。

当时,我们一面开山建寺,一面训练人才,可说是分身乏术。不得已,在华侨们的敦促之下,就派马来西亚籍在佛光山出家的慧性法师前往接办管理。

慧性在当地吃苦耐劳,也度化了许多的儿童、印度人学佛,但由于他的性情太过于耿直,受到一些华侨们的欺负,不得已他又回到马来西亚去,让我们也失去了中华佛寺这个重要的弘法基地,甚为可惜。

由于我这一次到印度去,不是佛教访问团,于是就有时间到圣地一一去礼拜,尤其在菩提场的菩提树下,我捡了许多的菩提叶,把它当作珍宝一样带回台湾与人结缘。

我又在佛陀说法的台上请回了琉璃砖,和佛陀涅槃场的五谷砖,甚至用瓶子装了恒河沙,把它们备好带回台湾。

我知道我在佛光山即将要启建的大雄宝殿,需要这些当作安基之用的圣物,因此,现在佛光山大雄宝殿的地基下,有这许多来自佛陀故乡的琉璃砖、五谷砖、恒河沙等圣物作为安基,所以有人说,佛光山大雄宝殿的佛祖很灵感。与圣地有因缘的地方,怎么会没有灵感呢?

这一次到印度又去访问尼泊尔,预备在尼泊尔蓝毗尼园兴建一个佛光寺。因为过去联合国早有复兴蓝毗尼园的计划,要向世界佛教徒募款,我在台北也发动过赞助,预备将这些基金捐献给尼泊尔,但后来却迟迟不见其动工。

于是我直接跟尼泊尔的政府交涉,希望让我们直接在蓝毗尼园建立道场。后来一位已经认识的尼泊尔皇室顾问洛克达桑先生,他也提出愿意帮忙,只可惜,大陆方面不答应台湾去建寺院,尼泊尔也不敢承诺,好事难以如意,不胜惋惜!

但是,对于在印度建一个寺庙弘法的心愿,我是不愿放弃、也不死心的。时隔五年,我又于一九七九年十二月再往印度。这一次,我率领了佛教史上阵容最庞大的台湾佛光山印度朝圣团前往佛教的发源地,朝礼圣迹。

二十一天的期间,我们一行二百余人,除了朝礼印度八大圣地:菩提伽耶的菩提场、蓝毗尼园、拘尸那城涅槃场、王舍城、鹿野苑五比丘迎佛塔、灵鹫山、恒河、那烂陀大学遗址等地,也走访了泰姬陵,可以说,是进行了一次成功的佛教交流与民间"外交"。

承蒙洛克达桑先生感念我的友谊,送给我一颗非常奇妙的雨花舍利,当然非常的珍贵。不过第三次朝圣,也是不巧,遇上了尼泊尔的政治动荡。皇宫的宫闱斗争,所以对于建立寺院,也不得办法有什么结果。

我带领二百余人到印度朝圣,这在当时,可说是一件非常危险的事情。因为印度当时的观光事业并不发达,饮食卫生条件都非常的不好,传染病又相当的流行。像过去的续明法师,就是从台湾前往朝圣时,在印度圆寂的。

我从台湾带领了二百余人到印度朝圣,当时大家都警告我,这是非常不智的行为。但是我有信心,我想,人有诚心,总会得到佛陀的加持;于是就在困难重重中,仍然无畏无惧地包了两架国泰航空专机,一架载人、一架载满赈济贫民的粮食、衣物、毛毯以及中国佛教的资料、书籍、佛像等,与当地的人民结缘。

此行终究蒙佛光加被,二十一天来,团员们个个信心增长、欢喜愉快、健康无病,甚至能在巡礼佛陀的圣迹中,升华自身的精神与道念。在圣地朝礼感人至深,有二位团员许真珠、郑景妙发愿在菩提场出家,成就一桩殊胜的美事。我们二百余人的朝圣团,全部毫发未伤圆满归来，这在佛教朝圣史上也算得上是一件很特殊的大事，此行回来，并出版了《佛光山印度朝圣专辑》一书。

说到我们这次的朝圣之旅，平安是平安，但带着这二百余人浩浩荡荡地，实在说，是件非常辛苦的事。现在回想起来，也发生了几件令人印象深刻的事。例如，那个时候坐汽车，常常车子抛锚在路上，等了大半天，却不得人来协助处理。找厕所，走了几百公里了，也找不到一个厕所，迫不得已，大家只好纷纷在路边，以洋伞作为遮蔽，就地来解决重要的生理问题。找食物，印度的饮食，常常大家吃得不习惯、不合胃口，甚至坐飞机误点个二三个小时，是经常有的事情。

我记得有一次要搭飞机，从早上六点等到晚上六点，听不到一丝丝的作业或回报，后来才听说是飞机有零件坏了，不能起飞，必须到中美洲的波多黎各去调一个零件回来才能起飞。等到晚上，大家饥饿难耐，二百人纷纷骚动起来，我只好赶紧集合团员们，向

世界七大奇观之一印度泰姬陵（一九六三年七月二十日摄）

我感念佛陀的祖国——印度

大家讲说释迦牟尼佛传,才慢慢地让大家心平气和下来。

又等了很久,还是不见有人出来关心我们,团员们又开始躁动起来,这时,航空公司终于有人出面,派汽车暂时把我们接回旅馆等候飞机。到了半夜凌晨三点,又来通知大家,飞机可以起飞了,于是大家又急急忙忙地搭车前往机场。

关于印度人的这一点,我不太明白,飞机的零件坏了,调另一架飞机来即可,何必大费折腾到波多黎各去调一个零件回来,才肯起飞呢?他宁可大半夜的用汽车把我们全部载回旅馆多住一个晚上,然后他们再来付费补贴。这种折腾,确实需要一些忍耐功夫的。

在印度,给小费的问题,也是件麻烦的事情。由于印度人多,大家不太愿意给小费。但是去到印度一定要给小费,你不给小费,他就不替你服务。例如:在旅馆里,热水瓶要装个热水,没有小费给他,他就告诉你没有热水;你要一杯茶,你不给小费,他就说现在不供应。总之,没有小费,你要什么都没有,大家也就只好给了。

可是给了一次也不行,刚刚给小费的人,才有水可以喝;现在你没给小费,所以你没水喝。这样下去也不得办法,身为总团长负责带队的我们,只好换了大把大把的钱,供应给团员们当小费使用,还得去央求他们,他们才肯得替我们服务。

其实,这也难怪,在贫穷的地方,也应该对他们不必太计较,给他们一些小小的布施。印度人也不是贪心,他们跟美国一样,都是收小费的国家,他们习惯如此,你一点也不肯舍,就会遇上麻烦。有了小费,就有热水、茶水,就不必挂念这些生活日用;加上我们总共包了六台游览车、六名副手、六名导游,每天也都要给。那一次二百余人的行程,光是小费,我估计应该花了台币三十万元左右,几乎是倾家荡产地把全部的花费都用在小费上了。

473

率团前往印度朝圣,在鹿野苑(佛陀最初讲经说法,度化五比丘之处)留影(一九八三年一月六日)

一九八三年三月,我带领着"佛光山印度朝圣团"一行八十四人,第四次前往印度巡礼圣迹,再次踏上佛陀的祖国,内心可谓是悲欣交集,对佛陀的景仰,是无以言之的孺慕情怀。但对印度佛教的衰微,则因伤痛不忍而思奋起。佛光山发展迅速,大家对外界应有相当的认识,不可闭门造车,唯有走向世界,贴近人群,佛教始能深入社会民间,契合人心所需。我期许佛门弟子皆能发心立愿,为佛教扩展新路,让印度乃至世界各地,重新展现佛教的光辉。

因此,后来我派了弟子依华到印度留学,成为中国佛教史上第一位到印度求学的比丘尼。依华十八岁跟随我到印度朝圣之后,便发心留在印度学习,并且就读印度国际大学,也曾在达兰萨拉辩经学院学习辩经。

佛教在印度从黑暗时期,重露曙光,至今已近百年,佛法起源于印度,光大于中国,开展于世界各地,今日,各个国家能承受佛教法乳,茁壮成长,随着各国文化的发展而具有不同的特色,渐渐能关注佛陀的故乡,这是我们佛教徒所共同的期待。我们希望佛光重新照耀于印度的土地,为世界和平带来光明。

虽然我对印度多少有一些了解,但华冈的文化大学创办人张其昀先生聘请我,担任该校的印度文化研究所首任所长时,我自觉不是很恰当。但是,那时大家对于印度人如何能在穷困贫瘠的环境中,却依然安贫乐道地快乐生活,有了很大的兴趣,又因我有多次前往印度朝圣的经验,对于印度的八大圣地以及风俗民情了解一二。我也就从一九八四年开始,勉力地担任多年的所长。

一九八五年一月,我再度率领"佛光山印度朝圣团"一行七十六人,展开为期二十一天的圣地朝礼。此次我到印度菩提伽耶,有了在印度买地建道场的念头,后来经加尔各答佛光会前督导钟雪芳的引介之下,终于在一九九二年,我们买下位于印度加尔各答的塔霸华人区一个地方,作为当地信众共修聚会的临时场所。加尔各答佛光协会也同时在一九九二年成立,是印度十一个非汉语系之外,唯一的汉语系协会。

一九九八年五月,应华人的请求,我们正式成立了"佛光山加尔各答禅净中心",并且定期举办地藏法会、礼千佛、共修法会等活动,以接引当地华人与居民。

后来因为当地寺院场地过于狭隘,因此在比哈省菩提伽耶另觅得一个适当地点,于二〇〇六年创办"印度迦耶育幼院"。其实在此之前,早在一九八九年开始,佛光山丛林学院就与在印度的西藏各佛学院,互相派遣留学生,学习彼此的语言与宗派。

我曾经向徒众提起,印度是佛陀的祖国,身为佛子,都应该在有生之年,至少拥有一次朝礼圣地的纪录。因为当你踏在佛陀走过的路上,你会觉得泥土特别的芳香;当你呼吸着佛陀祖国的空气,你也会觉得空气特别的新鲜;缅怀历史的陈迹,可以令你道心更加坚固;继承佛陀的慧命伟业,可以令你信心更加坚强;跪伏在佛陀的座前,你会感到佛陀慈光的加被;无明烦恼,能可以在瞬间消逝;崇高的人格,可以不间断地升华;人类生命的价值何在,也可以获得明确的肯定。

因此,纵使环境上有任何状况,尽管沧海桑田,圣地胜况不再,但我还是欢喜地一次又一次地前往朝圣,为了发心复兴印度的佛教,于是又有了一九九二年七月份的印度行,我率慈容、永妙、萧慧华等人前往印度。没想到在新德里机场海关,巧遇中、韩、日等国的佛教徒,他们也是要前往拉达克参加佛教庆典,由南印度邦格罗摩诃菩提协会秘书阿难陀比丘、慧性、依华等人,以及新德里的佛教徒专程前来接机,这是我第六次前往印度。

多次进出印度的首都新德里,给我的印象就是"其热如焚",三十年前如此,三十年后亦然。犹记得首次访印时,因炙热无比的新德里,令人坐立难安,只得用自己的面巾,在当年陈旧旅舍的水泥地走廊上擦过之后,躺在地上才稍感到好一些。其实,地上仍是热的,根本无法入睡,打开稿子,就伏在地上写着我的海外日记。《海天游踪》这本书,就是在这样的环境下完成的。

在新德里住了一晚,隔天凌晨,又得搭机到拉达克。当飞机抵达拉达克机场时,已有等候多时的摩诃菩提国际禅修中心会长僧伽桑那比丘以及各地高僧大德:拉达克佛教寺院联合会主席暨佛教僧统图登仁波切、藏传黄教首席代表堪布仁波切、拉达克佛教会会长书司坦居士,以及来自荷兰的阿难陀比丘,和法国、韩国、美国、印度、斯里兰卡、新加坡等地的南传、藏传比丘和喇嘛近百人等候。机场外,还有身穿传统缤纷色彩衣饰的当地信徒四五百人,以捧花、薰香、吹打乐器列队欢迎,并有二十辆摩托车当前导,这么一个欢迎的队伍,在我历经世界各处弘法中,可说是一个很特殊的经验。

拉达克位于印度的最西北点,地处印度、中国、阿富汗、巴基斯坦、尼泊尔等国边境交界,虽然拉达克人终日于各国军事恐惧的阴霾中求生,但仍然念念不忘佛教的祝福。

拉达克的人民,具有勤劳、善良、尊敬、满足的美德,是我见过最具坚强信仰的一群佛教子民,在拉达克的古文化祥和蕴涵下,我不禁唤起内心思古之幽情,期盼在保留当地传统佛教特色之余,也能引注一股现代国际佛教的泉源活力,以振兴印度佛教。

那一次,我们在拉达克成立佛光协会,会中捐赠一千元美金给拉达克协会,并且向他们宣布,预备在菩提伽耶佛陀成道处成立会馆,让世界各地的佛光会员到印度朝圣时食宿无虞。

佛陀当年弘扬佛法,行遍五印度的艰辛,我们犹感在心,今日,能借助科技的发达、文明的力量,要将佛法弘传到世界五大洲不是件难事,只看大家的发心与愿力了。

拉达克,是印度残存的佛教地域中最古老的地区,可追溯到阿育王时期,派遣布教师所达最北的地区,是古代佛教上座部弘传的重镇。若能以此地佛法的力量,再回馈印度本土,则印度佛教的复兴在望。

我应僧伽桑那比丘之邀,前往参加"拉达克磊邑摩诃菩提国际禅坐中心"的开幕会,会中,因僧伽桑那比丘发心兴建贫困学童住宿学校,慈容代表中华佛光总会,致赠二万元美金支持学校的建设。由于当地欠缺水道用水,我也承诺代为筹措水道设施的费用,以彻底解决学校生活用水的问题。

对于佛教的复兴,我认为不在寺院的多少,也不是僧数的多寡,而是在于佛教教育的普及。教育,实是帮助拉达克人民不受贫穷和剥削之苦的途径。你看,日本、韩国的佛教所以兴盛,即归功于佛学研究的普遍、佛教大学设立之多;在台湾,光是佛光山派下就有十六所佛学院,以及国中、高中、大学等多所社会学校,但在佛教发源地的印度,佛教学校却是屈指可数。

今天,佛教徒在印度只占百分之一的人口数,但对许多当地人来说,佛陀的圣地,就是他们讨钱或赚钱的地方,朝圣客就是他们讨乞的目标。一张张哀求的脸庞,我想,钱救得了他们一时,却救不了他们一世。唯有教育,才能令他们改变,唯有佛陀的教育,才能救得了他们的下一代。

所以,我提出每年提供佛教奖学金给十名拉达克的学生,可以到台湾或美国进修深造;一千三百多年前,印度那烂陀大学有学生三万多名,但愿以后拉达克佛教教育,能像那烂陀大学一般的辉煌成果。

我这一生得奖无数,觉得那都是大家的护持所致,但对于一九九五年,由印度全国少数民族委员会委员达摩斯李奥法师,联合全印度佛教大会所有会员推荐,而获得的"佛宝奖"让我最感欣慰。因为这象征佛教界诺贝尔奖的佛宝奖,代表佛教的祖国印度,对一名中国比丘在佛法实践上的肯定与认同,也代表着我多次前往印度所做种种努力的一种见证。

一九九八年二月,我首次到印度菩提伽耶菩提场传授"国际三坛大戒暨在家三皈五戒",以恢复印度及南传佛教比丘尼教团。印度是比丘尼教团的发源地,中国比丘尼教团能有今日的蓬勃发展,都根源于印度。然而,当时印度、尼泊尔、斯里兰卡、泰国乃至藏传比丘尼之戒法,却因时代变迁等种种因素而失传,因此我希望借由此次戒会,恢复南传比丘尼教团,使得南传比丘尼教团回归佛陀时代的兴盛。这是我第七次前往印度,此次三坛大戒,有二十三个国

我感念佛陀的祖国——印度

印度"菩提伽耶国际三坛大戒"戒师：我为得戒和尚（中）、永惺法师为教授和尚（左）、悟谦法师为羯摩和尚（右）（佛光山宗史馆提供，一九九八年二月十五日）

家和地区，一百五十多位戒子前来参加，并有十四个国家和地区，三十七位佛教长老大德担任尊证阿阇黎，也是佛教界首次跨越种族、区域、法脉传承的戒会。

至于在家三皈五戒，则有近三十个国家和地区，二千五百名在家众参加，这次的戒会，也因此而获得贡噶多杰仁波切致赠佛陀舍利，促成了建设佛陀纪念馆的因缘。

同年五月，我们在印度加尔各答成立"佛光山加尔各答禅净中心"，带领当地的信众共修。

为了落实本土化的原则，并于一九九九年派弟子觉明、满净前往兴办"佛光山印度佛学院"，以培育更多的佛学本土人才；二〇〇二年觉明前往印度德里大学攻读佛学研究所，并于二〇〇四年成立德里大学协会,由德里大学佛学系的系主任萨迪亚帕拉(Prof. Bhiskhu Satyapala)担任会长,会员皆为佛学系的硕博士生,比丘、比丘尼等居多,而觉明则于二〇一一年取得德里大学佛学研究所博士学位资格。

一九九八、一九九九、二〇〇〇年连续三年,我们于印度举办千户万人赈济活动,二〇〇〇年我更派乘禅等五位沙弥前往印度求法,而佛光山丛林学院创办四十多年来,外籍学生已占了五分之二的比例,并有不少拉达克学生,在山上修学期满,又被派回印度佛学院服务。

二〇〇四年十二月二十六日,南亚海啸造成重大伤亡,佛光山也派觉门法师等协同马德拉斯协会会员,募集赈灾物资送至灾区救济灾民,开办"海啸妇女和学生就职训练所",并成立"海啸孤儿院"。二〇〇五年又派弟子妙如前往印度,陆续开办妇女裁缝班、刺绣班、学生打字班、电脑班等课程,让贫民能有一技之长,远离穷苦生活,提升学童们的品德。

二〇〇六年十月,我应印度奥斯马尼亚大学之邀,在奥斯马尼亚大学泰戈尔礼堂举办"佛教论坛",以纪念安贝卡博士打破阶级制度的平等精神,并接受新德里大学之邀前往新德里大学文学院大讲堂演讲,主题"般若的空义",有近千人聆听。

这是我第八度前往印度,我带着心律不整和心脏衰老之虞的色身,在我的主治大夫江志桓主任的陪同下,飞往印度海德拉巴市的十字街道上主持皈依三宝典礼,计有二十万人参加。因为印度出生了倡导平等思想的佛陀、大乘佛教的发起人龙树菩萨,以及积极发扬平等精神的安贝卡博士,为了印度佛教的未来,我勉励大家,共同学习佛菩萨伟大的精神,勇敢走出种姓制度的桎梏。

为小学生们带来文具。他们在苦行林中,没有避风遮雨的教室(一九九八年二月十九日)

　　二〇〇八年,我派弟子慧显前往印度,成立佛光山印度德里文教中心,为培育印度新一代僧伽,致力复兴印度佛教。二〇一〇年四月成立"印度沙弥学园",招收释迦族男孩,培育未来弘法人才,由佛光山印度德里文教中心主任慧显法师,担任沙弥教育养成的负责人。二〇一一年七月成立"印度佛光文化有限公司"出版人间佛教书籍、参与国际书展,将我的著作翻译成印地语出版等。

　　慧显是一九九八年我于菩提伽耶传授三坛大戒的男众戒子班首,当年他在菩提树下发愿要回馈印度,十年后,他如愿地踏上印度的弘法之途,他在当地接引佛光青年学佛,兴办沙弥学园,甚至举办国际慈善义诊,带领着多位国际华人医生,前往比哈省、北方邦以及西马拉亚邦最偏远高山的山谷,在人烟罕至、医疗设施落后等地,给予卫教医疗照护;同时也经常到贫民窟、贱民村等做教育关怀,可说意义重大。

值得一提的是,随着国际佛光会二十年来在全球五大洲的成长茁壮,曾经负责国际佛教促进会的满华、觉门、满和,都分别在其担任执行长任内,无惧艰苦,经常出入往返印度各省,默默耕耘,分别在拉达克(Ladakh)、菩提伽耶(Bodhgaya)、安特拉(Andhra Pradesh)、大吉岭(Darjeeling)、德里大学(Delhi University)、古吉拉特(Saurashtra Central Gujarat)、邦加罗尔(Bangalore)、清奈(Chennai),还有在尼泊尔、孟加拉、斯里兰卡等国家地区,陆续成立非汉语协会。

这南亚十一个非汉语系佛光协会,秉持国际佛光会的宗旨与目标,积极于佛教本土化和复兴工作。当中,他们也经常与我交流互动,较具代表性的有拉达克协会的僧伽桑那(Sanghasena)法师,也在世界总会担任理事多年;还有菩提伽耶协会的阿难陀(Ananda)法师、南印安特拉协会会长僧护(Sangharakshita)法师,以及偏远山区的大吉岭协会会长达摩帝如(Dhammadeero)法师,乃至后来成立的德里大学协会会长萨迪亚帕拉法师,以上都是当前在印度佛教界享有德望的长老上座。

另外,许多也是社会贤达的在家优婆塞,来担任我们的会长,带动当地信众。例如:马德拉协会会长安邦(E. Anban)及古笈拉特协会会长索兰奇(Naushad Solanki)。由于他们认同我提倡的人间佛教,并且多年持续不间断地护持,因此,我也经常给予护持赞助他们,踊跃积极参与世界总会在全球各协会举办的世界理监事和会员代表大会。印度之佛教复兴和人间佛教的弘扬,至今渐露曙光。

印度是一个拥有古老文化的国家,现代新兴的科技事业也非常发达,在我心中,希望印度的阶级制度可以消除,让普世获得平等。

如果印度不要那许多所谓的"贱民",可以帮他们安排到世界各地去做劳工,也比做贱民好啊！因为贱民最大的问题,就是他们在人格上受到的损伤、心灵上遭遇的伤害,这真是无比的伤痛。在今日二十一世纪讲究公平、公正的社会里,实在不应发生这许多歧视啊！

我和南传佛教往来

亲切和蔼的僧王,
和我所看见的泰国比丘大大不同,
一见到我们就呵呵直笑,
开朗的笑容始终挂在脸上,
他表示:
"中国的佛教是属于北传,
泰国的佛教是属于南传,
其实,南传佛教也好,北传佛教也好,
总是以释迦牟尼佛为信仰中心,
所以中泰两国佛教,不应该有彼此之分。"
没见到僧王前,
我原本一直以为南传佛教并不承认北传佛教,
没想到这位高龄的僧王、慈祥的长者,
却有着这么开明的见解,
顿时让人肃然起敬。

一九六三年六月，泰国国王普密蓬（Bhumibol Adulyadej）伉俪莅临台湾访问，政府认为泰王是佛教徒，就发动"中国佛教会"派了二十位出家人至松山机场代表迎接。这二十位代表就研究一个问题：泰王从机舱出来，我们迎接时，是鼓掌好呢，还是和他握手，或者合掌？在我们中国的习惯，很容易分别这样的轻重，但以出家人来说，握手，太现代了；鼓掌，太过招摇，最后决定还是以佛教的合掌为宜。

泰王很年轻，据说只有三十六岁，带着善良美丽的王后诗丽吉（Sirikit）跟我们迎接的人一一合掌，大家也回以合掌为礼。但这一件事情，后来在泰国引起了轩然大波，因为泰国是属于南传佛教，他们认为泰王是一位在家人，我们中国的出家人不应该向他合掌；但是在中国北传的佛教里，合掌并不是跪拜，而是僧信之间很平常的相

与泰国、韩国、柬埔寨、斯里兰卡等国家长老法师会谈

互为礼。

说到泰王访台,佛教是从七世纪的时候从斯里兰卡传到泰国,世界上宗教的传播,大概都要两三百年之久,才能慢慢地成为全国接受的宗教。而泰国在十三世纪素可泰王朝(Sukhothai Kingdom)第一世国王把佛教推广到全泰国后,才真正开始举国信仰佛教。

泰王访台后,为表示友好,希望能够相互访问,因此泰国便向台湾政府邀请佛教界前往访问。"中国佛教会"接收到讯息后,当即组团,而访问的名单里面,并没有把我列入,但是国民党中央党部觉得我应该参加,特地办了两桌素斋请佛教会的人士,希望能将我列入访泰的名单里面。

党部通知我要和"中国佛教会"理事长白圣法师见面,他是出访团的团长,那时候正值他在临济寺传戒,我前往拜见,他一脸严肃的表情,向我说道:"要访问什么地方、什么人,你去准备吧!"

我当时一愣,不明所以地回问:"白老,我以什么身份去准备这些?"

台湾佛教访问团访问泰国,泰国教育部部长蒙銮遍亲自接待(一九六三年七月一日)

"党部叫你做秘书啊!既然做访问团的秘书,你就去作业。"

虽然我和泰王同年,那时候也是三十六岁,但是说来惭愧,我对国际的知识非常肤浅,"中央党部"光说访问东南亚,到泰国、马来西亚、日本、印度等国家,但是东南亚在哪里?我当时都不太清楚。

尽管我来台十年来,出版不少的书籍,如:《释迦牟尼佛传》、《玉琳国师》等,在马来西亚、新加坡销售至少几万本,除此之外,我就不甚了解其他国家状况了。到了这个时候,我才知道,一个团体出访,不是那么简单,还要那个国家驻当地领事馆签证同意,我们才能成行。

我经过一番研究,把访问定在泰国、菲律宾、日本、马来西亚、新加坡和香港等地。办理签证的时候,我们的泰国签证、日本签证很快就拿到,但是,最想去的印度,却杳无消息,没有音讯。

出发的日子,六月二十六日很快就到了,经过各家信徒热烈地在松山机场欢送,我们坐上泰航的飞机,于上午十一点五十分起飞,那是我生平第一次坐飞机,因此时间记得特别清楚。我们这个佛教访问团一共只有六个人,团长白圣法师、副团长贤顿法师,团员有净心法师、朱斐居士、刘梅生居士,我则担任秘书兼发言人。照理说,政府应该有一笔费用补助我们出访,而朱斐、刘梅生居士他们都免费参加,只有我自费出了几万块的飞机票钱,但是大家能出访,总是欢喜的事情,也不太去计较这些了。

泰国的时间比台湾慢一小时,我们飞行三个多小时后,在泰国时间下午三点十分左右,飞机在泰国廊曼机场降落,现场两千多位的比丘,整齐地排在飞机场,表示对我们的欢迎。后来我才听说,泰国比丘从未到机场去欢迎什么人,我这时候才知道泰国政府是以国宾之礼来接待我们。

此次访泰的日程,是由泰国宗教厅安排,因此,宗教厅希望我们住在泰寺,而泰国的华侨佛教社则坚持我们要住在华侨佛社里;最后,我们便被安排住进华侨佛社中历史最久的中华佛学研究社。

中华佛学研究社是一个居士的社团,房子内部设计就像寺庙一样。据说在泰国一共有十五个这样的佛学社,如大光佛教社、龙华佛教社、莲华佛教社、光华佛教会等。中华佛学社跟我创办的佛教文化服务处经常有往来,他们常在服务处请购佛书、佛像、陀罗尼经被等,彼此信件联系频繁。

因为与他们有来往的因缘,因此中华佛学社的总干事杨乘光居士,对我们全团的到来,特别的热心接待,整个佛学社三层楼就成为我们临时的居家。而泰国政府也非常重视我们此次的拜访,为了顾及我们的安全,在访问泰国两个礼拜当中,中华佛学社门口每天都有四个警卫站岗保护。

我还记得,当天下午的记者招待会,有数十位泰国各报的记者来采访我们,有一位记者突然提出抗议,质疑我们在台湾迎接泰王时,怎么可以对在家的信众合掌为礼?对他们来说合掌也是一种顶礼。我们当时回应,并不是以合掌向泰王行礼,而是为泰王祈求三宝加被,经过翻译人员玛古德大学陈明德教授流利的翻译,记者们才释怀。

陈明德教授,非常的年轻,外表斯文清秀,说得一口流利的中文。一个泰国人能把中文讲得这么好,实在很不容易,特别是他对于大乘佛教的经典,非常倡导尊重,当时他也正在进行翻译中国大乘经典为泰文,我们觉得这位居士,对未来中泰的佛教会有很大的贡献。可惜,日后当我们回到台湾不久,即听闻他遽然去世,才三十八岁的青年才俊就这么离开人世,今后这种人才到哪里去找?不免叹息佛教痛失人才。

我们在泰国的两个礼拜中,访问过僧王第十五世颂德帕桑卡拉查尊者(Somdet Phra Sangharaja)。听说僧王有中国潮州人的血统,他六十二岁才开始学英文,六十五岁时已经能讲出一口流利的英文,我们去访问他的时候已经高龄九十岁。亲切和蔼的僧王,和我所看见的泰国比丘大大不同,一见到我们就呵呵直笑,开朗的笑容始终挂在脸上,僧王对我们说:"中泰佛教两国的血统是分不开的,不少的泰国人都有中国姓,拿我说吧,我就是姓蔡,我的祖父就是一位华人。"他又继续表示:"中国的佛教是属于北传,泰国的佛教是属于南传,其实,南传佛教也好,北传佛教也好,总是以释迦牟尼佛为信仰中心,所以中泰两国佛教,不应该有彼此之分。"

没见到僧王前,我原本一直以为南传佛教并不承认北传佛教,没想到这位高龄的僧王、慈祥的长者,却有着这么开明的见解,顿时让人肃然起敬。

宗教厅安排的行程里,我们参观了泰国著名的玉佛寺、云石寺、郑王庙、菩提寺等，还参观佛教医院，带我们畅游湄南河，总之就是热情接待，令人感激。我尤其对于能在早晨，看到泰国如同佛陀时代比丘托钵的那种风光，记忆深刻。

如果某家信徒想要发心供僧，他们就必须在天刚亮时，将饭菜准备好，摆在桌子上，当比丘托钵经过时，信众就恭敬合掌，然后将准备好的饭菜一一倒进比丘手中的钵；除了饭菜外，他们还会准备水果、鲜花，一起供养比丘。而在信众供僧的过程中，比丘与信众彼此间并无交谈，也不攀缘，只是静默地进行着供僧的仪式。当比丘们右手托钵，左手拿着鲜花，三五成列或者独步慢行，前往每户人家应供时，那宁静肃穆的气氛，总让人感到无比庄严。

在访泰行程的第八天，七月三日，泰王普密蓬特别在王宫里面设宴，招待供养我们午斋；据说，这是泰王首次接见外国的僧众，足以见得泰王对我们的重视。泰王接见我们的时候，一看到我们便站起来向我们作礼，而为了顺应泰国南传佛教的规矩，我们也只能老实坐下，不敢有任何回礼。

泰王的风采高贵大方，英挺的样貌令人赞叹，他诚恳地向我们表示，他很感谢大家在台湾热烈的欢迎他，他在台湾的时候，看到农村家庭也供奉着观世音菩萨，感到非常的欢喜，他还说道："我从台湾回到泰国，一下飞机后，就跟僧王说，我到台湾最大的收获便是佛教徒送了我一部中文《大藏经》。"为此，这次我们来访，泰王特地回送我们一套泰文《大藏经》，以法宝互为礼，表达对我们的友好之意。

在我看来，其实泰国的佛教很单纯，它不像中国的佛教，重视学术、学理的研究；泰国的佛教皇派林立，比丘每天托钵接受信徒供养，一切事务都由在家的信徒，或者净人去服务。而生为泰国男子，一生都要出家一次，出家时间随每个人志愿而定，可以说，在泰

至泰国普门报恩寺拜访华僧僧王普净法师(一九七九年十二月)

国是以出家当比丘为荣,比方说:我们每每和泰国政要见面,介绍人就会说,某某部长出家十年、某某教授出家二十年,却不会说,某某人是哪间名校毕业,曾有过什么丰功伟业,他们以出家时间愈久,愈显得身份荣耀。

在访泰期间,得知泰国对外来的佛教团体,也有着平等的尊重,诸如华僧宗务委员会、柬埔寨佛教皇务委员会、缅甸佛教皇务委员会等。每一派的宗长,他们都自称华僧僧王、柬埔寨僧王、缅甸僧王等,当然不比泰国僧王那样的崇高重要,但地位却也相当尊贵。

我们曾去拜见龙莲寺的住持,也是华僧僧王普净大师,他是广东潮州人,一位很热诚待人的长老。当初泰国在设立华僧事务委员会时,即礼请他担任尊长,领导百余华僧及十余所佛寺。普净长老对于提升华僧地位有着不可抹灭的功劳,更是在泰国具有举足轻重的地位。当时不只是华僧跟随他,寺庙内还有上百位泰国的

我和南传佛教往来

南传佛教代表参加国际佛光会世界大会

年轻沙弥,我那时候想着,如果普净长老能把这一群泰国沙弥教成中国大乘佛学的学者,以后何必分什么南传、北传,佛教就能融为一家了。

在佛教访问团的出参中,诸多的好因好缘,可以说是我与南传佛教的初次接触,往后与南传佛教的结缘,也主要以泰国为主。像是一九八五年,设于曼谷的世界佛教青年会,首次在佛光山举办学术会议,承蒙他们邀请我担任荣誉会长。而我与总部位于泰国的世界佛教徒友谊会,也是颇有渊源,分别在一九八八年、一九九二年、一九九八年、二〇〇六年四次主办过大会,在一九九二年第十八届大会中,被推选为世佛会永久荣誉会长;第二十一届大会,世佛会颁赠予我"佛教最佳贡献奖",而这些另有篇章细说,在此不多述了。

在一九八七年,应马佛总主席金明法师暨新加坡佛教界之邀,我率领二十人访问团,前往新马等地弘法访问,在马来西亚佛教青年总会邀约下,参加在槟城举行的"南北大师喜相会"讲座会。他们推举我代表北传佛教,与代表南传佛教的达摩难陀法师共论教义,透过这个因缘,让更多人深入了解南北传佛教,当时共有三千余人一同与会,场面隆重。

我以为,无论是南传、北传佛教,无有高低对错之别,每个国家地方更因为历史、地域、气候因素各有差别,佛教顺应当地,而有了各自的发展空间模式,但是,无论如何,佛教的教义必定是相同的。

这样的想法,促使我常常思考如何让国际佛教团体间交流与合作,此后,国际佛光会在一九九三年于佛光山举办了第一届"国际佛教僧伽研习会"。有越南明珠长老、泰国素提瓦若(Ven. Suddhivaro)、缅甸三达吾他法师(Ven. Sandawuntha)、荷兰狄法米特、印度达摩帝如(Ven. Dhammadeero)、僧伽桑那(Ven. Sanghasena)、孟加拉潘蒂特等五大洲十六个国家的僧众和信众参加。此后,此研习会相继于温哥华、悉尼、巴黎、香港、台湾等地陆续举行。

尊崇佛制,严谨恪守戒律的南传佛教,并不一定全为上座部教派,以泰国为例,原本全属南传上座部的派别,后来慢慢发展,也产生了大众部,其中最大的两派,分别为华僧宗及越南僧宗。而上座部随着时代的演变,也产生了法身寺的派别,法身寺想要集合数十万的比丘、数百万的信徒并不是难事,他们真有如此的实力。

泰国法身寺以禅修著称,因为与佛光山发展理念相同,而有意互结为兄弟寺。一九九三年十月十七日及隔年二月二十五日,我与法身寺住持帕苏达玛雅那(Phra Sudhammayana)上座,分别在佛光山和泰国法身寺共同签署缔结兄弟寺,立约共创人间净土,可以说为南北传佛教交流开启新页。

我和南传佛教往来

佛光山与泰国法身寺缔结兄弟寺,与法身寺住持帕苏达玛雅那上座共同主持(一九九四年二月二十五日)

我们与法身寺缔盟为兄弟寺后,双方来往密切。尤其一九九八年为了佛陀舍利到佛光山永久供奉,从西藏必须经第三地来台,最后选定在泰国,除了世界佛教徒友谊会的协助外,法身寺也厥功至伟。其他如:美国西来寺举行祈求世界和平法会、美国南加州联合庆祝佛诞节,以及佛光山第七任住持晋山升座典礼,法身寺亦派代表列席,并以传统仪式祝祷,我们和法身寺有着实质上的宗教文化交流。

其中,经常担任法身寺翻译人员的范淑智小姐,台湾中坜人,初时在法身寺学佛五年,就担当起法身寺的中、泰文翻译,与我们互动来往密切。她曾欢喜地表示，她在法身寺不是从事职业，而是一种"没有待遇的工作"，因为没有待遇，她把它当作是自己的人生使命，因此每天都很充实、快乐。诚如所言，从范淑智小姐二十年来活力充沛的投入法身寺法务活动中，可以感受到她的发心与欢喜。

由于法身寺应用了大众部的教理，因此他们对佛法的解释自然趋向于北传佛教。没想到这样的发展却在一九九九年遭受到泰国佛教界的批评，认为法身寺对佛教义理的解释及言行不如法。

面对这样的抨击浪潮，我即刻义不容辞撰文《认识法身寺的贡献》回应，文章同时译成英文，刊登在一九九九年六月《普门》杂志二三七期。

我在文章中表示，法身寺开山以来，对于佛教及社会的贡献良多，可以列出四点：

一、推动佛教国际化：法身寺除了在世界各地建寺弘法之外，还以泰文、英文、中文、日文、法文、德文等多种语言出版佛法书籍，并经常举行国际佛法研习会。目前法身寺是世界佛教徒友谊会及世界佛教青年友谊会会员，也是联合国非官方组织的成员之一。

二、促进弘法现代化：法身寺首开先河，将罗马文版的巴利大藏经输入电脑，让佛陀的教义得以传播到世界各地，这种以现代方式弘传佛法的方式，十分值得佛教界学习、提倡。

三、提升僧伽教育：法身寺对于僧伽教育颇为重视，多年来法身寺比丘、沙弥在参加泰国僧人年度高考时，中榜率均高居全国第一。法身寺也不断派优秀的成员前往日本、美国、英国、比利时和台湾等地深造佛学，为佛教界培育许多僧才。

四、净化社会人心：法身寺经常为大学生、妇女、各公私立机关及社会人士举办佛法传薪营、结夏集训、佛法头陀营、禅七法会、星期佛学班等课程，对于人心的净化发挥了很大的功用。

佛门有一句话说："若要佛法兴，除非僧赞僧。"国际化是佛教必然的趋势，现代化是佛教进步的关键，僧伽教育是佛教万年的基业，净化人心是佛教向来的目标，对此，法身寺都作出了卓著的贡献。

法身寺广开法缘，以开放的包容力弘扬佛法，这样的菩萨道场，自创建以来，始终秉持他们的创寺主旨"以出世的精神，做入世的事业"。而法身寺的住持每个月只停留在法身寺三天，听取报告、主持会议，其余时间全在丛林道场教育人才，行政工作全权委由副住持管理。这和中国佛教，住持向来只负责领众梵修相同，也和我的理念不谋而合。我一向主张："住持要管法，不要管事。"

无论遭遇何种风波，法身寺仍然弘法领众不断，与我们的交流从未断过，像是二〇一一年十二月二十八日，法身寺副住持帕琶瓦那维利亚坤（Phra Bhavanaviriyakhun）带领十四位法师及信众参加佛陀纪念馆落成开光典礼。而二〇一二年七月，法身寺派遣六位优婆夷管理团来山参访交流，为了让寺内六百多位的优婆夷常住女众可以安身立命，法身寺正在规划新的管理大楼；而这六百多位优婆夷，身着白衣，头发整齐，发心在法身寺内服务奉献，终身不婚嫁，如同佛光山的师姑一般。

在南传佛教中，由于比丘尼戒失传，想要皈投佛门、精进修行的女众，唯有成为领受八关斋戒的学法女。而泰国的学法女称为"白衣"（Mea Chee），虽与泰国优婆夷相同，也是身着白衣，但她们剃除头发，所有行仪皆如出家众一般，只是环境不许可，没有机会

范淑智小姐(我右侧)带领泰国法身寺优婆夷管理团一行至佛光山参访(佛光山宗史馆提供,二〇一二年七月)

求受比丘尼戒法,只能算是学法女的身份。

　　大部分的南传学法女在僧团里并没有地位,也无法和比丘相比,甚至和北传的比丘尼相较之下,待遇也相差甚远,总让人不胜感叹。但是,她们的生活严肃而有纪律、精进刻苦,却是令人敬重的。

　　佛陀当初说法,强调众生平等。因此,我向来主张比丘、比丘尼也应该地位平等,男众可以出家,女众当然也可以。因此,在一九九八年,首次于印度菩提伽耶传授国际三坛大戒,希望能为南传佛教国家恢复比丘尼戒法,让所谓的"白衣"学法女能够成为真正的比丘尼。

　　出乎我们意料之外的,大部分的南传长老们,皆有恢复僧尼教团的期待。像是被缅甸政府封为"三藏国师",当时已高龄一百零一岁的斯里兰卡阿难陀弥勒(Ananda Maitreya)长老,他肯定戒会

率团到泰国弘法,左起:余刘素卿、余声清、泰国移民局副总局长黄健民、驻泰代表黄显荣

的举办,也答应会派代表出席,因为他也曾想过要复兴比丘尼戒法的传承。还有八十岁的斯里兰卡达摩洛卡(Talalle Dhammaloka Anunayake)长老,他欢喜承诺会出席戒会,并且表示斯里兰卡佛教少了比丘尼戒法,就好像缺了一只脚的椅子,无法稳固;好像只有单翼的大鹏金翅鸟,无法高飞。

达摩洛卡长老不只支持戒会的传承,每当他在报纸上看到批评比丘尼教团的论调,他必定以其博学的佛学论述加以反驳。为了表示对戒会的支持,他也派了八位的长老比丘当尊证,以及二十位的沙弥尼前来受戒。此后,达摩洛卡长老也一直与我们保持友好的往来,他在二〇〇二年时,将我的《星云说偈》一、二册译成斯里兰卡文,并与我一同举行了新书发表会。

除了大力支持启建戒会的长老们,相对的,也有不赞成传戒的教派,像是尼泊尔佛教界,甚至有佛教会直接来函明白表示,南传佛教早就没有比丘尼僧团,根本没有必要复兴。

纵然有阻碍,但也蒙佛菩萨加被,戒会依旧如期举行,共有二十三个国家,一百六十位戒子参加,是佛教界首次跨越种族、区域、法脉传承的戒会。而如戒会所希望的,有不少南传"白衣"来求受三坛大戒;尤其,尼泊尔的学法女不畏艰难,勇敢求法,立下了学法女求法的历史典范。

时至今日,南传大部分"白衣"仍滞留在学法女的阶段,比丘尼戒法并没有弘传开来,不免唏嘘,但我相信,只要有了开端先例,未来就有发展的希望。

此外,一九九四年国际佛光会泰国曼谷协会成立,施皇旭居士为创会会长,余刘素卿、苏林妙芬、黄员教任职副会长,秘书长则由会长夫人王之君女士担任,张长春、余声清、苏晖雄居士为协会顾问。施皇旭伉俪长期旅居海外,对于推动泰国佛光协会的成立可说是不遗余力,而会长夫人王之君,幼时就住在宜兰,常常跟随祖母王叶鱼免女士来到雷音寺(今兰阳别院),因此而结下法缘。

担任顾问的余声清居士,是世界台商总会会长,和其夫人余刘素卿女士自创会以来,始终携手共同为会务发展尽心尽力。余刘素卿女士日后也担任曼谷协会的会长、督导;而在泰国华侨界具有举足轻重地位的余声清居士,则不负众望,衔领重任成为国际佛光会世界总会副总会长,两夫妻的发心,有目共睹。

隔年,佛光山曼谷道场落成,有了佛光会及分院道场后,佛光山与南传佛教的交流更是如虎添翼。而南传佛教国家除了泰国外,往后也陆续成立了尼泊尔、斯里兰卡、缅甸、柬埔寨、老挝等佛光协会。

我们与南传佛教教团相互的拜访交流,像是二〇〇二年九月,大塔寺住持帕贴洋卡威(Phra Thepyankawee)、泰国法宗派的僧团主席,带领访问团近六十人莅临佛光山参访,这是法宗派第一次拜访佛光山,也是法宗派开创以来第一次参访北传佛教寺庙,颇具意义。

除此之外,二〇〇二年也在马来西亚拿督丘民扬安排下,我前往老挝、缅甸、柬埔寨、泰国等地,展开一个月慈善弘法之旅。此行主要是代表国际佛光会及曹氏基金会,将一千五百台轮椅捐赠给这些饱受战火摧残的国家,并拜访当地佛教领袖,以实际行动协助这些国家的人民,也为南、北传佛教搭起沟通的桥梁,希望未来将以交换学生方式促进交流与培养人才,并能设立语言中心,协助南传佛教走向国际化。

二〇〇三年一月,我和柬埔寨法相宗僧王柏克里(Somdet Phra Sangharaja Bour Kry)、泰国代僧王颂德帕布达勤那望上座比丘(Phra Buddha Chinavong)、斯里兰卡佛护长老(Ven. Buddharakkhita)等佛教界长老共同在佛光山主持"南北传佛教交流座谈会"。我在会中提倡"走出去",再次强调要培养语言人才、共同合作,而这必定是未来佛教发展的目标与方向。

佛教的发展必须与时俱进,才能跟上时代的脚步,利益众生,能"走出去",生命就会有不同的意义。当时,泰国大僧团议员塔蓬长老代表泰国僧王出席会议,也大力盛赞我们对教育的重视,并表示,泰国在世界各地弘法虽不断进步,但因人才、经济的关系,发展仍有限。而柬埔寨僧王、斯里兰卡佛护长老也都纷纷回应,虽然复兴佛教的脚步仍然缓慢,但这次会议也都让他们对未来发展有了明确的目标。听到南传佛教的诸位长老肯定的回应,也让我悬

为庆祝泰国僧王九十华诞,僧王隶属宗派法相宗僧团代表铸十九尊大金佛,赠送全球十九个佛教国家和地区。其中僧王指定佛光山为台湾供奉大金佛圣地(二〇〇四年一月十五日)

宕许久对佛教的忧心,有了稍稍松口气的机会。

二〇〇四年一月,泰国为祝贺僧王颂德帕雅纳桑瓦喇尊者(Somdet Phra Nyanasamvara)九十岁华诞,僧王隶属的法相宗僧团代表,特地仿造皇家寺院玉佛寺所供奉的泰国国宝翡翠玉佛,由联合国营养学专家的诗琳通公主(Princess Maha Chakri Sirindhorn)监制,准备时间长达两年,历经一百零八天铸塑完成十九尊重达一点五吨的金佛,赠予全球十九个佛教国家和地区供奉,台湾因佛教兴盛而荣膺其中,泰国僧王则指定佛光山为供奉金佛圣地。

感谢泰国僧王的厚爱,我们也特地为此举行金佛安座法会,当天万人齐迎观礼,上万信众双手合十恭迎,场面盛大。泰国副僧王颂德帕仰瓦罗通(Somdet Phra Yannanwarodom)、泰国法宗派僧团

泰国代僧王颂德帕布达勤那望率众前来曼谷道场拜访

主席帕贴洋卡威,高雄县长杨秋兴、前"政府资政"余陈月瑛女士等均出席观礼。如今,象征南、北传佛教融和及国际友谊的金佛,安稳地供奉在佛陀纪念馆金佛殿内。

  同年十二月,南亚发生地震、海啸,国际佛光会在第一时间分别于印尼、泰国、马来西亚、斯里兰卡、印度等灾区赈灾,并发起"全球佛光人百万人同步念佛超荐祈福法会"、"佛光山为筹募南亚海啸灾区孤儿的教育基金"活动,以及"海啸无情,人间有爱;南亚孤儿,大家关怀",带领佛光山派下各教育单位及童军团等,全台湾总共二十个队伍展开行脚募款活动。除了各国的救灾捐款外,二〇〇五年由弟子心定带领马来西亚、泰国曼谷协会干部至泰国皇宫晋见皇储诗琳通公主,代表国际佛光会捐赠赈灾款项共一千万泰铢予公主慈善基金会,希望能尽绵薄之力,帮助泰国尽快恢复家园。

  而随着时代的进步,泰国僧众对于比丘、比丘尼的阶层关系也逐渐有了改变。像是二〇〇四年泰国僧王颂德帕雅纳桑瓦喇尊者在僧王寺举行供僧法会,邀请一千零九十二位僧众应供,时任佛光山曼谷文教中心主任的慧僧,带领妙慎、觉励等比丘尼前往祝贺,为僧王寺首次接受比丘尼供养。当日,妙慎也获得泰国皇室承认,由诗琳通二公主代表,将具有承认出家众身份地位的皇室宝扇赠予妙慎,象征她为泰国第一位被认可的比丘尼。

在教育文化交流方面,泰国很有名的摩诃朱拉隆功大学(Maha Chulalongkorn Buddhist University)颁给我教育行政荣誉博士学位、玛古德大学(Mahamakut Buddhist University)授予我佛教学术荣誉博士学位,感谢他们对于我的鼓励。日后,弟子心定、慈庄也获得摩诃朱拉隆功大学颁发的荣誉博士,尤其,身为佛光山女众大弟子的慈庄,于二〇一一年获得佛学荣誉博士学位更是别具意义;当日由摩诃朱拉隆功大学副校长沙威·乔迪克(Ven. Sawai Jotiko)带领四位长老比丘至西来大学致赠学位证书及皇室宝扇,由此可以看出南传佛教逐渐重视比丘尼的奉献。此外,二〇〇五年,泰国皇家编译部为了编译《世界宗教泰英辞典》,将《佛光大辞典》列为主要参考资料,这可以说是南、北传佛教更进一步的文化交流了。

隔年,二〇〇六年,心定参加皇家天吉寺祝贺住持颂德帕仰瓦罗通副僧王(Somdet Phra Yannanwarodom)九十大寿祈福法会。会中泰国皇家诗琳通二公主特颁赠爵扇予心定、妙慎等人。而泰国僧王颂德帕雅纳桑瓦喇尊者亦以佛陀舍利赠送给佛光山,肯定佛光山对南、北传佛教交流及对社会的贡献。

除了荣誉博士外,泰国"国会众议院宗教艺术文化委员会"在二〇一一年四月于朱拉隆功大学大会议举行"佛历二五五四年第三届佛教杰出贡献奖颁奖典礼",将代表极为杰出贡献的"金刚奖"颁赠与我,由心定代替我领奖,据说这是首次将此奖项颁赠给外国华僧,具有特殊的意义。

而我的弟子中,长期以来与南传佛教国家互动频繁,精进不辍的觉门,多少年来,一次次牵起了南、北传佛教的沟通桥梁,例如:二〇〇一年,她代表佛光山出席摩诃菩提协会一百一十周年庆,会中建议应注重人本的"人间佛教"及尊重比丘尼的存在,引起与会者回响热烈。

想到当初,我随佛教访问团至泰国访问时,曾经由泰国方面邀请召开举行过一场佛教辩论会,彼此对于佛教的义理展开辩论及解释。而我觉得,我们是来做友谊访问的,对佛教可以讨论,而不必辩论,因为佛教无论走到天下任何角落,其根本义理绝不会南辕北辙,而南传、北传可以说只是引人入门的不同名词,以便观机逗教。为了避免造成无谓的争论,我当场提出三大讨论要点:

一、今天的佛教在"团结":团结的对象不分大小乘、南北传、各宗派、僧和俗。

二、今天的佛教在"统一":现在佛历未统一,佛诞未统一,服饰未统一,仪式未统一,制度未统一,这些都亟待统一。

三、今天的佛教在"动员":要动员研究佛学,要动员净持戒律,要动员展开社会事业,要动员发展佛教教育,要动员展开世界性的弘法活动。

当时我说,归纳起来,除了这三大议题值得大家辩论、研究、改进外,所谓南传、北传都是不净之议。因为所有的佛学理论,都以佛说的经文为题而发展,枝节问题乃在做法的彻底究竟,做得够不够、做到何种程度?如果我们真能遵行佛陀遗教,人人不做狮子身上虫,相信佛教可以迅速为世界各地人民所接受。

此番谈话,当场获得泰方难陀论师的认同,一场辩论,也化为融洽的议题讨论。平心而论,上述的三大看法,回归现代仍然适用。我也依旧主张佛教没有南、北传之分,大家都是一家人,所传扬的都是佛法,希望大家能够团结一心,共同将世界的佛教团结起来,一同为佛教努力。我想,其中最大的意义,是能够让全世界各界人士看到佛教的和平与尊重、欢喜与融和吧!